LE DESSOUS DES CARTES

Jean-Christophe VICTOR Virginie RAISSON, Frank TETART cartographie:Frédéric LERNOUD

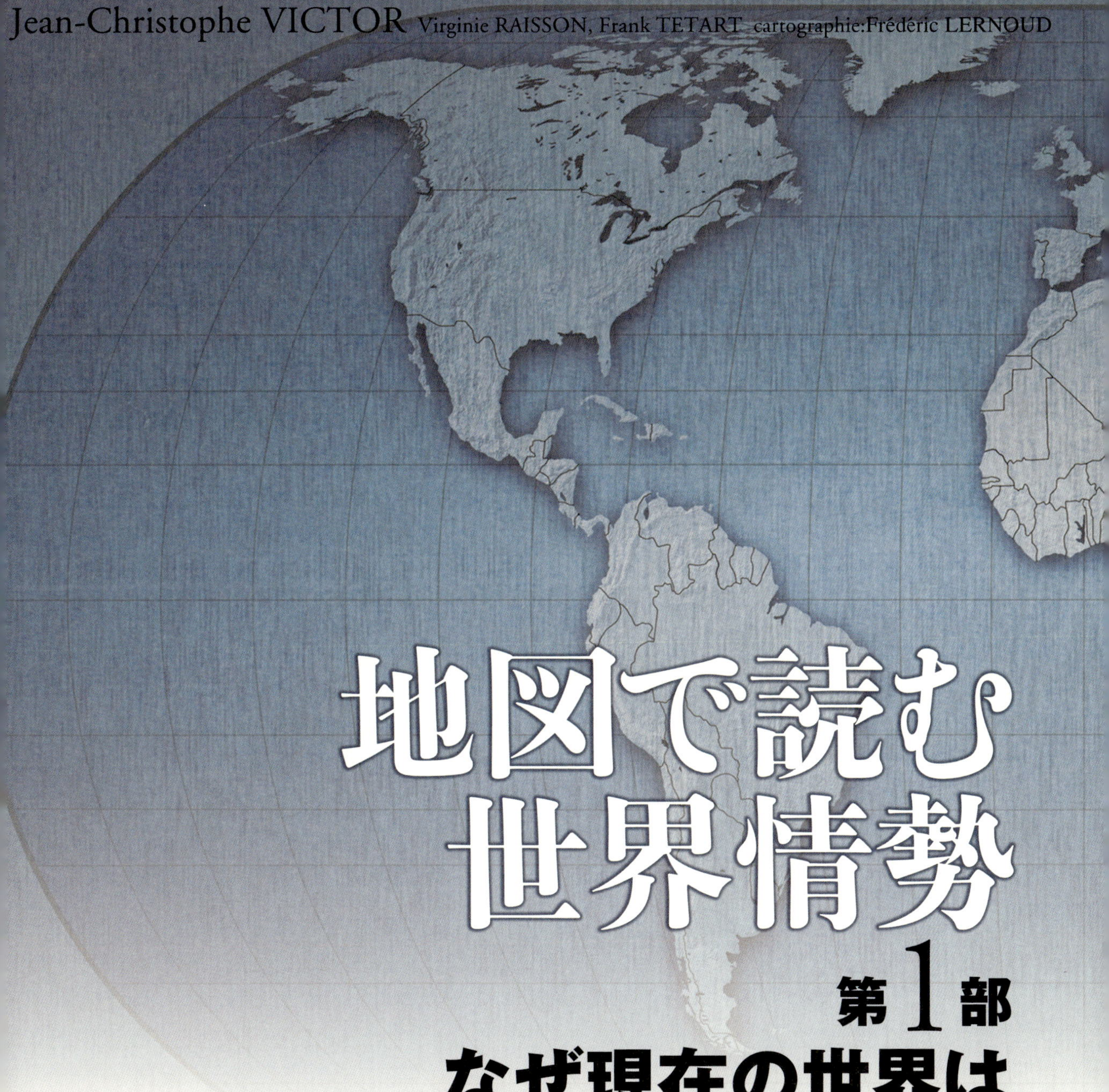

地図で読む世界情勢

第1部
なぜ現在の世界はこうなったか

ジャン－クリストフ・ヴィクトル
ヴィルジニー・レッソン
フランク・テタール

フレデリック・レルヌー［地図作成］

鳥取絹子［訳］

草思社

はじめに
世界を構成するもの

2001年9月11日、ニューヨークの世界貿易センタービルに2機の航空機が激突し、1時間もしないうちに崩壊するようすを、世界じゅうがリアルタイムで見た。しかしはたして私たちは、その映像を見ながら、そこで起きていることを正確に理解できていただろうか？

地球は冷戦の枷《かせ》からようやく解放され、新しいテクノロジーのおかげで情報はより自由に、迅速に、世界じゅうを駆けめぐるようになった。しかし、それと引き換えに、世界のイメージは混乱し、把握しにくくなっている。日々無数に起きている複雑な出来事を結びつけ、それらの関係を理解し、その意味を解釈し、世論の評価も知ったうえで……などと検討する余裕もない。

映像があふれすぎている時代の矛盾もある。私たちは、映像が与える恐怖や興奮に慣れてしまったようだ。そのせいで批判精神を失い、思考力を失い、それらを関連づける知性も失いつつある。

知性とは、識別し、解き明かすことである。本書の目的はまさにそれだ。世界の出来事に意味を与え、事実を知性で探り、マルコ・ポーロがみずからの旅を世界の「見聞録」と銘打ったように、個々の膨大な知識を「見聞」して整理することである。

時間と空間で関連づける

出来事は、空間においても、時間においても、偶然に起きるものではない。2001年9月11日の同時多発テロの例でもわかるように、この事件の重大さは、その前後の出来事を考慮に入れて初めて推し測ることができる。したがって、すべてを知るのに急ぐ必要はないのだ。世界からもたらされる「ニュース」は、それぞれ何の関連性もなく、私たちは雑然とそれを受けとめるしかない。そんなとき、その「ニュース」に一貫性を与えてくれるのが歴史と地図なのである。

すべての出来事は場所に影響される。そしてその出来事が今度は個人や集団の行動に影響を与え、次の出来事に発展していく。その意味で、出来事とそれが起こった場所との関係を見定め、その全体像を考えるには、何より地図が力を発揮する。

同じように、出来事にはつねに先例があり、それで説明のつくことが多く、時には原因となっていることもある。なぜなら私たちの決断や行動には、受け継いできた過去の精神的遺産が反映されているのだから。事実を解釈して、未来を見すえようとするなら、歴史の継続性のなかに置きなおしてみなければならない。

相手の論理に立ってみる

しかし、歴史も地理も厳密な学問ではない。歴史的な現象は確認する術がなく、正確に再現することもできない。また、私たちの認識やイメージは、どの場所にいるか、どの瞬間にいるかによって左右される。したがって、分析するには、相手の立場に立ち、歴史的、地理的、政治的に相手の理性の働きや論理を理解する必要がある。

たとえば、日本の世界地図は日本を世界の中心に置いているが、ヨーロッパの地図はヨーロッパが中心である。また、冷戦の戦略的な局面をつかむには、地図の中心を北極に置いてみないと理解できない。そうすると、アメリカ合衆国と旧ソヴィエト連邦が地理的に直接の隣国であることが一目でわかるだろう。

観察するだけでなく決定してみる

領土問題でも、エネルギーの供給や開発方法でも、一国の決定権者は、国益を優先しながらも、時に国益とは相容れない論理との板ばさみになって判断を下さなければならないことがある。それゆえ、いくつかある選択肢を分析するには、評論家やジャーナリストの立場ではなく、彼ら決定権者の立場に立ってみることが必要になる。問題がはっきりし、分析するにも役立つだろう。決定する立場のほうが明らかに難しいのだ。西アフリカのギニア湾で、沿岸諸国がウミガメの保護か、石油開発かで決断を迫られている複雑な政治問題は、まさにこのケースである。

知るだけでなく理解すること

本書はまた、さまざまな枠組みで行なった「地政学の旅」の成果でもある。

第１部「なぜ現在の世界はこうなったか」で試みているのは、初心に戻り、世界を地政学的に横断して、時間をかけて観察することの意味である。

南北アメリカ、ヨーロッパ、中東、アフリカ、アジアと、まずはそれぞれ別々にたどっていく。そのうえで全体を結びつけて初めて、世界と、それを動かしているものが見えてくる。どの国、どの地域にも、歴史的、地理的、文化的背景があり、何らかのイデオロギー集団に含まれているからである。

たとえば、チベット自治区の街ラサが、中国政府の介入によっていかにして宗教的アイデンティティを消されていったか。あるいはブルキナファソがなぜ貧困に陥ってしまったのか。地図上にその歴史的経緯と、現在の状況を説明する要因を見て取ることができるだろう。

グリーンランドやカリーニングラードなど、一部の関心しか惹かない小さな場所を取りあげたのは、これらの地点から社会、国家、経済のつながりがよく見えてくるからだ。

第２部「これから世界はどうなるか」は、第１次世界大戦直前のヨーロッパで、知識人たちが物質的・精神的快適さにあぐらをかき、平和ボケになって、緊急事態を示す兆候が何も見えなくなっていたことを教訓にしている。

現代の私たちも、先達のように世界が発するシグナルが見えなくなってはいないか？　あるいは、その後国連が設置され、欧州連合が創設された今日なら、新たな国家主義者や軍人の暴走を防ぐことができるのだろうか？　第２部はそれに答えようとする試みである。

かたや地球温暖化、「文明の衝突」、先例のないエイズの流行がある。かたやそれに対して有効な手を打たない先進国があり、復古主義の伸展がある。すべては、私たちが世界の発する警告に耳を傾けていないことを示している。

事ここに至っても、私たちは略奪者のような生活様式をいっこうに変える気配がない。出口の見えない泥沼にあえぐ国々への無関心を貫き、いまだに全世界的な価値観ばかりを構築しようとしている。それどころか、私たちも先輩たちと同じように、「唯一の正しさ」しかない体制を再びつくり、押しつけようとしている。それが新たな敵をつくりだし、あるいはまだ萌芽状態でしかないものを敵と思わせているのだが。

第2部で提案しているのは、世界の健康や戦争、テロリズムについての「既成概念」の解体である。

遺伝子組み換えや鳥インフルエンザ、エイズの流行、酸性雨、海洋と土壌の汚染、地球温暖化、移民……。グローバル化は政治・経済の問題の、もう一つの側面を浮き彫りにしている。これらの問題は、すでに国家という枠組みでは管理も対処もできない問題になっている。

本書ではそのことも地図にして比較、分析している。ここで問われるのは、地球規模での管理が重要になったとき、これまでのように国民国家の体制でいいのだろうかということである。

地図の使い方

アントワーヌ・ド・サンテグジュペリは『人間の土地』のなかで、自分の飛行機について「人間の昔からある問題を理解するための道具」と語っている。地図にもそういうところがある！

一瞬で世界全体が見渡せ、世界を縮図にして、経済的・社会的・地政学的な現象を、美しい線や形にして見せてくれるのである。

本書ではまず地図をゆっくり時間をかけて見てほしい。地図から意味をつかみとるには、行きつ戻りつして、立ち止まってみる必要がある。比較し、重ねあわせ、尺度を変えてみるのである。

重ねあわせる――アフリカで続く飢饉《ききん》や食糧窮乏の地区と、紛争の地図を重ねてみると、人間や戦争が飢饉を生んでいることがよくわかる。

尺度を変えてみる――インド洋に浮かぶディエゴ・ガルシア島は、何の変哲もない環礁に見えるが、尺度を変えてみると、米軍艦隊が使用する重要な情報通信基地であることがわかる。

地図の効用

地図は、位置を定め、決断するために、いろいろな働きをしてくれる。山歩きや運転に欠かせず、今では飛行機の操縦やシミュレーションの道具にもなっている。また戦略家や軍人が作戦を練るときにも欠かせない。そして何より翻訳する必要がなく、コンパスのように、使いこなす訓練も必要としない。いわば、世界についての質問を投げかければ、地図がそれに答えてくれるのである。

また、私たちが「知って」いながらも「見えない」現実を、地図は一目で見渡せるような印象を与えてくれる。石油の層や、それにからむ諸問題、または海峡の通行や管理の必要性、住民の移動や、国境をめぐる緊張関係も地図の上では一目瞭然である。

さらに地図は、真実を明らかにしてくれる。歴史の速度が速まっているときには、地理もまた変化しているからである。高速列車の登場や、ソ連邦の崩壊、インターネットの出現、世界的なテロ組織の暗躍など、そのたびに地理的関係は変化してきた。地図は、知識への案内人なのである。

もちろん、すべてを地図で語ることはできない。とりわけ「真実」を語っているかどうかには注意が必要だ。とくに政治的な事柄は隠蔽《いんぺい》されることがある。なぜなら地図は、世論操作に最適の道具にもなるからである。

地図の限界

16世紀の大航海時代から4世紀のあいだ、地図はヨーロッパ人の特権的な道具だった。アメリカ大陸やアフリカ大陸、アジアの多くの国を植民地化し、世界を我がものにするために使われた。

20世紀になると、世論を操作するものとしての地図が登場する。

その最たる例が、ドイツが1925年に発刊した「大小の協約に包囲されたドイツ」の地図で、国がいかにも攻囲されている印象を与える。1933年に権力の座についた国家社会主義ドイツ労働者党（ナチ党）は、その地図が国民に与えた印象を利用して、国粋主義をあおり、領土拡張を正当化した。

また、1945年に、ロシアとイギリス、アメリカの3国がナチズムへの勝利を念頭に、ポツダム会談とヤルタ会談で線引きした地図の重みについても考えてみよう。その地図のおかげで、ヨーロッパとヨーロッパ人は50年近くも分断させられることとなった。

地図を使って国際的な権利を無理やり認知させようとする国もある。言ってみれば「地図で嘘をつく」国々である。たとえば南米チリの首都、サンティアゴの一部の書店では、国が南極まで延長している地図が売られていて、事実上、南極の一部をチリのものにしている。ところが、南極大陸の領土主権と請求権は、1959年の南極条約ですべて凍結されており、チリもその調印国なのだ！　同じように、モロッコで出版されている地図は、西サハラをモロッコ王国に組み入れている。しかしこの広大な領地は、1976年にスペインの植民地から脱却したものの、国際的に認知された法的な体制はまだなく、住民は独立か大幅な自治権を要求しているのである。このほかにも例はいくつも挙げられる。シリアの政治的な地図や、パリのアラブ世界研究所にある地図では、イスラエルとレバノンが消えて、地中海になっている。たぶん地中海に沈没してしまったのだろう。

このように地図は、いくらでも操作の対象になる。イスラム世界を地図にすること一つとっても、その国にイスラム教徒が何人いるか、どのくらいの割合なのか、信仰は篤いか、実践しているかなど、基準をどこに置くかによって地図の表現はさまざまに違ってくる。おまけに多数の宗派に分かれ、各派によって解釈もしきたりも違ってきている。ところが「イスラム教の地図」の大部分は、シーア派とスンニ派の区別すらなく、政教分離の国も厳格なイスラム教国家も一緒にしている。複雑な背景を知らずに、地図をただ単純化したのでは、現実を切り落とすことになるだろう。

本書はすべてに答えるものではない。問題を提起して、考える助けとなり、私たちが世界に働きかけるためのいくつかの道具を提供するものである。

地図で読む世界情勢…第1部

なぜ現在の世界はこうなったか……目次

はじめに
世界を構成するもの……3

第Ⅰ部
なぜ現在の世界はこうなったか……11

第1章 アメリカ大陸、世界覇権への道……12

アメリカ合衆国の外交政策……14
東部から西部へ／アメリカ、壁の外へ／アメリカ領土の形成／新しい世界秩序に向かう？／ソ連邦に対するアメリカの介入／強いアメリカの終わり／南北戦争／アメリカの戦略……／……そしてアメリカの限界

ディエゴ・ガルシア島──航空母艦の島……24
寄港地から軍事基地へ／ワシントンにとっての戦略的な位置／インド航路からアメリカの支配まで／チャゴス島民の現状

パナマ運河──アメリカの水路……28
運河の仕組み／管理下の返還／「傷」が癒え、民族主義と経済的な賭けに揺れる／運河の拡大問題／貧しい国

米州自由貿易地域（FTAA）──アラスカからティエラデルフエゴまで……32

ブラジル──南米の新しい大国……34
三つの格差／偶然による発見……／活発な外交

ラテン・アメリカ──先住民の巻き返し……38
先住民の先祖はアジア系／社会の周辺からの脱出／政治的な主張／各国にとっては安定化が課題

グリーンランド──アザラシの文明……42

第2章 欧州とロシア、深遠なる戦略とアキレス腱……44

欧州連合──拡大か、排除か……46
何をもって欧州の境界線とするのか？／トルコは欧州か、それともアジアか？／なぜこれほど多くの国がEUに加盟したがるのか？

カリーニングラード──欧州にあるロシアの「島」……50
バルト海の「香港」になれるか／ロシア人の往来を自由にする？／どこまで自治権を与えるか？

バルカン諸国——戦争と欧州の狭間……54

マケドニア／ボスニア・ヘルツェゴヴィナ／セルビアとモンテネグロ／安定は長続きするか？／欧州連合のかたわらで

ロシア——帝国主義と実用主義に揺れる……60

「近くの外国」／対テロリズムでアメリカと共同歩調／ロシア正教会、アイデンティティと政治の要素／欧州連合は「必然的な」パートナーなのか？／ロシア領土の形成過程

パイプラインの地政学……68

モルドバ——欧州の境界地帯……70

トランスニストリア問題／モルドバはどこへ行く？／欧州への望み／公国から独立へ

ウクライナ——欧州への回帰？……74

兄貴分ロシア／欧州連合との接近／帝国の境界地帯／NATOと米国とのあいだで

第3章 中東はいかにして世界の火種となったか……78

影響下にある中東……80

オスマン帝国／イギリスとフランスの影響力／石油とガス／イスラエル／アメリカ合衆国の介入／大中東構想

石油——依存関係と地政学……86

石油はいつまであるのだろうか？／新しい調整役の登場／再生可能なエネルギーに向けて／1973年から2005年の石油市場

サウジアラビア——唯一の石油君主王国……90

石油とイスラム教が政権の支え／国際的な承認／弱点のある国

イスラム教——単純すぎる地図……94

統計で見るイスラム教／法体系で見たイスラム教／政治で見るイスラム教／イスラム教の地理学／イスラム教の「宗派別」地図

エジプト——四つの不労収入のある国……98

歴史、第1の不労収入／ナイル川、第2の不労収入／スエズ運河、第3の不労収入／「戦略的な」位置、第4の不労収入／エジプトにある大きな格差

パレスチナの領土——どんな国になるのか？……102

将来のパレスチナ国家はガザ地区とヨルダン川西岸地区か？／安全の壁？／紛争の中心にある領土／エルサレム、一つの都市に二つの首都？

イラン——国家の安全をいかにして手に入れるか……108
核問題、イランに施策の余地はあるのか
クルド人——国のない民族……112

第4章 アフリカは飛び立てるか……114

自立するアフリカ——「アフリカ開発のための新パートナーシップ」計画……116
「アフリカの」計画／アフリカの自立ヴィジョンに向けて／NEPAD計画プロジェクト

ブルキナファソ——何が貧困を招いたか……120

セネガル——ワッド大統領による転機……122
ムリッド教団が経済のブレーキ？／老朽化した輸送網／束縛の多い隣国関係／
カザマンス地方が分離独立を求める原因

モーリシャス島——インド洋のドラゴン……126
国の方向を決定する経済ネットワーク／モーリシャスはインド洋の「ハブ」（中心）なのか？／
脆弱なモデル？

第5章 アジアをいかにして読み解くか……130

パキスタン——無理な外交姿勢……132
イスラム教徒のための国／核の連鎖／パキスタンの矛盾／カシミール紛争

インド——大国になる将来性……136
多様な言語と宗教／経済発展／紅茶から人工衛星へ、激変する経済／
カシミールと中国／相変わらずの貧困状況

中国・天の下の国——1 空間と時間……140
中国・天の下の国——2 中国の状態……144
中国の民族

中国・天の下の国——3 外へ「大躍進」……146
エネルギーはお手上げ状態／エネルギー方程式をどう解くか？／
中国、世界第2の石油輸入国に
ラサ——剥奪されたアイデンティティ……152

日本の領土……154
自然の束縛／「雁行」経済／未解決の海域問題

地図で読む世界情勢…第2部
これから世界はどうなるか
目次

第Ⅱ部
これから世界はどうなるか

第6章　戦争の論理
紛争――戦争とその理由
正しい戦争はあるのか？
テロリストの居場所――暴力の論理と力学
核拡散――地政学的リスクはこう変わる
チェチェン――次の大いなる火種
コロンビア――世界の麻薬戦争の行く末を占う
コートジボワール――なぜ一つの国が南北に分かれたのか？
アフガニスタン――なぜこの地が戦場となったか

第7章　持続不可能な発展
グローバル経済を地図化する
国家の豊かさと貧困――数字の陰にあるものは？
世界は自給自足できるか？
健康の不平等――平均寿命の陰に隠れているもの
執行猶予中の地球――選択のとき
危機に瀕する海――本当の犯人と見かけだけの犯人
トルコの巨大ダム――政治問題化する水資源
カリフォルニア――アメリカン・ドリームの終焉
ギニア湾――石油開発かウミガメか？
北西航路――海の新しい航路
気候温暖化――氷で将来がわかる？

第Ⅰ部

なぜ現在の世界はこうなったか

itinéraires géopolitiques

アメリカ合衆国の外交政策

ディエゴ・ガルシア島

パナマ運河

米州自由貿易地域

ラテン・アメリカ

ブラジル

グリーンランド

第1章 アメリカ大陸、世界覇権への道

itinéraire
américains

アメリカ合衆国の外交政策

さて、地図の助けを借りて、
アメリカ合衆国の外交政策について
考えてみることはできるだろうか？
それにはまず、
２５０年という比較的短い
アメリカの歴史を
拠りどころにすることだろうが、
広大な地理も頭に入れておこう。
なにしろ世界的なのである。

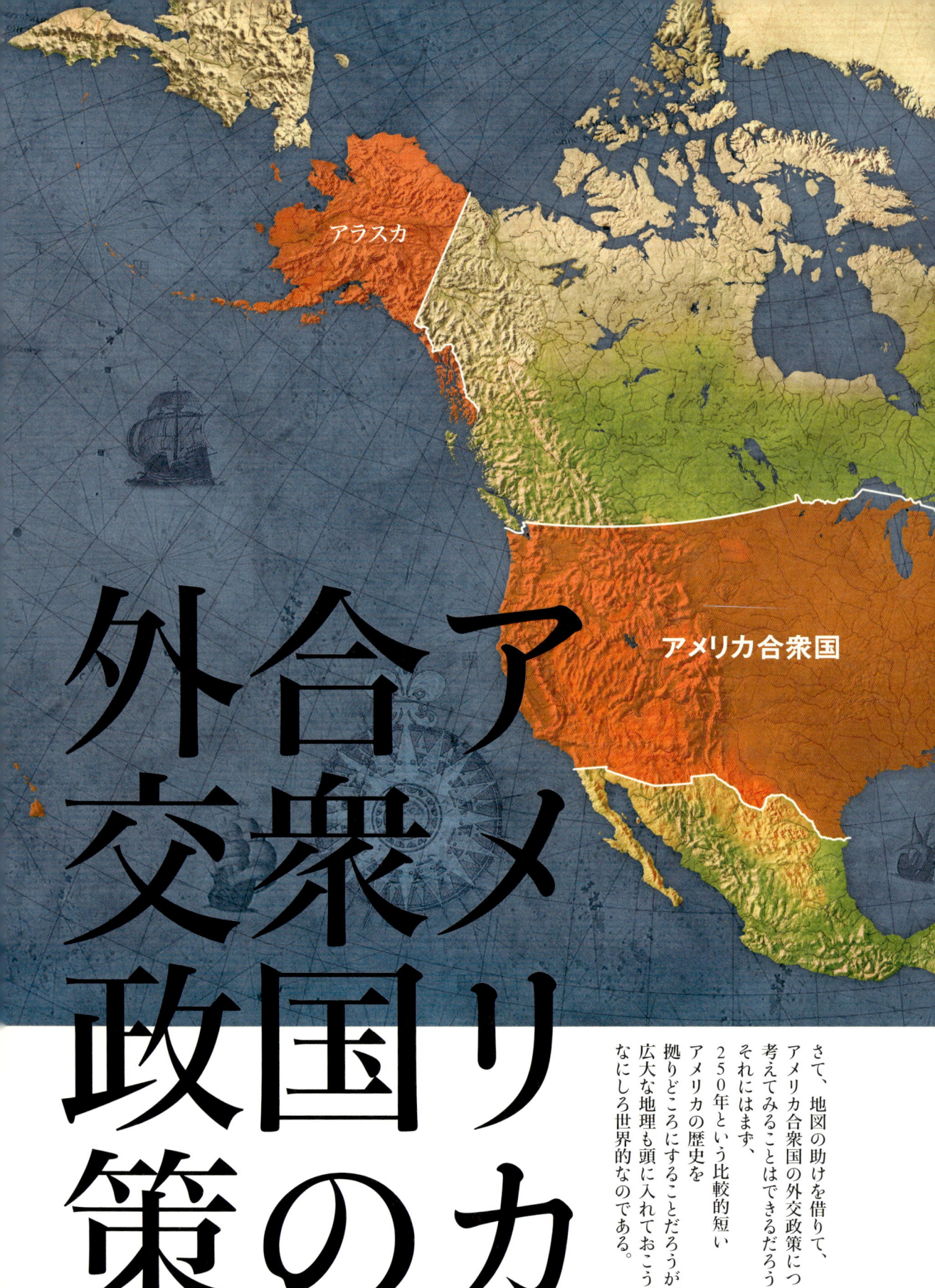

アメリカ合衆国の行政区分は非常に幾何学的で、大河や山脈の自然の障壁部分だけが曲線になっている。実際に、各州の境界線を決めるのに子午線や平行線が選ばれていることが多い。国内の境界線を引くのに平等を原則にすることで、地表と地下の資源も平等に分割できるようにしている。

何千年もの昔からアメリカ先住民の部族が住んでいたアメリカ大陸に、1607年、大西洋を渡ってヴァージニア会社の商人たちが到着し、次いで1620年に〈メイフラワー号〉で巡礼者たちが上陸する。これら初期の入植者たちは、英国国教会の弾圧を逃れ、イギリスからやってきた清教徒たちだった。

ヨーロッパ生まれの「アメリカ人」たちは、大西洋岸沿いに13の「イギリス王国植民地」を開拓していくのだが、同時にアイルランドやスコットランド、オランダ、スウェーデンから、とぎれることなくやってくる大勢の移民と合わせて、イギリスからの独立を求めるころにはその数300万人に達していた。

1776年、一方的に独立を宣言した初期のアメリカ人たちは、イギリスに宣戦布告する。独立戦争である。そして83年、ロンドンとの和平条約が、いわゆる「西部の征服」にお墨付きを与えることになる。それは対自然、対欧州君

スー族、シャイアン族……の地
アメリカには何千年もの昔からアメリカ先住民の部族が住んでいた。
これは当時の彼らのおもな居住地を示す地図である。

主国家、そして対アメリカ先住民という三重の戦いでもあった。

東部から西部へ

こうして、大陸で生活していた先住民の部族は、西部の征服を掲げた初期のアメリカ人たちによって分断されていった。彼らの領土は、アメリカ人が西へ前進するにつれて徐々に減っていった。アメリカ人たちは条約で、あるいは買収、戦争によって、東部から西部へ地続きで領土にできる土地をすべて、北部から南部は五大湖からリオ・グランデ川まで、1世紀もかけずに手に入れた。19世紀のことである。

アメリカ合衆国の領土が現在の形に形成されたのは1890年である。そのためには先住民を彼らの土地から、またイギリス人、フランス人、スペイン人などのヨーロッパ人を、北部アメリカから追い出さなければならなかった。「アメリカ人のためのアメリカ」でなければならなかったのである。これは第5代大統領モンローが19世紀初頭に掲げた「モンロー主義」の基本である。

この点から見ると、1898年は転換期と言えるだろう。アメリカ人がヨーロッパ勢力に対して行なった最後の戦争、対スペイン戦争が行なわれた年である。敗れたスペインは保持していた主権をアメリカに譲った。それは、
◎太平洋のフィリピンとグアム島
◎カリブ海のプエルトリコとキューバ
である。

ただし、キューバとプエルトリコだけはアメリカの領土にならなかった。なぜなら、この住民たちは「同化不可能」と認識されたからである。こうしてアメリカ合衆国自身もまた植民地大国になっていくのである。

アメリカ、壁の外へ

アメリカが行なった初期の介入の一つで、自国から遠く離れて実行されたのは、1853年、鎖国政策を取っていた日本の沿岸に軍艦を送り

第２次世界大戦でのアメリカ

第2次世界大戦に参戦した1942年から1200万人が動員され、うち3分の2が後方部隊を結成して、残る3分の1が前線に向かった。アメリカのもくろみは、アジアで海軍大国日本が、ヨーロッパで非民主主義の大国ナチス・ドイツが強国になるのを妨害することだった。この目的を達成するため、30万人のアメリカ人が命を落としている。ヨーロッパの民主主義にとって、やはりこのことを忘れてはならない。

こみ、貿易のために開港するよう江戸幕府に迫ったことだろう。軍事力を使ったこの圧力は、日本や中国と自由に貿易したいアメリカの意図と同時に、拡大の視野が大陸から海に移ったことをも示している。それが証拠に、1858年にジョンソン環礁、67年にミッドウェー島、78年にサモア島、98年にハワイと行なわれた介入は、アメリカ艦船に燃料の石炭を補給する寄港先を確保するためのものだった。

世紀が代わると問題も規模も変わってくる。20世紀アメリカの新たな海外介入の論理は、貿易上の利害、軍事上の覇権、民主主義の擁護という、三つに根拠を置いていた。そして第1次世界大戦を機に、アメリカは現在の国際的な威信を獲得していく。当時のウィルソン大統領は当初、中立を約束していたのだが、二つの要因がアメリカ議会をヨーロッパの戦争に引きずりこんだのである。一つは、連合王国〔＊グレートブリテンと北アイルランド〕への支援である。アメリカの貿易と金融の利益はこの王国に依存するところが大きかった。二つ目は、航海の自由を国際的に尊重させることだった。

開戦翌年の1915年、128人のアメリカ人が乗船していた英国客船〈ルシタニア号〉が、ドイツのＵボートに撃沈されたあと、17年1月にドイツが、イギリス沖合で交差する連合国の船舶をすべて沈没させると脅しをかけてきた。これがワシントンで深刻に受け止められた。そしてついに同年4月6日、ドイツに宣戦布告するのである。この介入がアメリカを決定的に国際事件に巻きこむことになる。

それからわずか20年後、第2次世界大戦でアメリカは2度目の大きな海外介入を強いられることになる。1941年12月7日〔＊現地時間〕、日本が真珠湾の米軍基地を襲撃したのをきっかけにアメリカは参戦した。

ところが、1945年に第2次世界大戦の勝利を手にしたアメリカの前に、突如として、それまでともに戦ってきた相手が敵として立ちはだかる。大陸の強国で、民主主義ではない国、ソ

アメリカ領土の形成

3回の大きな土地取得で、アメリカの領土は地続きに

独立戦争が終結したあとの1783年、イギリスとの和平条約で、当初の13州に、アパラチア山脈とミシシッピ川のあいだの土地がアメリカに加えられた。かわりにイギリス政府は、北部の所有地をアメリカが要求しない約束を取りつけている。それがのちのカナダとなる。

続いて1803年、アメリカは広大な土地を取得する。ルイジアナと呼ばれる州で、この地をナポレオン1世から購入した。この領土は、その後アメリカ政府にとって貿易の大半をになう最前線になる。というのも、ミシシッピ川のデルタからニューオーリンズ港に通じ、そのままメキシコ湾に出るからである。

1819年、スペインと戦ったアメリカは、アダムズ＝オニス条約で、スペインからフロリダを譲渡され、これによってメキシコ湾全体がアメリカの貿易に開放される。太平洋側に到達するのはそのあと、独立宣言から70年後のことである。

1846年にアメリカはイギリスからオレゴンを取得して、両国の対立は終わるのだが、その前にスペイン系アメリカ人との対立が始まっている。南部には、メキシコに反旗をひるがえしたテキサスの入植者たちが、1835年に建国した独立国、テキサス共和国があった。1845年にそのテキサスをアメリカが併合、これがアメリカとメキシコの戦争（1846—48）を引き起こすことになる。

対メキシコ戦争で勝利したアメリカは、1848年、強い立場を利用してメキシコ政府と広大な領土の買収を交渉する。そして獲得したのがカリフォルニア、ネヴァダ、ユタ、アリゾナ、コロラドの一部と、ニューメキシコである。これがアメリカにとって3回目の大きな土地取得である。

ロシアとのあいだでアラスカ購入の合意が成立したのは1867年3月30日で、当時の価格で720万ドルだった。もしアラスカが冷戦中もソヴィエトのものだったら、アメリカにとってどういう結果になっていたか、考えてみる価値はあるだろう。

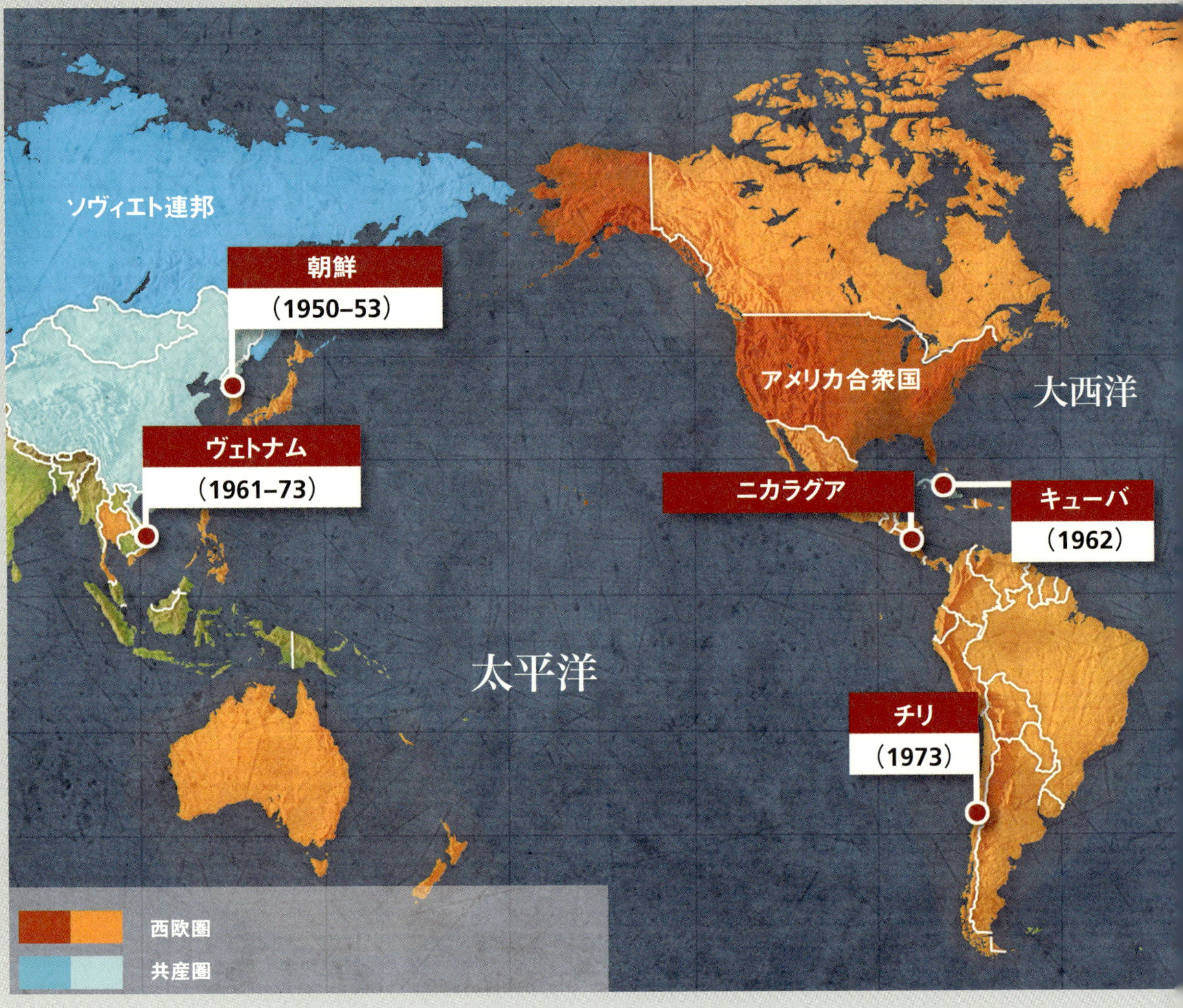

ヴィエト連邦だった。ワシントンとモスクワの冷戦は長く、1947年から91年まで続いた。その間世界は、イデオロギー的、経済的、戦略的に真っ二つに分断されたのである。

この冷戦中、アメリカは敵に対して直接的な攻撃をしたわけではない。戦争は正面きってではなく、同盟国の代理戦争に介入するかたちで行なわれた。韓国とヴェトナムへの介入で、それぞれ約5万人と約6万人のアメリカ人が犠牲になっている。すべては反共産主義のためだったのだろうが、それが誤った分析と展望へ導いてしまったのである。今になってみるとそれがよくわかるだろう。しかし最終的には、自由経済を掲げる政体が計画経済に大きく水をあけることになるのである。

新しい世界秩序に向かう？

ソヴィエト連邦の終焉は、ある種の脅威の終わりと、あるタイプの介入の終わりを意味した。そこで1991年以降、地図の読み取り方は変わらざるをえなくなってくる。

1990—91年の湾岸戦争、つまりアメリカ主導による多国籍軍のイラク介入は、一国が他国の国境を越えたというよりは、むしろクウェートが保有する世界の原油埋蔵量の9パーセントをバグダッドが先物買いしようとしたところにある。これを機にアメリカは「新たな世界秩序」に言及するようになるのである。

ソ連邦に対するアメリカの介入

冷戦中、戦争は直接ではなく、同盟国の仲介によって行なわれた。

◎ベルリン。第2次世界大戦後の1948年、ソ連のベルリン封鎖に対して。

◎朝鮮半島。1950―53年の朝鮮戦争。

◎キューバ。1962年、アメリカを狙う弾道ミサイルを配備したキューバ危機で。

◎ヴェトナム。1961―73年のヴェトナム戦争。

◎ラテン・アメリカでは、社会主義政権が定着あるいは存続するのを妨害するために介入した。チリでは1973年9月、社会主義のアジェンデ政権打倒に動いたピノチェトのクーデターを支援し、ニカラグアでは、1980年代のマルクス主義サンディニス政権に反対するゲリラ組織〈コントラ〉を支援した。

◎ソマリア、エチオピアにもそれぞれ介入。アンゴラでは反政府ゲリア組織の指導者サヴィンビ議長を支援し、南アフリカでは首都プレトリアのアパルトヘイト政権を支援した。

◎1979年には、アフガンに侵入したソ連に対抗するために抵抗組織を支援した。この支援はのちにアメリカの利害にとって裏目に出ることになる。

強いアメリカの終わり

若い国、アメリカ合衆国は、幸運なことに自国内での戦争を以下の4度しか経験していない。

◎1776年、13の開拓植民地が独立を宣言してイギリスと行なった戦争。

◎1814年の英米戦争。イギリス軍によってワシントンが陥落。

◎1861年から65年の南北戦争。北部の連邦国家と南部の奴隷制国家が対立したが、これは内戦である。

◎2001年9月11日の同時多発テロ。これはアメリカ人にとって自国の地で戦争が行なわれたに等しい衝撃を与えた。

ところで、貿易上の利害と軍事上の覇権、民主主義を擁護する戦いは、一方で善対悪の戦いのように見られることが多い。はたして21世紀も、20世紀の介入の大きな動因となったこれらの論拠は通じるのだろうか？

どんな軍事作戦においても、ある攻撃に応酬するためには、敵襲撃側の身元を確認し、居場所を突き止めるのが鉄則である。ところが、9・11以降の世界地図を眺めると、国でも軍隊でもなく、領土を持たない敵に戦争を仕掛けるという新しい戦略的図式が浮かびあがってくる。そして、これまでにない新しい点は、戦争をするのに地図が役に立たないことである。どこを戦場にすればいいのか？　戦場も戦闘もなく、

南北戦争

広大な空間と、急激に形成されたアメリカにしてみれば、領土の拡張と分割を急ぎすぎたことが危険を生むことになったといえるだろう。言ってみれば一触即発の状態だったのである。それが1861年から65年にかけての南北戦争となって勃発し、国じゅうが戦火に巻きこまれた。この戦争は、自由貿易と奴隷制維持を支持して分離を望む南部連邦と、保護貿易と奴隷制度廃止を支持する北部国家、いわゆる合衆国との対立だった。

交渉もできなければ、どう戦い、どう終結させればよいのか？

アメリカの戦略……

アメリカの戦略は攻撃と防衛、つまり介入と孤立主義からなっている。これはアメリカの政策としては定番で、20世紀の介入の動因とも一致する。

9・11事件への最初の回答はアフガニスタンでの戦争だった。そこに攻撃の首謀者と推定されるサウジアラビア人、オサマ・ビンラディンがいたからである。アフガニスタンでの作戦は、タリバンを崩壊させ、次いでカブールに友好政権を樹立させたことで政治的には成功なのだが、軍事面では半分失敗と言える。タリバンの最高指導者オマル師も、ビンラディンも見つけられなかったからである。この地に生き残ってしまったタリバンは、今もアフガニスタンにとって脅威のままである。

それでも懲りずにアメリカは、潜在的な脅威の身元確認を望み、世界には「悪の枢軸」が存在し、それは北朝鮮とイラン、イラクであると名指しで宣言した――ここで、同盟国パキスタンの名がいっさい挙げられないことに注目しよう。名指しされた国々は大量破壊兵器を所有し、好戦的な政策意図を持っているというのがアメリカの論拠である。これらの国々の攻撃に備えるべく、アメリカは「弾道ミサイル迎撃システ

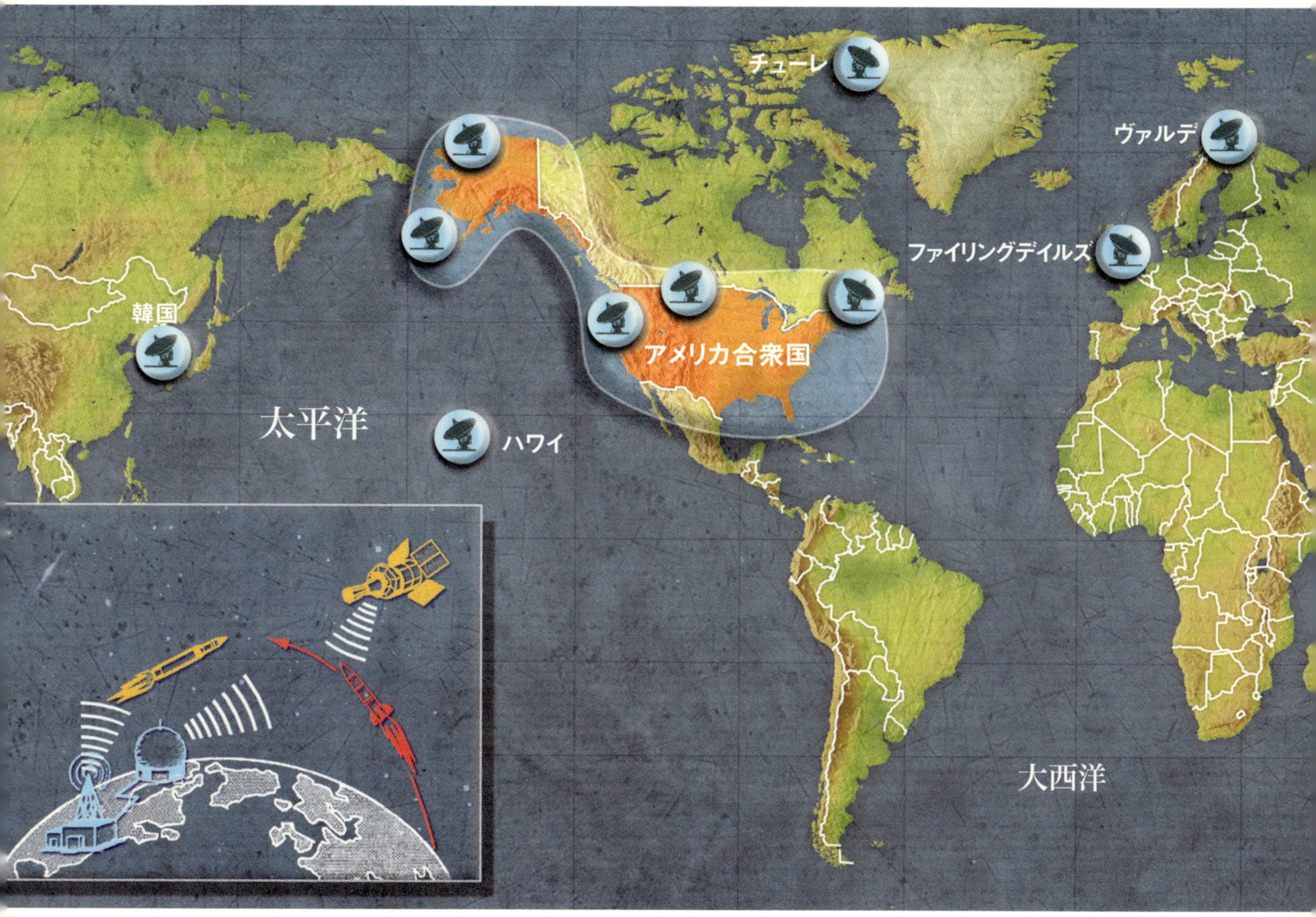

弾道ミサイル迎撃システム

アメリカは核兵器や化学兵器の攻撃に備えて、弾道ミサイル迎撃システムを構築した。これは1980年代に発表された「スターウォーズ」計画を技術的、政治的に受け継いだもので、アメリカ領土に向けて発射されたミサイルを飛行中に迎撃するものである。なお、この領土に向けて発射されたもののみが対象である。

ム」を構築して、「強い国」の古き夢をなんとか実現しようとしている。これがアメリカの外交政策の2番目の特徴、孤立主義である。

……そしてアメリカの限界

しかし、ここでアメリカは戦略の限界に突きあたる。実体のない軍隊と、自爆テロの前に、迎撃システムの有効性は高が知れている。なぜなら、敵の身元を割り出す確かな方法が、軍事的にも技術的にも存在しないからである。まずは、彼らの起源と行動の仕組み、動機を分析しなければならない。そこには経済的な要因もあれば、政治的な要因もあるだろうが、心理的なものも多いのである。

しかしアメリカは、長期にわたってソ連邦ならびに東欧共産圏と対立したときと同じように、21世紀でもまた世界を再分極化する戦略をとっている。それは対テロの戦いでアメリカと共同歩調をとる国と、そうではない国に分けることである。その中間の道はないのだ。なぜなら、アメリカにとって、2001年9月11日のテロ行為はまったくもって理解しがたいからである。

ディエゴ・ガルシア島

航空母艦の島

インド洋の真ん中にある粒ほどの小さな島、
ディエゴ・ガルシア島が、
アメリカの軍事作戦を実施する上で、
非常に重要な役を演じている――

インド洋の中心
島の位置はインドから 2000 キロ以内、アフリカとインドネシアからは 3500 キロ、ペルシャ湾からは 4500 キロ、オーストラリアの西岸からは 5000 キロにある。このようにまったく中心にあることが、ディエゴ・ガルシア島に非常に重要な役をになわせている。

地質学的に環礁になっているディエゴ・ガルシア島は、礁湖への出入口が北側だけで、自然が保護する港になっている。水深 31 メートル、最大幅 10 キロメートルの礁湖には、艦船も原子力潜水艦も停泊できる。基地自体は礁湖の入口にあり、そこから南にさがったところに滑走路が1本建設され、通常兵器弾薬庫も整備された。現在は宇宙監視センターもある。島では、軍人と民間人約 3500 名が米軍関係の仕事につき、公式にはイギリスの主権下にあることから、50 名程度のイギリス人が行政に携わっている。

ディエゴ・ガルシア島はチャゴス諸島で最大の島である。この島は 16 世紀初頭に、インドへ向けて航海中のポルトガル人によって発見された。当時は無人の島だった。名前の由来は謎である。発見者の名前をつけたともされるが、ディエゴ・ガルシアなる人物は当時の航海録には見当たらず、今となっては、ポルトガル語が島の名前だけに名残をとどめている。事実として残るのは、もっと南のフランス島（現在のモーリシャス諸島）とブルボン島（現在のレユニオン島）〔＊フランスの海外県〕にすでに入植していたフランス人が、18 世紀にディエゴ・ガルシア島の領有権を主張していることである。この島が地理的に隔絶していたため、当初はハンセン病の療養施設が置かれたのだが、その後、ココナッツ園が開拓された。そして 1814 年、ディエゴ・ガルシア島はモーリシャス島と同じように、イギリス領になって現在に至っている。

寄港地から軍事基地へ

ディエゴ・ガルシア島は地理的な位置からして、中近東と北アメリカを往来する石油タンカーの海上ルートにある。タンカーのように大きなトン数の船舶は、スエズ運河の通行を禁止されているからである。また、1956 年のスエズ動乱で運河が閉鎖されたさい、アメリカが中近東からのこのルートの重要性に気づいたこと

アメリカの戦略の中心

アメリカ軍全体の配備、とくにテロとの戦いにおいて、ディエゴ・ガルシア島はこの地域でとりわけ重要な基地になっている。この不安定な地域にはイラクやアフガニスタン、カシミールがあり、もっとグローバルな意味でもスリランカやソマリア、さらにはイランもある。

もある。それもあってアメリカは1960年代に、海上交通の自由を確保するため、この地域に拠点を探す作業に取りかかった。一方イギリスは1965年、植民地のモーリシャスからチャゴス諸島を分離して、イギリス領インド洋地域という形にした。

そして翌1966年12月30日の合意で、アメリカはイギリスから50年の期間と、さらに20年間の更新可能を条件にディエゴ・ガルシア島を賃借し、この環礁に信号傍受と通信のための施設を建設したのである。

しかし、ディエゴ・ガルシア島の役割を徹底的に変えたのは冷戦である。当時、インド洋でソヴィエト海軍の存在感が高まるのに危機感を抱いたワシントンは、ロンドンと合意のうえで、ディエゴ・ガルシア島に米軍基地の建設を決定し、この基地は徐々に超近代的な海軍航空隊複合施設になって、航空母艦を迎え入れるまでになる。そうしてチャゴス諸島に住んでいたアフリカの奴隷の子孫である、約1400人の住民は全員、独立したばかりのセーシェル島やモーリシャス島へ追放されてしまったのである。

ワシントンにとっての戦略的な位置

いったん基地として完成すると、ディエゴ・ガルシア島はアメリカの防衛政策のなかで二つの機能を果たすことになる。一つは、かつての同盟国イランとの関係悪化によるもので、1979年のイスラム革命で失った地域の埋め合わせが狙いである。二つ目は、中近東からの石油の航路を保障することである。事実上アメリカは、インド洋の中央に位置するディエゴ・ガルシア島から、世界のあらゆる地域へ介入することができる。たとえば、インドやマラッカ海峡へは艦船で4日以内、ペルシャ湾やオーストラリア西岸へは5日から6日、喜望峰へは7日で赴くことができるのである。冷戦は1991年に終わったが、ディエゴ・ガルシア島はアメリカの軍事システムの重要な位置を占めつづけた。1991年の湾岸戦争では、島は攻撃の軸になった。アメリカ軍の飛行機は島から飛び立ち、島で補給を受けた。そして2001年9月11日の同時多発テロのあと、タリバン政権打倒を掲げて行なわれた戦争のさいも、島から飛び立ったB52はわずか6時間の飛行でアフガニスタンに着き、アルカーイダのメンバーの潜伏場所を根こそぎ爆撃している。

このことから推察するに、アメリカはインド洋にある唯一の基地を放棄するつもりはさらさらないようだ。それは原住民が一人もいないことからも確かだろう。アメリカは島に基地を建設するさいに、島民が共産主義に洗脳されるのを恐れて、彼らを追放したのだ。

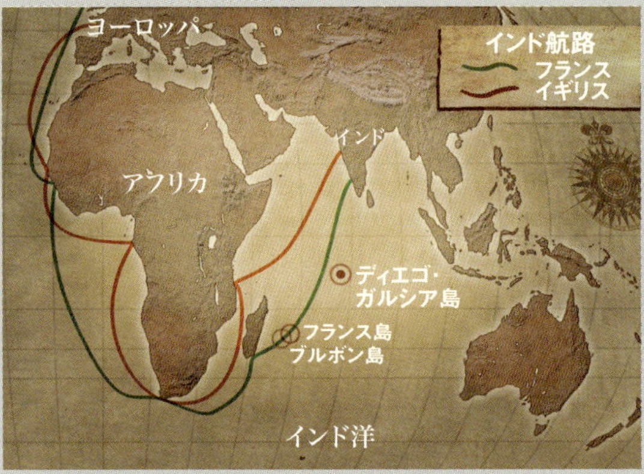

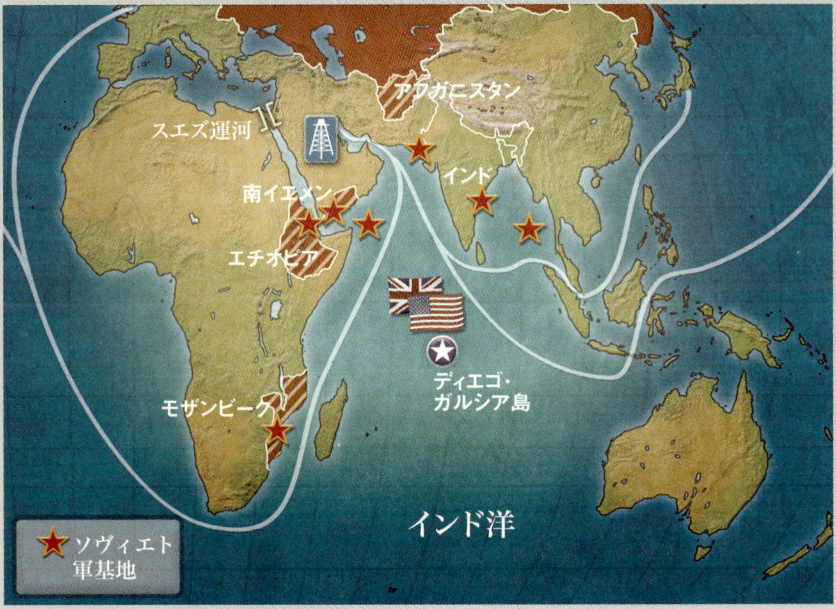

インド航路からアメリカの支配まで

当初、インド航路の拠点だったディエゴ・ガルシア島は、18 世紀にはフランスとイギリスの奪い合いになった。1814 年にイギリス領になり、19 世紀末にスエズ運河が開通してからは、イギリスからオーストラリアへ向かう汽船に石炭を補給する寄港地になり、そのあとの第 2 次世界大戦中は、日本の海軍を威嚇《いかく》する目的で、イギリス空軍によって基地が建設されている。しかし戦後になって、この小さな領土に興味を持ったのはアメリカである。この島からだと中東からの石油の供給ルートを監視できるうえ、冷戦中はインド洋で強大になったソヴィエト海軍に対処することができた。事実ソ連は、1971 年にインドと合意した「友好と協力」条約によって、インドのオカとヴィシャカパトナム、そしてアンダマン諸島のポートブレアに海軍基地を設置していた。また、社会主義国家だった南イエメンへの航海が容易になり、1975 年にはモザンビークで、76 年にはエチオピアで親ソヴィエト政権を樹立させ、79 年のアフガニスタン侵攻も可能にした。

チャゴス島民の現状

モーリシャス島に避難先を求めたチャゴス島民の子孫 8500 人は、イギリスを相手取って告訴し、2000 年に勝訴している。イギリスの高等法院は、島民たちの追放を違法と判断し、島民はイギリスの市民権を取得した。それと同時に、賠償金と島へ帰還する権利も手にしている。告訴はアメリカ合衆国政府に対しても行なわれたが、こちらは当然のように反論するだろう。少なくとも、この基地が戦略的にうまく機能しているあいだは、その姿勢を変えないだろう。ちなみに、賃貸契約の期限は 2016 年に切れることになっている。

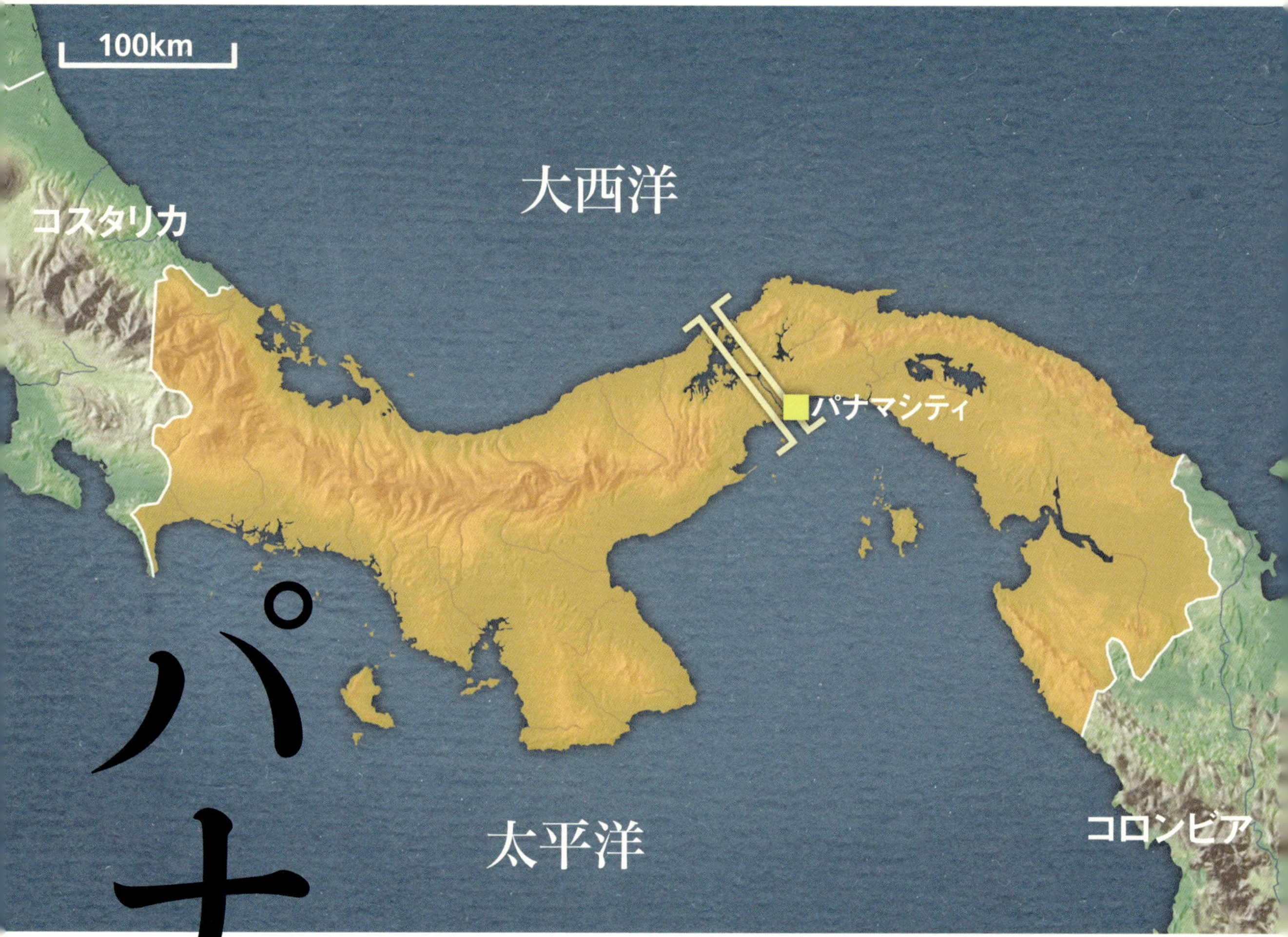

パナマ運河

アメリカの水路

1世紀近くもアメリカの国内水路と見られていたパナマ運河は、1999年12月31日をもってパナマ共和国に返還された。

パナマにとって1999年の返還は、スペイン、コロンビア、アメリカと続いた監視を離れ、国として大人になる通過点のようなものである。

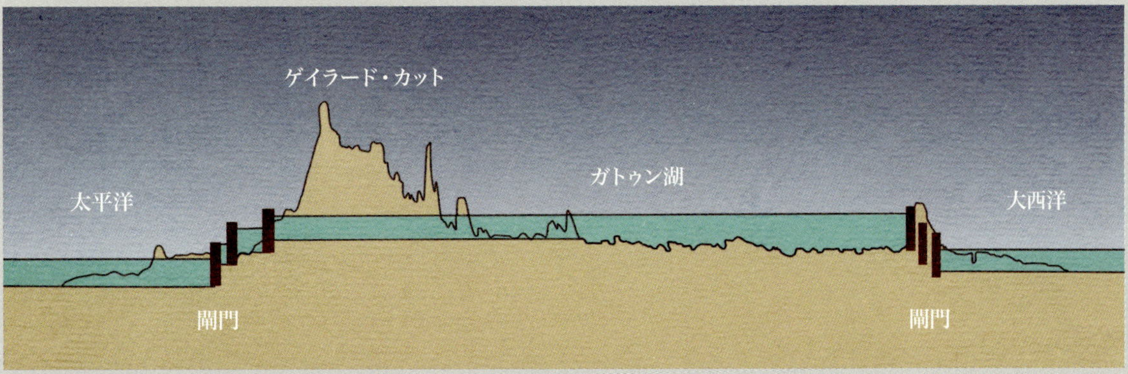

運河の仕組み
全長 80 キロの運河を通過するのに、ほぼ 8、9 時間を要し、入口に入るまでにも平均 12 時間は待たなければならない。大西洋側から入る船舶は、ガトゥン閘門《こうもん》を通って 26 メートル上の人造湖、ガトゥン湖に誘導される。それから運河の中心にある村ガンボアまで進み、ゲイラード・カット（水路）を通過したあと、ペデロ・ミゲル閘門を通って 10 メートル降下し、さらにミラフローレス閘門を通ってようやく 16 メートル下の太平洋と同じ水位になる。通行料は、運搬される容積 1 トン当たり約 2.6 ドル、1 隻平均は約 3 万 5000 ユーロで、ホーン岬をまわるのと比べて 10 分の 1 である。

パナマ運河が中央アメリカ地峡の最も狭い部分に開削されたのは 20 世紀初頭で、大西洋と太平洋を結ぶ航路を開くためだった。この運河はパナマ共和国の領土内にもかかわらず、100 年近くもアメリカ合衆国の主権下にあり、国を真ん中で分断していたことから、パナマの人たちには「傷」のように思われていた。返還条約は 1977 年に調印された。

管理下の返還

ところがアメリカは、この返還条約に調印しておきながら、運河の監督権を保持しつづけた。そこには、アメリカ海軍の優先通行権と、万が一、運河の安全や機能が内外から脅《おびや》かされた場合の「介入権」が含まれる。

正式な返還が決まった 1999 年 7 月、それまでパナマに置かれていたアメリカ南方軍の総司令部は、プエルトリコとマイアミに移転した。以降、エクアドルのマンタ空軍基地と、オランダ領アンティル諸島のアルバ島空軍基地が、隣国コロンビアで暗躍する麻薬密売者たちを空から監視する役に当たっている。

「傷」が癒え、民族主義と経済的な賭けに揺れる

パナマにとって、運河の返還は政治的な解放と同時に、経済的な賭けも意味している。この小国は、二つの大洋に面する地の利を生かして、ラテン・アメリカ全体に商品を配分するプラットフォームに変身する道を探っている。1999 年までの通行船舶（年平均 1 万 4000 隻）は、目的地がコロン・フリーゾーン〔＊パナマ運河の大西洋側にある自由貿易地域〕以外は、寄港も上陸もせず通過するだけだった。運河の両端にある港、クリストバルとバルボアは、アメリカ合衆国の管理下にあり、アメリカはもっと北に位置する自国の港との競合を避けるため、2 港の開発を抑えていた。

しかし、返還調印後の 1995 年からは、大西洋側に初めて民営の港が開港できるようになり、

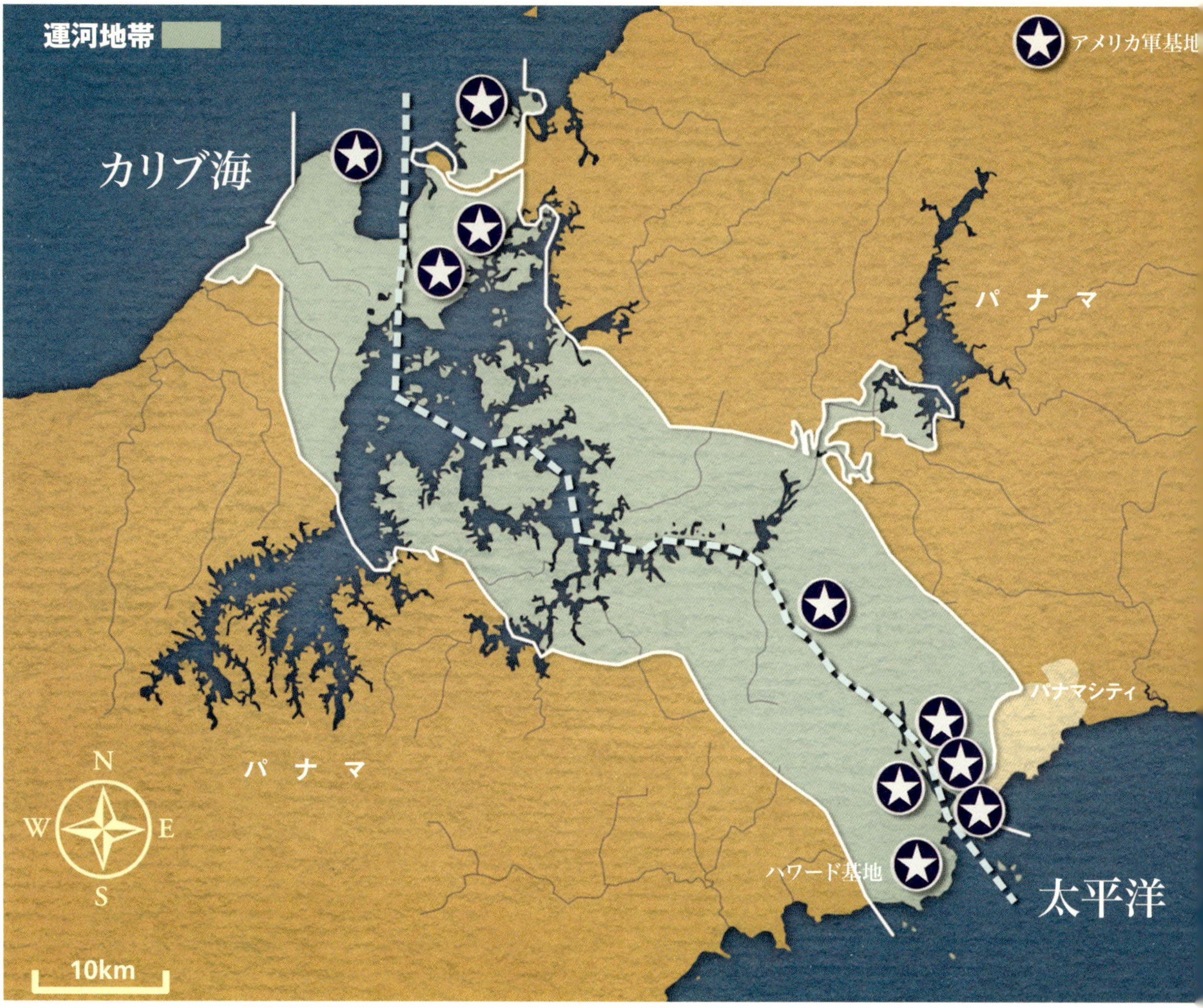

年に80万個以上のコンテナを受け入れられることになった。これはマイアミ港にほぼ匹敵する規模である。さらに96年には香港の会社がバルボア港とクリストバル港の運営権を取得、97年には台湾の会社がコロン・フリーゾーン近くのコンテナ港の営業権を入手している。

ここで知っておかなければいけないのは、中国がアメリカと日本に次いで3番目の運河使用国ということだろう。

運河の拡大問題

運河は現在、この地域で最大の経済源であり、収益は国の収入の10パーセントを占めている。ちなみに2003年度は開通90年で最高の収益を上げている。

ところが、運河は現在ほとんど飽和状態である。船舶が大型化したうえ、交通量も、とくに中国を行き来する量が増えていることから、拡大の必要性が出てきている。そこで、総工費が70～90億ドルにのぼると言われる新しい閘門《こうもん》の増設が問題となっているのだが、南アメリカ大陸の周囲をまわる海上ルートとの競合もあって、投資分に見合う採算を取るのに充分な高い通行料を設定できないのが悩みとなっている。

貧しい国

パナマは香港に次ぎ世界で2番目の自由貿易地域であり、国際銀行の中心地である。また、

世界で最も重要な運河

運河（建設年）	交通量（単位100万t、2003年）	交通量（船舶数）	全長（単位km）
スエズ、エジプト（1869）	456	1万5000	195
キール、ドイツ（1895）	72.3	3万9797	99
パナマ（1914）	189.5	1万4000	80
セントローレンス、カナダ／アメリカ（1959）	40.87	4400	293

アメリカにとっての泣きどころ

アメリカがパナマとの運河建設の合意で1903年に譲与された運河の両側の運河地帯は、パナマの国土を二分していた。1999年まではここに10のアメリカ軍基地と、数万人の兵士が配置されていた。これらの部隊は運河の安全を保障していただけでなく、太平洋側のハワード基地にアメリカ南方軍の総司令部が置かれ、この地域でのアメリカ軍の計画を指揮していた。また、1996年度は、運河を通過した1万4000隻の船舶のうち60パーセントがアメリカの利に即したもので、とくにアメリカ東海岸とアジアの往復に使われていた。

船籍をパナマに置くと税制面などさまざまな優遇制度があることから、世界最大の商船団を配備している。

運河のおかげで、パナマの国民1人当たりの収入は中米諸国のなかではトップである。しかしそれにもかかわらず、貧富の格差が世界一という嬉しくない記録も持っている。パナマ国民310万人のうち、なんと40パーセントが貧困ライン以下の生活をしているのである。運河はパナマに返還されたものの、経済活動の80パーセントが集中する首都と、残りの地方との格差を埋めることはできなかったのである。

2004年5月に行なわれた選挙では、民主革命党（左派）のマルティン・トリホスが大統領になった。新大統領は国民に「新しい社会の確約」と汚職の排除を約束した。これは社会的基盤が脆弱で、非常に不平等なうえ、麻薬の密売とマネーロンダリングの中心地になっている国としてはぜひとも必要な対策だろう。

もう一つの挑戦は、ここ何年も検討されていることだが、運河の処理能力を高め、さらには倍増するまで投資できるかどうかにかかっている。

米州自由貿易地域(FTAA)

アラスカからティエラデルフエゴまで

地域統合の動きは現在、世界じゅうに波及し、南北アメリカ大陸も例外ではなく、世界最大の自由貿易圏になる道を探っている。

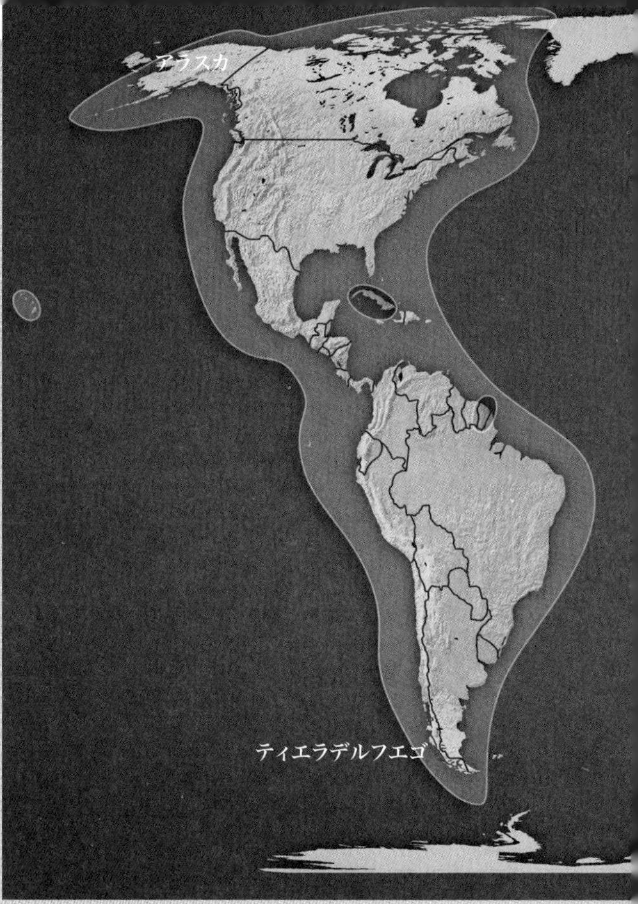

米州自由貿易地域(FTAA)の計画は1990年代にアメリカによって発表され、アメリカが通商を禁止しているキューバを除き、南北アメリカ大陸のすべての国が含まれている。ところが、これを実行するには多くの問題が生じてくる。

きわめて不均衡な経済圏

まず、各国の経済レベルが非常に不均衡であることが挙げられる。

たとえばブラジルでさえ、現在の国内総生産(GDP)はこの自由貿易地域全体のわずか7パーセントで、それに対しアメリカだけで75パーセントを占めている。このことからもわかるように、米州自由貿易地域では、北部の非常に豊かな国々と、南部の開発途上にあって、8000万人が貧困ライン以下の生活をしている国々が一緒になっている。一方最近の例として、1994年にカナダとアメリカ、メキシコの3国間で発足した北米自由貿易協定(NAFTA)の取り組みを見ると、加盟国間の貿易を活性化させ、最も貧しい国、メキシコに社会的・経済的発展をもたらしたことがわかっている。

一つの疑問は、農業への取り組み方

また、農業への取り組み方にも大きな違いがある。農業はラテン・アメリカの国々にとって生命線とも言える重要な分野であり、長いあいだ北米市場への参入を探っている。ところがアメリカは2002年5月のファーム・ビル〔*米国の農業法。5年ごとに改正される〕で、自国の農産物輸出への助成金を増やし、南米の農業製品には自国の貿易基準を当てはめようと検討している。これは一部の南米産農産物を排除し、米国市場への参入を防ぐ方法と受けとられている。もしこのようなことが行なわれると、南米の国々にとってFTAAの利点は少なくなるだろう。

政治的に不安定な国々

釣り合いを探るメルコスール

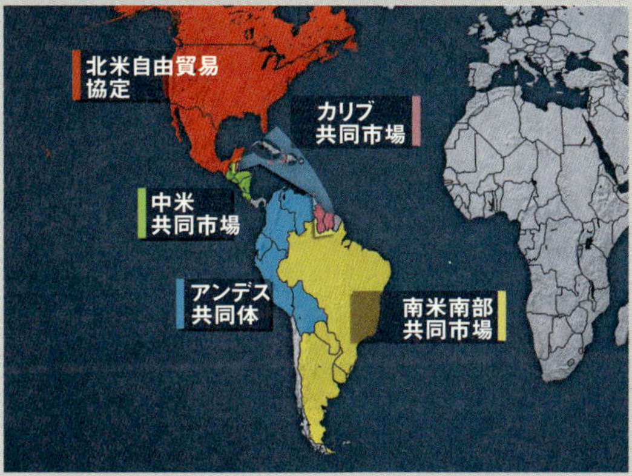

1990年代に発足した アメリカ大陸地域統合のニューフェイス

1991年に創設された南米南部共同市場（メルコスール）は、欧州連合をモデルにし、地域内での関税撤廃と、地域外を共通関税にする関税同盟を目的としている。また1996年には、アンデス協定の加盟国がさらなる統合を推し進めて、アンデス共同体（CAN）を創設。一方中米では、10年にわたる内戦が終わった1993年に、中米共同市場（MCCA）が再び活性化している。カリブ海の島々も、カリブ共同体（CARICOM）が1991年に地域外共通関税を導入した。北では、アメリカ合衆国とカナダ、メキシコ間で、1994年1月1日に北米自由貿易協定（NAFTA）が発足している。

もう一つの問題は、政治的に不安定な国々が含まれていることである。

◎ハイチでは2004年初頭、政変によってアリスティド大統領が出国させられている。

◎ベネズエラでは、1999年にウゴ・チャベス大統領が選出されて以来、国内に不安定感が漂っている。

◎コロンビアでは、麻薬の密売と、反政府組織のコロンビア革命軍（FARC）や市民軍のゲリラで、暴動が絶えず、不安定な雰囲気が続いている。

◎ボリビアとエクアドルでは、アメリカ先住民の圧力で政権が転覆させられている。

しかし、FTAAに好意的な国もある。それはアメリカと経済的な結びつきが強い国々で、NAFTA加盟国のほか、2003年にアメリカと自由貿易で合意したチリなどが挙げられる。また、中米やカリブ諸国のなかには、この自由貿易地域のおかげで米国市場に参入しやすくなると期待している国々もある。

その一方で、1995年に南米南部共同市場（メルコスール）――ブラジル、アルゼンチン、パラグアイ、ウルグアイ――が発足した。経済的にアメリカにそれほど依存していないこれらの国にとっては、FTAAは発展の機会というよりも、メルコスールを消滅に導く一つの脅威と映っている。そのため現在は、FTAAと釣り合いをとるべく、「南米国家共同体」の設置を目指している。

南北アメリカ大陸の国々は、これから「自由に選べる」自由貿易地域の設置に向かうだろうか？　いや、そうならないことも考えられる。それはアメリカの貿易相手国として、メキシコを抜いて2位に浮上した中国の存在である。中国の今後の出方によっては、将来的に加盟国すべてが和解して、アメリカ大陸間の貿易で中国との競合に打ち勝つべく、FTAAが組織として発展することもありうるだろう。

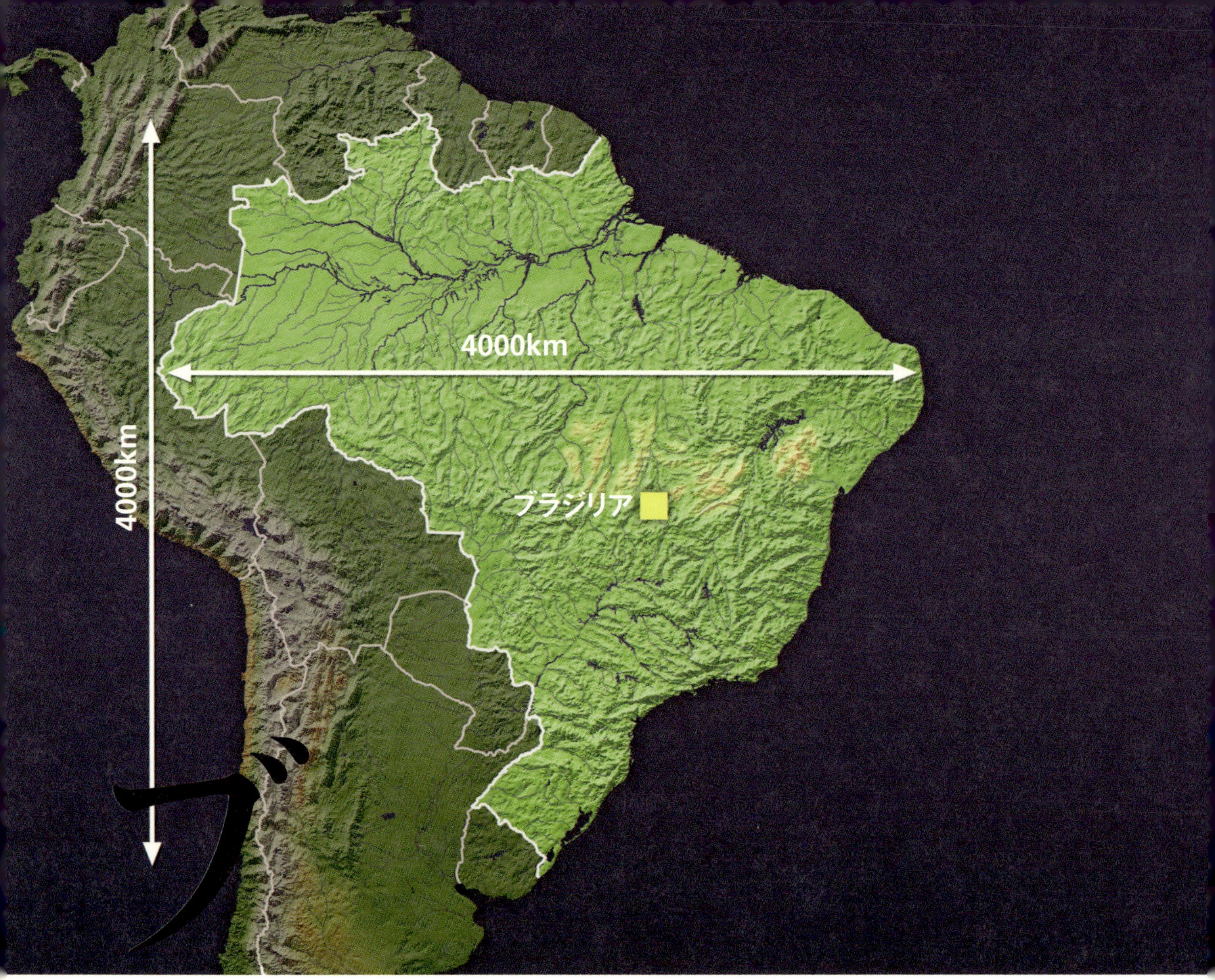

ブラジル

南米の新しい大国

南米一の経済大国であるブラジルは、ここ数年、国際舞台での発言力を強めている。2003年にルイス・イナシオ・ルーラ・ダ・シルヴァが大統領に就任して以来、ブラジルの外交政策は、国内の開発と貧困対策の手段と考えられており、貧困対策は真っ先に取り組まなければならない問題として残っている。

ラテン・アメリカ最大の国ブラジルは、面積と人口で世界第5位を占める。国旗はこの国のありようを要約している。緑の地はアマゾン平原の森を象徴し、黄色い菱形は豊富な鉱山資源を、青い球に描かれた星はブラジル連邦共和国の州の数を表わしている。国旗の中央には国是である「秩序と進歩」の文字が刻まれている。

国内の格差

この国は、開発の度合いがきわめて対照的な、五つの大きな地方に分けられる。南東部地方には、ブラジルの工業生産と第3セクターの4分の3が集中し、その延長にあるのが南部地方である。対照的なのが北東部地方で、1パーセントの土地所有者が45パーセントの土地を所有し、中西部と北部は農業と森林業の開拓前線となっている。

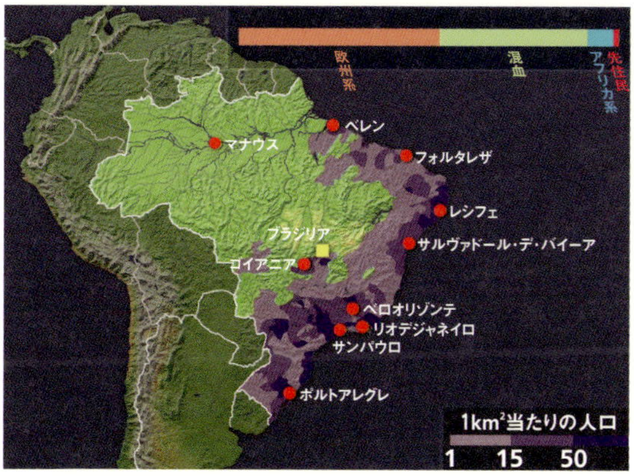

多文化国家

多様な人種が住み、社会的な不平等があるにもかかわらず、ブラジル人は共有する文化遺産のなかでお互いを認めあい、団結した国をつくっている。国民を構成するのは、アメリカ先住民の子孫と、アフリカ系奴隷の子孫、さらに欧州系（ポルトガル、スペイン、イタリア、ドイツ）と、もちろん混血である。ブラジル人の80パーセントが沿岸部の大人口密集地帯で生活している。

ブラジルは大陸国家である。850万平方キロメートルという広大な国土に、豊かな森林と鉱山があり、1億7800万人が住んでいる。これほどの潜在力があるにもかかわらず、国はいくつもの格差でずたずたにされた状態で、それが発展の重荷になっている。

三つの格差

ブラジルにある格差のなかで、おもなものが三つある。

一つ目は地理的な格差である。ブラジル人のなんと80パーセントが沿岸部に住み、そこに都市の大半と、サンパウロやリオデジャネイロ、レシフェといった大人口密集地が集中している。

二つ目は経済的な格差である。ブラジルの開発を歴史的に見ると、地方ごとに、ほとんど生産品ごとに行なわれてきた感があり、現在、ブラジルの領土は五つの大きな地方に分けられている。

◎北東部は、1500年にこの国を発見したポルトガル人入植者たちによって日の目を見たのだが、いまだにサトウキビやココア、コーヒーを栽培する大農園に支配されている。開発当初の後遺症として、一部の地主が土地を所有しているため、それが農民たちが都会へ移住する流れを加速させている。ルーラ現大統領はこの農地問題の解決を公約とし、4年間で40万家族に土地を「解放」するとしている。

◎この国の観光地が集中している一大中心地が南東部で、サンパウロやベロオリゾンテ、リオデジャネイロなどの巨大都市がある。この地方だけでブラジルの工業生産の70パーセントを占めている。

◎その延長部にある南部地方は、ブラジル第2の大経済地域である。その位置のおかげで、ブラジルが隣国のアルゼンチンとウルグアイ、パラグアイとともに1995年に発足させた南米南部共同市場（メルコスール）の経済促進策の恩恵に浴している。

◎中西部は集約的な牧畜が行なわれている地域

偶然による発見……

ブラジルがポルトガル人によって発見されたのは偶然である。第1回インド遠征隊を成功させたヴァスコ・ダ・ガマの航路をたどり、第2回目の遠征に出発したポルトガル人航海者、ペドロ・アルヴァレス・カブラルは、海流に押し流されて南西に進み、1500年4月22日にたどり着いたのが——やや偶然に——、ブラジルの海岸だった。

そこにはすでに500万人ほどのアメリカ先住民が住んでいたにもかかわらず、カブラルは1494年にスペインと交わされたトルデシージャズ条約に従って、この地をポルトガル領にする。トルデシージャス条約は、「新世界」でのスペインとポルトガルそれぞれの勢力圏を線引きするものだった。

で、最近は大豆栽培でも重要な農業地区になっている。ブラジルは世界第2の大豆生産国なのである。この地方の特徴は、経済活動の活発な沿岸地方と、アマゾン平原の北部地方とをつなぐ、中間地域ということだろう。

◎ブラジル人にとって、アマゾン平原は「開発地区」であり、この地区は1970年代初頭から経済的な注目を浴びている。ブラジルの指導者たちは、農地問題を解決するために、「何もない」とされていたこの地域の一部を利用して、北東部の貧しい労働者たちを定住させようと考えた。なぜならブラジルが抱える3番目の格差は、社会的な不平等だからである。

そう、ブラジルは世界で最も不平等な国の一つなのである。10パーセントの富裕層に国の収入の46パーセントが集中しているのに対し、ブラジル人の30パーセントが1日2ドル以下で生活している。

活発な外交

ブラジルが中心になって発足したメルコスールは、欧州連合をモデルにしており、今後は関税同盟の設立と、制度をしっかりしたものにして、南米大陸全体に拡大していかなければならないだろう。

国際貿易交渉においても、ブラジルの外交は以前より攻撃的になっている。米州自由貿易地域（FTAA）の影響を抑えるためのキーパーソンを演じているのである。その好例が、2003年9月に開催された世界貿易機関（WTO）閣僚会議である。ブラジルは発展途上国20カ国——インドや中国、南アフリカも含む——の先頭に立ち、一致団結して、欧州連合やアメリカ合衆国が実施している国内農業への助成削減と農産物輸出への助成金を撤廃するよう求めたのだ。

ブラジルが率先してこういう行動に出たことは、発展途上国同士で連帯感を築きあげ、南と南〔＊南米と南アフリカ〕が協力して振興するという、この国の意思を強烈に印象づけることに

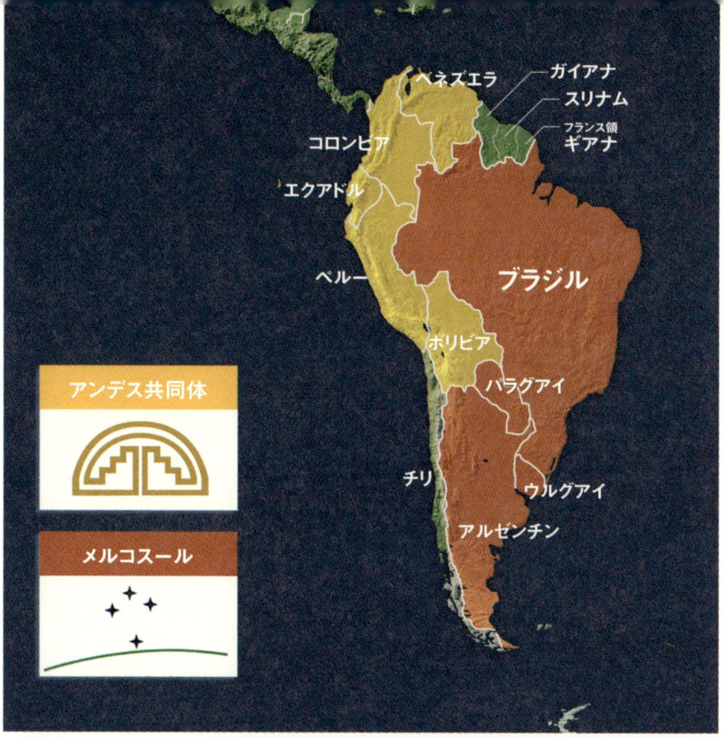

南米大陸の主役

ブラジルは、チリとエクアドルを除く、南米のすべての国と国境を接している。これは、南米南部共同市場（メルコスール）を強化するには好都合な位置である。ちなみに、ペルーとボリビア、チリとベネズエラはすでに協力加盟国になっている。さらに 2004 年 12 月には、メルコスールとアンデス共同体（CAN）で合意が成立している。その目的は、双方の関係を発展させ、大陸内のインフラを強化することである。

ブラジルはまた、南米大陸の中央に位置することから、地域内の危機を解決する仲介役も果たしている。たとえば、ベネズエラの領土にコロンビア革命軍（FARC）のゲリラが侵入したさいには、コロンビアとベネズエラの調停役に当たった。

ブラジル外交の中心にあるアフリカ

ブラジルはアフリカに並々ならぬ関心を寄せているが、それは歴史的なことからくる。ブラジル国民1億 7800 万人の半数以上が、ポルトガルの植民地になった 16 世紀から、農園の労働力としてアフリカから連れてこられた奴隷の子孫なのである。とはいえ、ブラジルのアフリカ政策はやはり政治的・経済的な利害に基づいている。その一つの例が、アンゴラやサントメ・プリンシペの石油である。またブラジルは、独自のエイズ対策支援プログラムが世界的に成功したのを受けて、エイズ治療薬の抗レトロウイルス薬を製造する薬品工場の建設に投資している。アフリカ政策は、なによりもまずポルトガル語圏を対象にしているのだが、上記のエイズ対策計画をもとに、しだいに他のアフリカ諸国にも広がっている。

なった。それが具体化されたのが、南アフリカ、インドとの３カ国会議だろう。この会議の狙いは、定期的に会談の場を設けて、３カ国間の貿易を促進するとともに、国連の安全保障理事会を改革して、発展途上国の発言力を高めることである。

ラテン・アメリカ

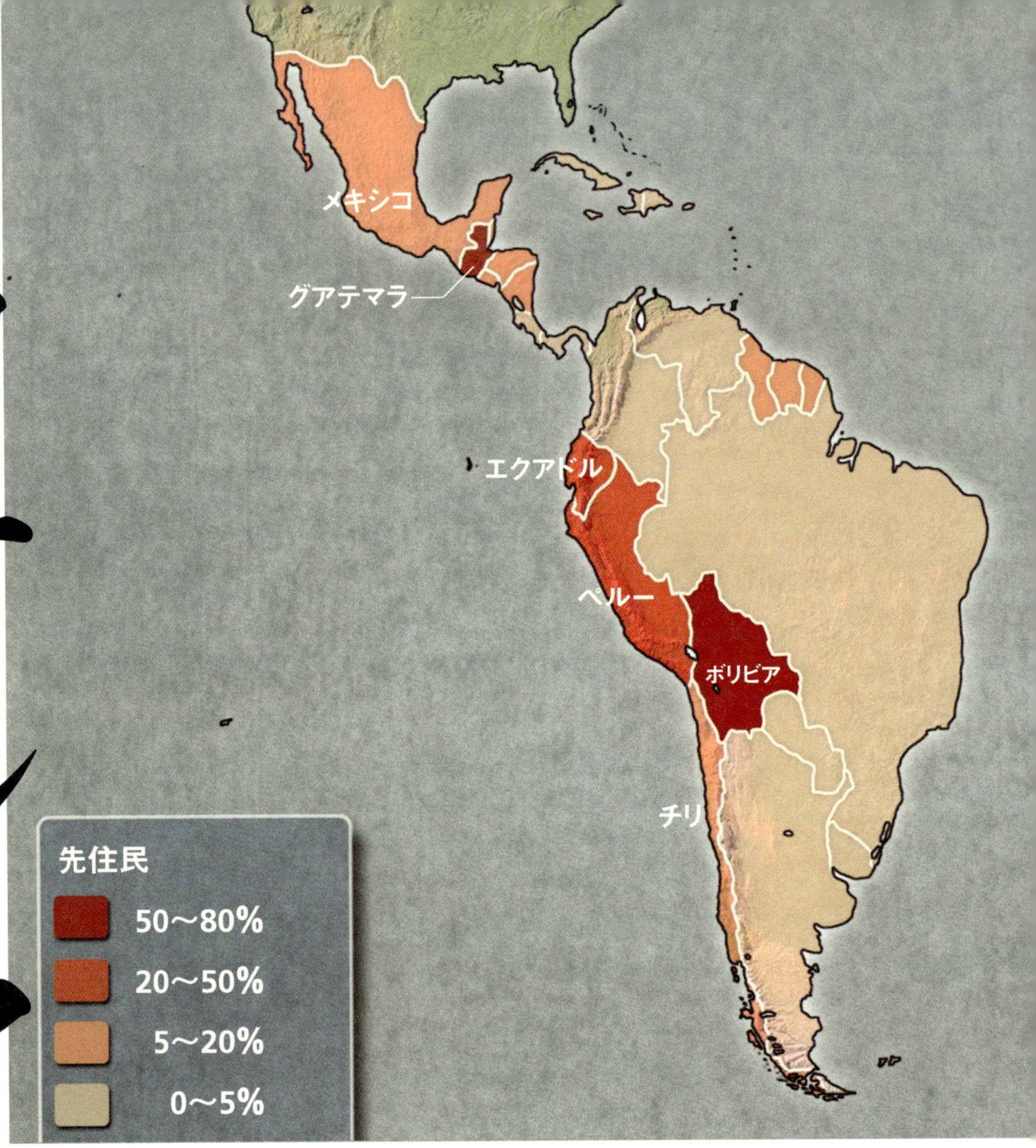

ラテン・アメリカ全体で見ると、先住民族の分布には偏りがある。グアテマラとボリビアでは全人口の60パーセント以上にのぼるのに対し、エクアドルとペルーではそれぞれ40パーセントと50パーセントで、中米やチリになると20パーセント以下である。とはいえ、メキシコのように人口が1億の国では、20パーセント以下といっても1300万人になる。

先住民の巻き返し

南米大陸の人口は5億2500万人。うち4400万人がアメリカ先住民である。これら先住民の先祖の多くは、大航海時代のスペインやポルトガルの征服者たちによって殺された。しかし、その子孫たちは今、自分たちの違いを言葉で訴え、政治的な要求を突きつけている。

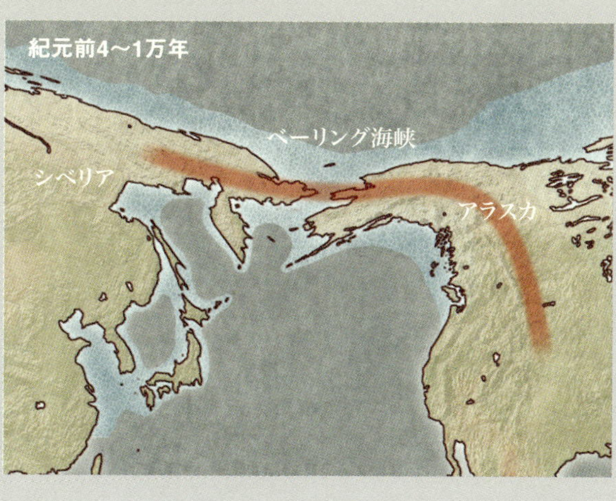

先住民の先祖はアジア系

この地球上には過去に4回大きな氷河期があったと言われている。そして最後の氷河期中の紀元前4万年から前1万年には、大洋の水位は今より少なくとも50メートルは低く、ベーリング海峡はシベリアとアラスカを地続きで結ぶ細長い土地だった。そこをアジアから来た人々が渡り、まだ誰も住んでいなかった広大な大陸に「入植」したのである。狩りや漁で生活していた遊牧民たちにとって、この処女地は獲物の宝庫であり、とりわけ野牛やマンモスがたくさんいた。彼らはパナマ地峡から南米に渡り、紀元前1万年ぐらいに最南端のティラデルフエゴにたどり着いたと思われる。

こうして定住した民族は、多くの偉大な帝国を誕生させた。中米ではマヤ帝国（3～10世紀）、アステカ帝国（14～16世紀）、アンデスのインカ帝国（14～16世紀）などだ。

これらの先住民を「インディアン」と名づけたのは、1492年にグアナハン島（現在のバハマ諸島サンサルバトル島）に上陸したクリストファー・コロンブスが、インド大陸を発見したと信じたことによる。当時、この大陸全体にいた先住民は5000万人以上とみられ、当時6700万人いたと言われるヨーロッパの人口にほぼ等しい。それから150年後には、ヨーロッパから来た冒険家や、彼らがもたらした伝染病によって先住民はほとんど根絶され、その数わずか450万人にまで激減した。

社会の周辺からの脱出

ラテン・アメリカでは、肌の色の濃さと収入は反比例する関係にあるようだ。そのいちばんの犠牲者がアメリカ先住民である。しかし1992年に、アメリカがコロンブスによる大陸発見500周年を祝ったとき、彼らは自分たちこそこの大陸の原住民だったことを思い出し、ついに行動に立ちあがったのである。

それは1994年1月1日のことだった。メキシコ南部チアパス州の先住民たちが、日頃から感じている不平等に抗議するため、決起したのである。チアパス州では住民の23パーセントが感染症で死亡しているのに対し、他の州ではわずか12パーセントだった。また、就学率は他の州のわずか3分の1、文字が読めない住民も、国のレベルでは12パーセントなのに対し、この州では30パーセントにも上っていた。

チアパス州で突如起こったこのサパティスタ運動〔＊メキシコ革命の英雄サパタにちなむ〕——サパティスタ民族解放軍（EZLN）——は、反自由主義の先がけとなり、その後、グローバリゼーションに代わる新しい社会運動、オルター（もう一つの）・グローバリゼーションが生まれるきっかけにもなったのである。

そして、ラテン・アメリカ各国で独裁政権が終わりを告げるとともに、先住民にとって有利な多くの社会的・政治的な改革が可能になった。たとえば、ボリビアやエクアドル、コロンビア、さらにはペルーで、相次いで新憲法が承認され、先住民は完全な市民権を取得し、それぞれの国が多民族あるいは多文化国家であることを認めている。またパラグアイでは、1992年に先住民のグアラニー語がスペイン語と並んで公用語になった。

政治的な主張

ラテン・アメリカでは、先住民が政治的な発言力を強めている例も多くある。

まず、エクアドルでは1996年、先住民による政党が誕生している。この政党は現在、国会議員6名を擁し（定員は100名）、22ある州の5州と、多くの地方自治体を取りしきっている。また、先住民の子供の学力を高めるために、1988年からはケチュア語による教育が実施され、現在、ケチュア語の歴史教科書の作成が進行している。こうした動きのほかに、何万人という先住民が反体制派の士官と同盟を組んで、1997年と2000年の2回にわたって、エクアドル大統領を辞任に追いこんでもいる。さらに2004年には、当時のグティエレス大統領を、選挙で支援したのに政治的な選択で裏切られたと辞任させ、現在は反米左派のラファエル・コレアが大統領になっている。

またペルーでも、エクアドルのような先住民の政党はないものの、地方行政レベルで先住民の動きがますます活発になっている。1996年以降、アヤクーチョ州では10名の市長がケチュア語を話し、6名がケチュア語の名前を持っている。また2001年に選出されたトレド大統領は先住民系である。

ボリビアでも同様で、先住民は政権の対抗勢力にまで成長しているのだが、じつを言うと、この国では先住民が国民の70パーセント以上を占めており、そう驚くことではない。現在では、先住民の要求が国を揺るがすことになりかねない事態にまでなっている。実際に2003年10月、民主的に選出されたサンチェス・デ・ロサダ大統領を失脚させたのは先住民族だった。さらに2005年のはじめには、先住民のなかでも急進派が、領土を三大民族のアイマラ族とケチュア族、グアラーニ族に分割するよう要求している。そして2005年の末に共和国大統領に選ばれたエボ・モラレスは、この国の歴史上初めてこの地位についたアイマラ族である。

各国にとっては安定化が課題

こうして先住民が政治的に解放されたことは、ラテン・アメリカで民主主義が深く浸透している証拠である。しかし、先住民が要求する集団としての権利は〔＊個人の権利と対比して〕、正当な国家の基準と相容れないこともあり、民主主義の仕組みを弱める危険をはらんでいる。とくにこれらの国々は相対的に貧しく、なかにはペルーやボリビアのように、麻薬の密売で不安定な国もある。そんな国々では、先住民の要求は暴動につながりかねない。おそらくはそうした理由から、ラテン・アメリカの国々は今のところ、先住民族に新たな権利を認めるのを躊躇《ちゅうちょ》しているのだろう。

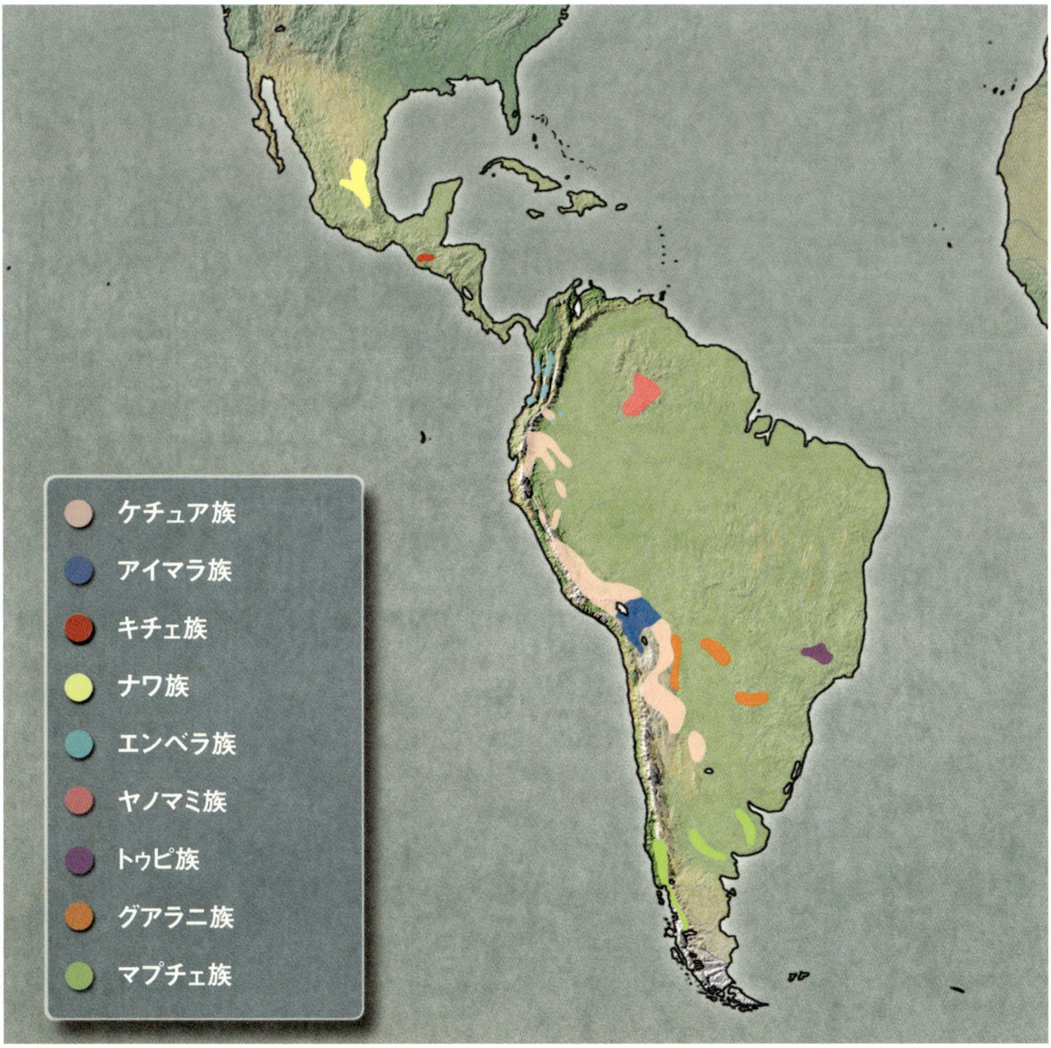

多様な先住民

ラテン・アメリカの先住民族は、民族言語学上は四つの大きな集団に分かれる。最も大きな集団は、アンデス山脈を拠点とするケチュア族で、ケチュア語を話す先住民は1500万人いる。次に大きな集団は、チチカカ湖周辺に定住するアイマラ族で、200万人を数える。そして中米には、キチェ族が約100万人とナワ族が150万人いる。このほかにも、100万人以下の民族集団がたくさんある。

グリーンランド

アザラシの文明

孤立して、氷に覆われたこの島は、
現在の世界にどのように
組みこまれていくのだろうか？
潜在的な資源ははかりしれず、
いろいろな意味で非常に特殊な島なのだが、
それを守る人間があまりに少ないのである。

氷帽
世界の淡水の9パーセント

グリーンランドは、約300万年前に形成された万年氷の層に覆われていて、それを氷帽〔＊陸地を覆う5万立方キロメートル以下の氷河の塊〕と呼んでいる。この氷河の厚さは3000メートルと言われ、それだけで世界の淡水の9パーセントを内蔵し、雪氷学の調査研究に大いに貢献している。研究ではボーリング技術が進歩したおかげで、数十万年前の氷を調査できるようになり、当時と現在の空気成分を比較して、非常に長いスパンで地球の気候の歴史が明らかにされている。

地球の「屋根」

グリーンランドは地球のいちばん北に位置することから、戦略的な利点を備えている。たとえばアメリカから見ると、弾道ミサイル迎撃システムの構築にあたって世界的なレーダー網が必要なのだが、それはすでにグリーンランド北西の米軍チューレ空軍基地にある。また、冷戦中はアメリカとソ連の緩衝地帯になっていたが、グリーンランド政府は新たに緩衝役になるのを望んでいない。とくに昔からの「イヌイット」たちは、かつて1951年にペンタゴン（アメリカ国防総省）がデンマークと合意のもとに基地を建設するさいに、両親たちをチューレから追放した歴史をいまだに覚えている。これらもろもろの理由から、グリーンランド政府は弾道ミサイル迎撃システムの問題には、発言を許されてしかるべしと思っているのである。ところが、国際間の条約ではデンマークが主権を握っている。このあたりの意見の衝突が、憲法で定められたデンマークとグリーンランドの関係に問題を提起するのである。

グリーンランドは世界最大の島で、海岸沿いに5万7000人が住み、うちイヌイット族が5万人、ヨーロッパ人が7000人である。しかし、合計しても5万7000人の人口は、現在はデンマーク領で自治政府が置かれているとはいえ、一国としては非常に少ないと言えるだろう。1953年に植民地から県に格上げされたとき、デンマーク政府はグリーンランド住民に平等な政策を導入している。しかし、こうして「強制的な文明」に入ったことで、良いことと悪いことが生じた。良い点は、公衆衛生の整備と、交流の手段が増えたこと。悪い点は、アルコールが飲まれるようになり、伝統的な狩猟活動が消えたことと、自然を信仰するシャーマニズムにはなかった暴力が習慣になったことである。

こうして強制的に近代化された結果、それまで何世紀にもわたって保たれてきた、イヌイット族と環境との微妙なバランスが完全に変わってしまった。

グリーンランドの予算は、60パーセントがデンマークからの支給で、残りはわずかの観光収入と、とくに魚の輸出でまかなわれている。

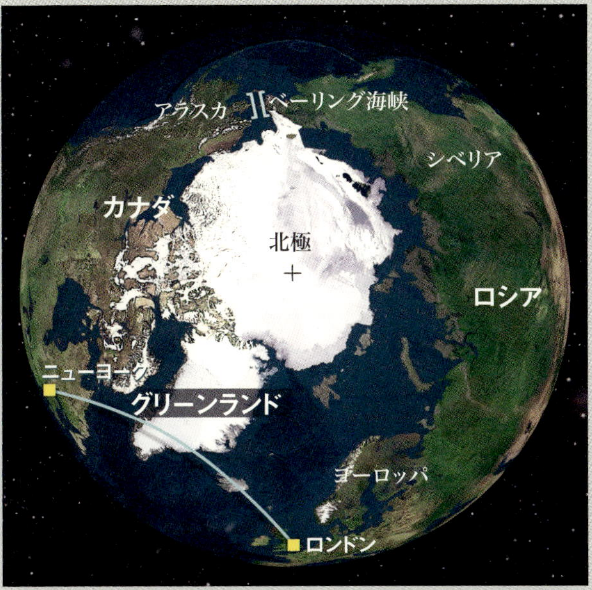

ヨーロッパとアメリカのあいだで

北半球を北極から見てみると、北極大陸というものはなく、実際にはグリーンランドがほぼ中心にあることがわかる。ロンドンとニューヨークを結ぶ空路はそこを通り、二つの都市はそれぞれグリーンランドの南3000キロに位置する。グリーンランドには過去4回にわたって移住してきた人々が住んでいる。最初の移住は、1万1000年前に東シベリアから来たチュクチ族と思われ、トナカイの群れを追う狩りをしていた。彼らは考古学者がのちに「インディペンデンス」と呼ぶ文明を形成している。それからやってきたのがサカク文明で、そのあとがドーセット文明である。そして最後にやってきたチューレ文明の人々が、現在のイヌイット族の直接の祖先である。この過酷な気候を生き抜いた人々は、技術文明以上のもの、「アザラシの文明」と呼ばれる本当の文明を発達させた。そこでは、人間は厳しい環境と肉体的にも精神的にも調和して、忍耐と謙虚さを教わりつつ生きていた。それこそ、人間と動物と自然が「一つ」になる文化である。

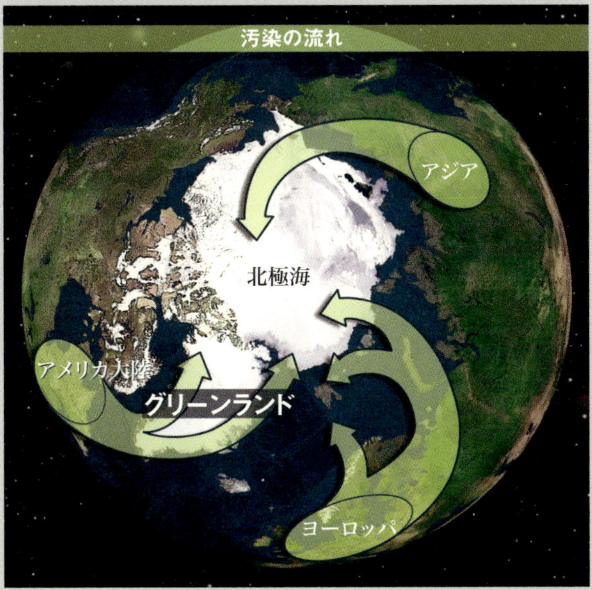

白いシーツ

氷帽の分析からわかるのは、ヨーロッパやアメリカ、アジアなどの工業圏から風に乗って運ばれてくる汚染物質が、白いシーツのように広がる氷帽の上に堆積することである。その意味でグリーンランドは、地球環境汚染の予防対策を実施するための、貴重かつ唯一の観測研究所となっている。

デンマークの自治県になったのは1979年で、以来、ヌークに首都が置かれている。しかし、グリーンランド政府は、厚生と税金、教育と運輸、漁業問題を議決しているだけなのに対し、デンマークは外交、通貨政策、防衛問題で主権を有したままである。グリーンランド人はもっと主権がほしいと望み、さらには独立まで願う人もいる。政治的な独立は経済的な自立を強いられるが、グリーンランドの場合、それは問題にならない。というのも、グリーンランドには潜在的な資源が豊富で、現にデーヴィス海峡には石油がありそうで、石油会社が調査している。また、氷床に淡水を多く保有し、増大するいっぽうの世界の水需要に応えられる状態にもある。実際に現在、その交渉が行なわれているところである。しかし、もし独立したら、将来のグリーンランド政府が難しい選択を迫られるのも間違いない。なぜなら、島は文化的には北極圏、政治的には欧州でありながら、地理的にはアメリカだからである。

欧州連合

カリーニングラード

バルカン諸国

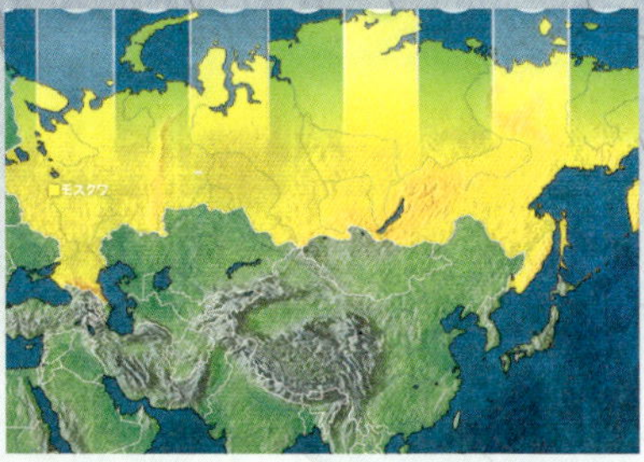

ロシア

モルドバ

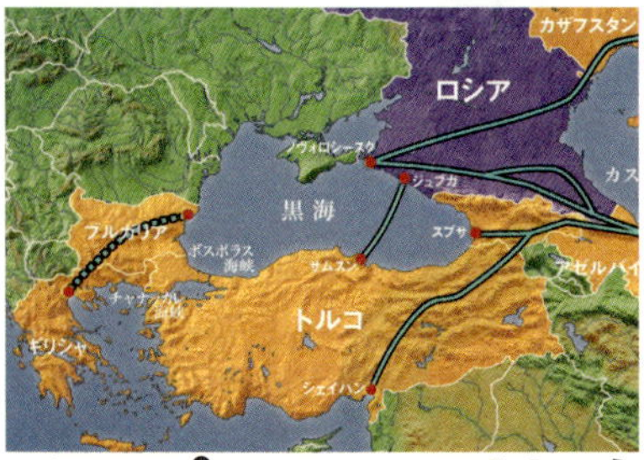

パイプラインの地政学

ウクライナ

第2章 欧州とロシア、深遠なる戦略とアキレス腱

itinéraires européens

欧州連合

拡大か、排除か

欧州連合（EU）はどこまで拡大すべきなのか？
何を基準に、何を原則にするのか？
地理的、民主主義的、宗教的、政治的な意図、
あるいはたんに経済的な理由を考えるべきなのか？
ヨーロッパの将来を議論するなかで、
空間と領土と国境の概念を改めて考えるのに、
地図が役に立つ。

欧州は世界で最も恵まれた地域の一つである。起伏が少なく、気候は温暖、耕地で河川も多い。欧州の境界線は、北と西は海で、南はジブラルタル海峡と地中海、トルコ海峡ではっきりしている。しかし、東となるとつねに議論の的だ。

政治的に国家で線を引くべきだろうか？

民族あるいは言語で線を引けばよいのか？

あるいは、地理学者タチシェフが提案したように、シベリアの手前にあるウラル山脈までが欧州なのだろうか？

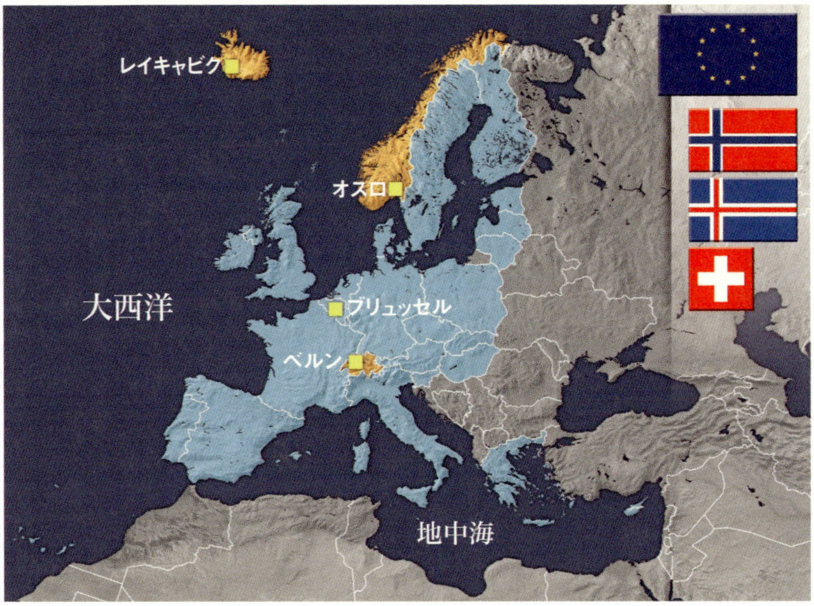

連合に加盟しない欧州国家

ノルウェー、アイスランド、スイスは連合に加盟できる位置にあるが、この3国はそれを望んでいない。ノルウェーはブリュッセル条約と多くの点で合意し、さらにシェンゲン協定〔＊国境を通過するシステムを共通にして自由に往来できる協定〕に調印している。しかし、ノルウェー国民は国民投票で2度にわたってEUへの加盟を拒否した。おそらく彼らの生活様式と漁業水域を守るためなのだろう。同じことは、もっと北に位置し、経済の多くを漁業に頼っているアイスランドにも言える。スイスは中立と、通貨政策や秘密銀行といった分野での自立にこだわっている。EUに加盟するより、協力関係を利用したい考えなのだろう。

欧州という言葉は、もともと地理的なものを意味するが、欧州連合の基準諸条約のなかに境界線を明示するくだりはない。ローマ条約〔＊1957年調印〕第237条には、「欧州の国はすべて共同体への加盟を申請できる」と示されている。つまり、すべては欧州の境界線にかかっているのである。

何をもって欧州の境界線とするのか？

では、何が欧州の境界線になるだろう？　地理的な境界線でいうと、北は北極海、西は大西洋、南はジブラルタル海峡とトルコ海峡〔＊ボスポラス海峡とチャナッカレ海峡〕になる。1992年にモロッコが加盟国に立候補したさい、欧州「大陸」に属していないのを理由に反対された経緯がある。

では東の境界はどうだろうか？　18世紀にロシアの地理学者タチシェフは、欧州とアジアの境界線をウラル山脈とウラル川とする提案をした。するとウラル山脈以東のロシアはアジアということになり欧州からは排除される。では、ウクライナやモルドバ、ベラルーシといった、地理学的には欧州に属するこれらの国は、いずれはEUの加盟国になるのだろうか？　しかしスイス、ノルウェー、アイスランドは、位置からみて当然、EUに加盟すべき……なのだが、この3国は違う選択をした。

逆に、国土の西の一部が少し欧州に組みこまれているだけのトルコは、1986年以来、公式候補国になっている。ただし、トルコの加盟には賛否両論あり、EUの境界と、さらには本質的な問題まで提起されることになった。

そこで、欧州連合とは何か、どこまでかは地理ではなく、その歴史から探らなければならない。欧州は戦争と、一触即発の軍事的な緊張関係にさらされてきた。第1次世界大戦が終了した1919年、ヴェルサイユ条約が調印された後もそれは続いた。その証拠に、20年後には欧州は再び戦争に突入している。このヨーロッパ

トルコは欧州か、それともアジアか？

トルコは1986年からEUの加盟候補国である。おもな論拠の一つは地理にある。ところが、国土の97パーセントはボスポラス海峡より東で、首都のアンカラもアジア側にある。

EUに加盟国するには、トルコはまず少数民族の人権問題に大鉈《おおなた》を振るわなければならない。欧州の多くの国にとって、この国がEUに加わる近未来図は不安を与えるようだ。EUが最終的な目標とする2010年の加盟が実現すれば、現在6700万人の人口を有するトルコはEUで最も人口の多い国になるだろう。さらに、トルコ人の97パーセントはイスラム教徒である。しかし、トルコは1923年の大改革以来、政教分離国家であり、EUは宗教を問題にしない。EUの理念は宗教とは無関係なのである。そこでこんな考え方もできるだろう。EUにトルコが加わると、文明間の和解にとってはむしろ有意義かもしれない。

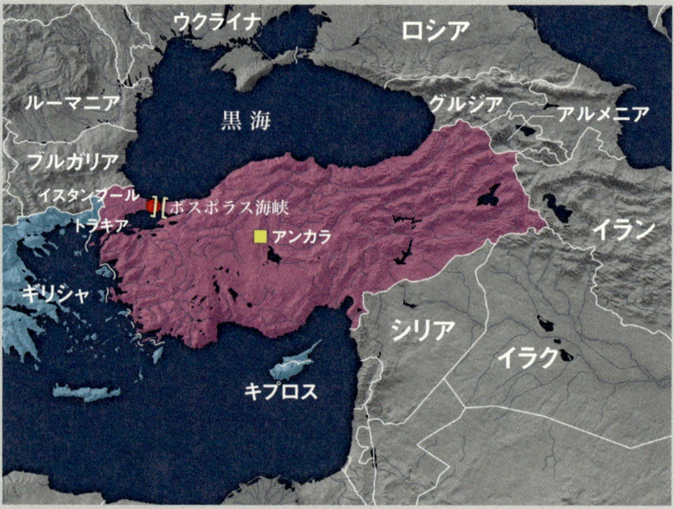

人同士の敵対関係、指導者間の敵対関係をどう乗り越えればいいのだろうか？

欧州連合という枠組みは終始、その特有の歴史に「対し」、ソヴィエト連邦に「対し」、世界経済の競争に「対し」構築されてきた。それらの難題に対向できる制度を築こうという試みは、まさに地政学的な挑戦と言える。結局は拡大が、欧州連合の外交政策として最善ということになるのだろうか？

この挑戦は容易なことではない。しかし、最終目標の2010年までには最終的な輪郭の問題を解決しなければならないだろう。

なぜこれほど多くの国がEUに加盟したがるのか？

EUの理念はたんなる自由貿易圏とは異なっている。自由貿易圏は世界各地で次々誕生しているが、高い生活水準と、民主主義および個人の権利を同時に保障する地域圏は、世界にそれほど多くない。これこそEUが提供せんとするもので、それはほかでもない、EUが政治色の強い計画をつくりあげたからである。

しかし、欧州はすべてを一致団結させる魔法の呪文ではない。歴史、民族、地理、エネルギー網、平和と同盟と将来への夢は、それこそ国によって千差万別だ。EUの使命は、ユーラシアの自由貿易圏でもなければ、それぞれの民族に国家を与えることでもない。

欧州連合は、各国民に――そして各国家に――それぞれ独自に国家の概念と、主権の最終目的についてじっくり考えさせる、地政学のモデルなのである。

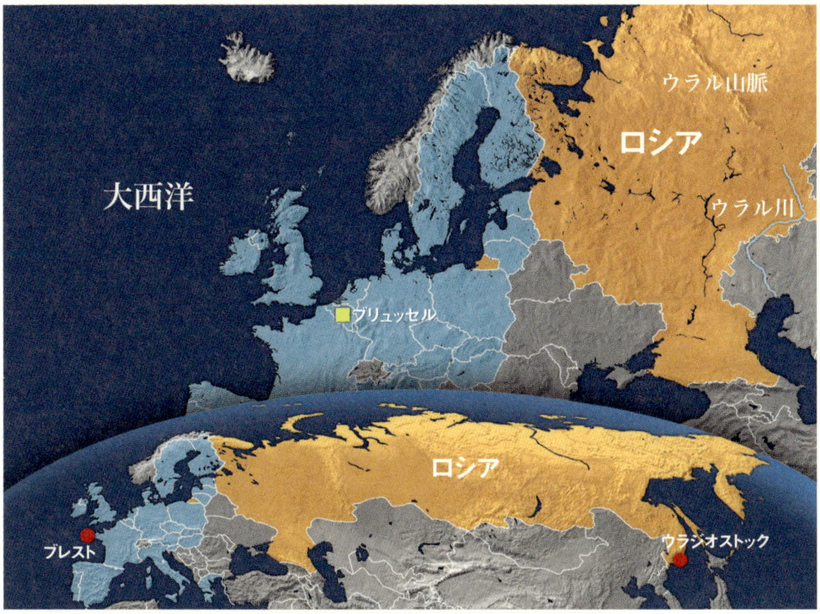

ロシアは将来の加盟国？

ロシアの領土は3分の2がアジアに広がっている。そんな国が加盟すると、欧州連合はブレスト〔*ヨーロッパ大陸西端のフランスの町〕からウラジオストックまでのユーラシア連合になり、もくろみは完全に変わってくる。今のところその問題はまだ起きていない。ロシアはEUの外交政策の優先国に組み入れられてはいるが、加盟に立候補していないからである。

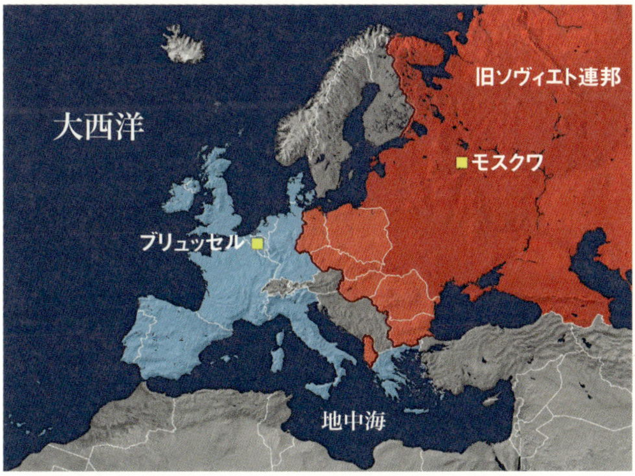

鉄のカーテンの終焉

1989年、欧州を相反する政治経済システムに二分していた鉄のカーテンが終焉を迎え、1991年のソヴィエト連邦の崩壊で、東欧の国々は欧州共同体（EC）への加盟候補国になった。彼らは「欧州に戻りたい」と望み、つねに自分たちは欧州に属していると感じている。

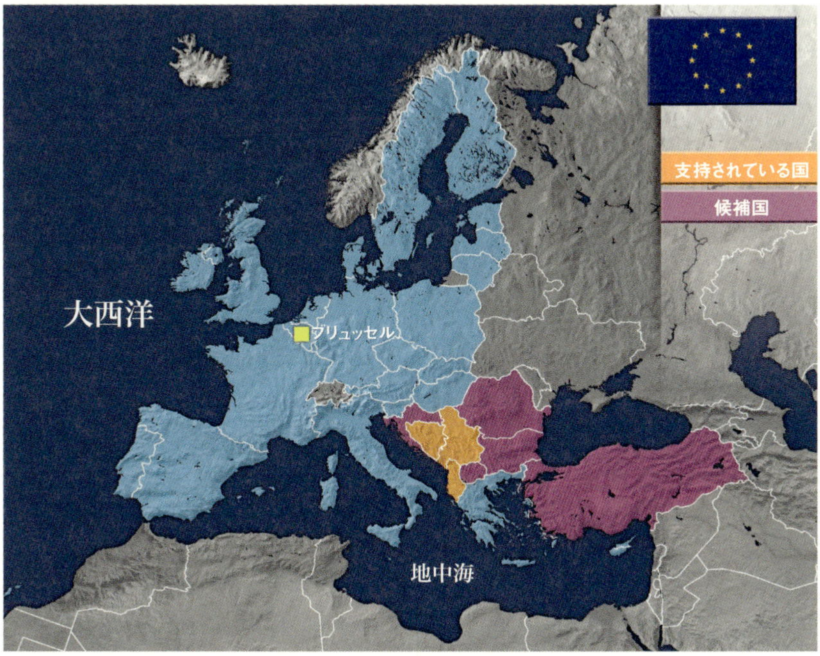

バルカン地域

厳密に地理学的な視点から言うと、バルカン半島は欧州である。ユーゴスラビア紛争が終わってから、欧州委員会（ブリュッセル）はアルバニアやボスニア・ヘルツェゴヴィナ、クロアチア、セルビア、モンテネグロ、マケドニアへの大規模な財政援助に乗り出した。これらの国が欧州連合へ市場を開放するには、多くの改革をしなければならない——経済改革、制度改革、国際刑事裁判所との協力、そして少数民族の尊重などである。隣接する国では、ルーマニアとブルガリアが2007年にEUに加盟する。その段階でEUは領土が地続きになり、ギリシャの孤立が終わることになる。

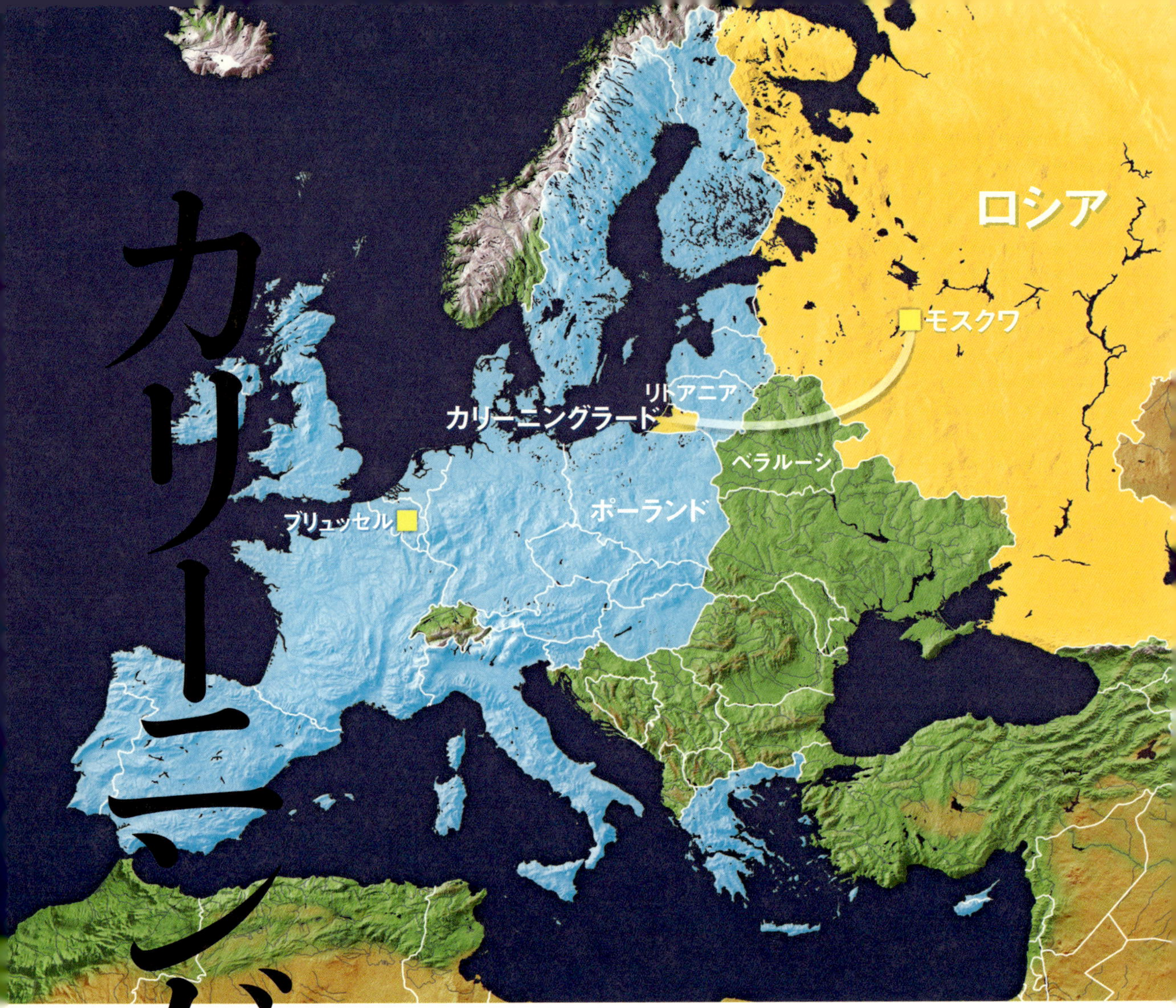

カリーニングラード

欧州にあるロシアの「島」

欧州連合が２００４年５月１日に拡大して以来、ＥＵの新しい地図に小さな飛び地のあるのが明らかになった。ロシアのカリーニングラード州である。この状況に、ブリュッセル（欧州委員会）とモスクワはますます目が離せなくなっている。

1991年、リトアニアとベラルーシが独立したことで、カリーニングラード州はロシアと分離され、2004年5月1日からは欧州連合のなかの飛び地になっている。カリーニングラードとロシアを行き来するのにリトアニアを経由する問題は、2002年、ロシアと欧州の論争の種になった。

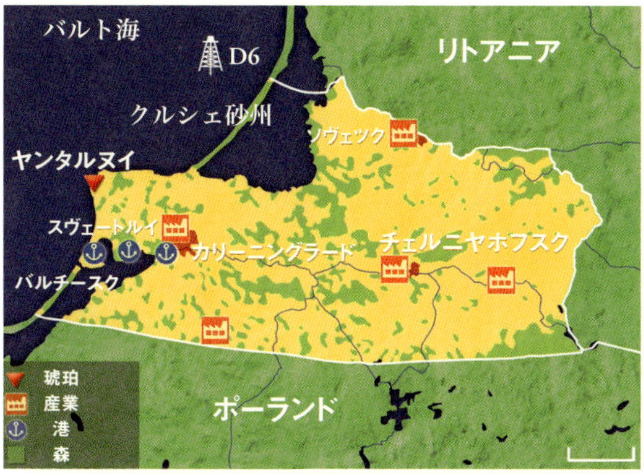

カリーニングラードの利点

この州は、ロシア第2の漁業船団を配備、海岸沿いは観光地に発展する可能性があり、なかでもクルシェ砂州自然公園はユネスコの世界遺産に指定されている。2003年からはバルト海で石油も採掘している。確認されただけで1000万トンの埋蔵量を有する油田D6は、ロシア最大の石油会社ルクオイルの収益を倍増させるはずで、ルクオイルはすでに州予算の15パーセントを税で負担しているから、州も潤うだろう。また、カリーニングラード港、スヴェートルルイ港、バルチースク港と大きな港が三つある。

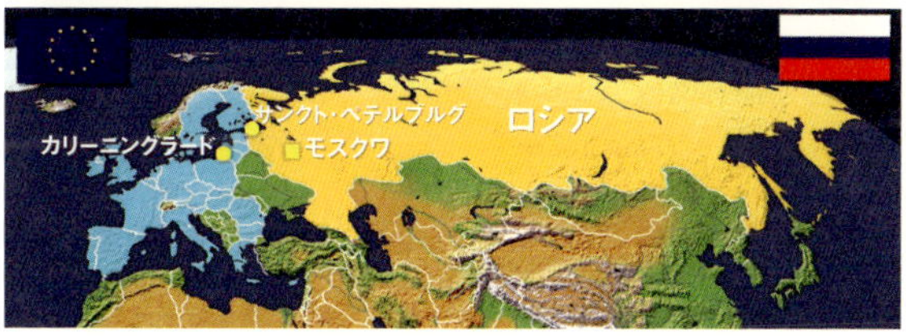

軍事的機能

ソヴィエト連邦時代、カリーニングラード州は軍事的に重要な役をになっていた。そのころバルト海は、ワルシャワ条約機構対北大西洋条約機構（NATO）という東西対立の場だったからである。それもあってカリーニングラードのバルチースク港にバルチック艦隊の拠点が置かれた。冷戦後、艦隊司令部はサンクト・ペテルブルグに併合され、現在は州全体が、プーチン大統領が2000年にロシア全土を7地区に分けた連邦管区制の一つ、サンクト・ペテルブルグに本部のある北西連邦管区に属している。

ロシアのカリーニングラード州は、リトアニアとポーランドのあいだのバルト海沿岸に位置している。この州は、1946年までソ連邦最高会議幹部会議長だったカリーニンにちなんで名づけられ、人口100万人、うち78パーセントがロシア人である。しかし、冷戦時代は軍事都市だったことから、住民には旧ソ連の民族のほとんどすべてが含まれ、人口の半分は州都に集中している。

1991年のソ連邦崩壊まで、カリーニングラードは軍事基地だったために、外国人にもほとんどのソ連人に対しても閉ざされていた。ソ連邦の終焉はこの飛び地にとって、外部への扉が開かれると同時に、ロシアとの地理的な分離を意味した。ロシアでいちばん近い都市、プスコフまでは600キロ、モスクワに至っては1200キロ以上もある。一方、コペンハーゲンやベルリンとは600キロしか離れていない。

バルト海の「香港」になれるか

ソ連邦が崩壊した1990年代初頭から、カリーニングラード州当局は地理的に独特な位置を利用して、門戸開放の賭けに出る。93年には経済特区が設けられ、未来はさながらバルト海の「香港」で、モスクワから自立して経済的に発展するのだと、高らかに宣言する者もいた。しかし、この計画は開放政策と判断され、ロシアからは支持されなかった。

2000年代はじめになり、ポーランドとリトアニアの欧州連合加盟がはっきりした時点でようやく、カリーニングラードはブリュッセルの強い関心を呼ぶテーマとなったのである。

ロシア人の往来を自由にする？

二つの国がEUに加盟して以来、カリーニングラードの住人がロシアへ行くさいには、隣国

のリトアニアを道路あるいは鉄道で必ず通過しなければならない。

ロシア政府は当初カリーニングラードに対して消極的な関与しかせず、むしろ対立さえしていた。しかし、2004年にリトアニアとポーランドがEUに新規加盟、それによってシェンゲン協定〔EU内で自由に行き来できるという協定〕が適用され、ロシアはビザを発行しなければならなくなる。この問題に、モスクワは2001年から集中的に取り組んだが、モスクワにとってこのビザ政策は、カリーニングラード州ではまだ少数派の分離主義者を勢いづかせる問題をはらんでいた。

EU本部のあるブリュッセルにとって不安の種は、飛び地と近隣との「経済的不均衡」にある。これはカリーニングラードの住民の国民総生産（GNP）がリトアニア国民の4分の1、ポーランド国民の8分の1、欧州連合平均の40分の1という数字からもわかるだろう。こういう状況は、麻薬や武器の密売や売春網を助長させるだけとなるからだ。

ロシア政府はようやく2002年11月、ブリュッセルと「簡易通行証」の導入に同意する調印をした。これは事実上「ビザ」に代わるもので、無料または安価で各種の入国に発行され、ロシアへ行くカリーニングラードの住民にも発行される。

ポーランドとリトアニアが正式に加盟国になった今、カリーニングラードはこの先どうなるのだろうか？

どこまで自治権を与えるか？

まず飛び地としてのカリーニングラードが置かれた状況を見てみよう。冷戦が終わって、この州は軍事的な重要性を失った。ここを拠点にしていたロシア・バルチック艦隊の兵員実数は、1991年の10万人以上から現在は1万人以下になっている。

同じように、州の豊かさを購買力平価と非公式な経済活動から（州内総生産の60パーセン

多くの経済的・政治的パートナー

カリーニングラードは13世紀初頭にドイツ騎士団によって建設され、長くドイツの領土だった歴史がある。しかし、全体としてドイツはカリーニングラード内で表立った動きをせず、むしろ歴史的に近い関係にあった自国の州、ブランデンブルク州とシュレスヴィヒ・ホルスタイン州の協力政策を助成している。それでも、待機すること10年、2004年2月にはカリーニングラードにドイツ領事館を開設し、自動車メーカーのBMWはロシア市場向け自動車の組み立てラインを設置した。ドイツは、ポーランドやリトアニアとともに飛び地へのおもな投資国であり、商業的なパートナーでもある。また、デンマークとスウェーデンは、カリーニングラードへの大々的な協力政策を導入、バルト地区の安定促進を狙っている。

トと評価されている）計算すると、カリーニングラードの生活水準はリトアニアの95パーセント、ポーランドの75パーセントである。これはそう悪くない。

また、経済的に無視できない利点がある。木材と製紙産業、家電産業（テレビ、冷蔵庫の製造）、そして漁業である。さらには琥珀《こはく》の埋蔵量は世界の90パーセントを占め、バルト海で石油の採掘も行なっている。

こうみると、欧州連合の拡大はこの飛び地にとっていい変化をもたらすかもしれない。つまり、軍事基地という否定的なイメージから解放され、経済的に発展して、飛び地のハンディキャップを乗り越えるあらゆるチャンスが開けていると言えるのだ。実際、2002年から2003年にかけて海上輸送料は倍増、「2010年までの地域発展戦略」も決定された。しかし、経済特区にもかかわらず、まだまだ外国からの投資が少ない。それを活性化させるためにも、ロシア政府は経済的、制度的にもっと大きな自治権を与えなければならないだろう。しかし、分離主義者がいつ現われるかも知れず、チェチェン問題が永遠に解決しそうもないときに、ロシア政府はどこまでやれるのだろうか？

バルカン諸国

戦争と欧州の狭間

１９９０年代の10年間、バルカン諸国は戦争に彩られた。25万人の死者と、数百万人の難民を排出し、国家ユーゴスラビアは解体、多民族社会は終焉した。責任は、民族主義者たちにあった。

１９９５年のデイトン合意から約10年、この地は一見安定しているように見える。しかし、民族アイデンティティの問題はそのまま残り、共同体間の関係改善は進まず、国際共同体が財政的、軍事的、政治的に強力に介入したままである。そして現在、信頼できる出口の見通しはない。

バルカン地域に「穴」が開いたようなこの地図は、それだけで欧州連合に突きつけられた問題を雄弁に物語っている。ブリュッセルEU本部にとって、2006年現在〔＊加盟25カ国〕、EUの領土が地続きになっているのは加盟国の24カ国のみ、ギリシャは欧州の南東に「孤立」している。2007年にルーマニアとブルガリアが加盟すれば、このバルカンの穴はもっと際立つだろう。マケドニアやボスニア、モンテネグロといった最近の独立国、さらには近く独立するであろうコソボのような国にとって、将来を見すえると、いずれEUに加盟するしか道はない。しかし、その前に解決しなければならない問題が山積している。EU本部が2003年に決定した「欧州統合のパートナーシップ」を実施することで、バルカン諸国の安定化プロセスは加速するだろう。

バルカン諸国とユーゴスラビア

この欧州南東地域の名前はバルカン山脈からきている。アルバニアとブルガリアを除くこの地域の国々は、1919年から91年まで一つの国を形成していた。それがユーゴスラビア、「南スラブ人の国」だった。

マケドニア

マケドニアでは、2001年春の紛争後、NATOが3500人体制の軍隊を送りこみ、アルバニア・ゲリラ組織コソボ解放軍（UCK）とマケドニア軍の仲介に乗り出した。この軍隊は2003年12月に欧州連合軍にバトンタッチされ、フランスの指揮で「プロキシマ」作戦が行なわれて、新しい国家の体制づくりに貢献した。したがってマケドニアへの介入は、EUが安全保障の外交枠で行なった初めての軍事行動である。2005年、「マケドニア共和国」の名はロシア、中国、アメリカ合衆国を含む109カ国に正式に承認された。

ボスニア・ヘルツェゴヴィナ

ボスニア・ヘルツェゴヴィナへは国連が介入せざるをえず、1995年以降、サラエボに開設した上級代表事務所が実際の権力を行使している。

軍事面ではNATOが1万2000人の兵士からなる多国籍軍を展開させ、これを2004年に欧州連合部隊が受け継ぎ、欧州連合の監督の下、警察部隊も投入された。

以降、ボスニア・ヘルツェゴヴィナは、ムスリム・クロアチア連邦と、セルビア人共和国の二つが結合する連合国家になり、終戦後10年を経てもなお国際機関の監視下、監督下にあって、支援も受けつづけている……。というのも、国家予算はほとんどが国際機関に支えられているからである。失業率40パーセントのボスニアは依然として欧州で最も貧しい国で、地下経済が国内総生産の50パーセントを占め、密売やマフィアの温床になっている。もっと深刻なのは、この新国家は共存を望まない三つの民族で構成され、国際機関に監視されていても、新たに国境を設定されたり、あるいは最悪再び戦争になるより、この不安定ながらも曖昧な合意に従っている「現状」をよしとしていることである。

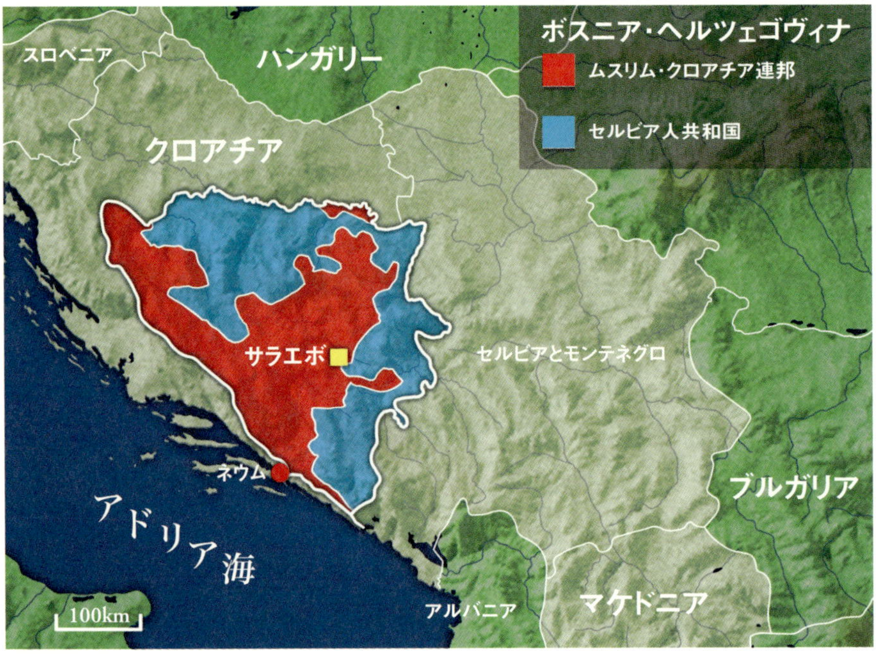

分断されたボスニア・ヘルツェゴヴィナ

ボスニア・ヘルツェゴヴィナは、アドリア海に面しているのがネウム港だけで、ほとんどバルカンの内陸に囲まれている。5万平方キロメートルの面積に、人口400万人。うちボシュニャク人が43パーセント、セルビア人が31パーセント、クロアチア人が17パーセントを占めている。1995年のデイトン合意で、戦争には終止符が打たれ、二つの実体からなる連合国家が生まれた。一方のムスリム・クロアチア連邦はボスニアの領土の51パーセント、もう一方のセルビア人共和国はボスニアの49パーセントを占める。

国家の機能不可能

連合国家ボスニア・ヘルツェゴヴィナの外交、海外向け金融・貿易は、首都のサラエボで管理されている。しかし、それぞれの実体――ムスリム・クロアチア連邦とセルビア人共和国――は独自の憲法と、軍隊、警察を持ち、対外関係もそれぞれの隣国と直接結んでいる。こうしてムスリム・クロアチア連邦はクロアチアとの関係を優先、セルビア人共和国はセルビアとモンテネグロを優先している。この二つは連合国家の形で対立を和らげようとしている。

セルビアとモンテネグロ

セルビアとモンテネグロはバルカン諸国で最も人口が多く、800万人である。面積はオーストリアに匹敵する。セルビアの領土内においても、首都ベオグラードとヴォイヴォディナ、コソボとの関係は難しい。とくに北のヴォイヴォディナには27もの民族が住み、大半はセルビア人だが、ハンガリー人、クロアチア人、スロバキア人、ルーマニア人もいて、1989年にミロシェヴィッチが崩壊させるまで続いた自治州の体制に戻すよう要求している。南のコソボはセルビアのもう一つの州で、90パーセントがアルバニア人である。そして1999年のNATOの仲介で、セルビア軍によるアルバニア人虐殺に終止符が打たれて以来、国連暫定行政機構の監視下にある。

しかし、だからといって何ができるだろう？　それぞれの共同体の要求どおりに領土の分割を続け――結局、各民族に一つの国をつくればよいのだろうか？　そんなことをしたら、民族主義者たちによる戦争で引き起こされた民族浄化を正当化するだけである。といって、「現状」を「安定」と言いくるめることでは、ボスニアの人々の「共存したい」という思いに応えることにはならない。欧州連合が最終目標にする2010年の終わりまでに、彼らは非常に苦しい選択を迫られている。

セルビアとモンテネグロ

セルビアとモンテネグロは、2000年末にミロシェヴィッチ〔＊旧ユーゴの元大統領。2006年に死亡〕が解任されて以来、改革に着手、国際的援助の恩恵を受け、国際通貨基金（IMF）の融資も受けている。しかし、経済は停滞、インフレも一時ほどではないにしても20パーセント台を持続、失業率は高く――約30パーセント、汚職や密売も依然重要課題として残っている。2003年3月にセルビア首相ゾラン・ジン

五つの新しい共和国

1991年にユーゴスラビアが解体したとき、ほとんどの住民が戦争に引きずりこまれるなか、五つの新しい国が誕生した。スロベニア、クロアチア、ボスニア・ヘルツェゴヴィナ、マケドニアの4国と、当初、ユーゴスラビア連邦共和国、通称、新ユーゴとして残り、その後も連合したまま国名を変えたセルビアとモンテネグロである。

ジッチが暗殺されたのは、おそらく彼が、ミロシェヴィッチがつくりあげたシステムの中枢にあった組織犯罪を攻撃したからだろう。一方セルビア政府は、EU本部と「協力と安定の合意」に至るため、国際刑事裁判所に協力する意思を公表してはいるのだが、1995年のムスリム虐殺事件の戦犯とされたムラジッチ、カラジッチ、パブコヴィッチはまだ引き渡されていない。したがって欧州連合との関係は難しく、元の二つの自治州、ヴォイヴォディナとコソボとの関係はもっと難しくなっている。

法律上、コソボはセルビアの一部ではあるが、実態は、暫定機関——とくに国連のコソボ統治機構とNATOの国際安全保障部隊——が置かれ、予算と税金の管理部はコソボ地方当局に移転されている。多数を占めるアルバニア人にとって、これはコソボ独立へ向けての前進を意味する。そのような裁定は近い将来国際機関によって下されるだろう。しかし、これこそまさにコソボの人口の10パーセントしかいないセルビア人が恐れる事態でもある。彼らとしては、領土が再分割されてセルビアに併合され、自分たちが過半数を占める地域がつくられるのを願っているのである。

しかし、なぜこの流動的な地域へ欧州連合が介入し、モンテネグロをセルビアに結びつけ、その独立を回避させようとしているのだろう。それは、旧ユーゴスラビアが際限なく分裂するのを避けるためである。

ここでは2002年3月から非常にゆるやかな共同国家が形成されている。そして、セルビアとモンテネグロの共通機関は外交と防衛、少数民族の保護に限定されている。しかしこの連合は決定的なものではなく、2006年には双方とも連合を解消する権利があり、実際、モンテネグロは独立、その後セルビアも独立を宣言した。それでも、国境の修正（併合、共有、新たな境界線）はいっさい国際社会に受け入れられないことになっている。

国際機関はおそらく今後少なくとも10年、いや、この地域全体の安定を保障したいならもっと長く、バルカン諸国に留まらなければならないだろう。しかもこの安定は必要不可欠でもある。この地域は欧州連合の三つの加盟国に「挟みこまれている」からである。南にギリシャ、そして2004年からは北にスロベニアとハンガリーが加わった。

安定は長続きするか？

最後に、バルカン諸国の中核となる三つの問題を以下に要約してみよう。

◎マフィアが存在し、全地域に汚職がはびこる犯罪の多さ。

◎100万人と言われる難民と移住者の帰還に向けての、政治的・財政的組織づくりの問題。

◎旧ユーゴスラビアの解体はまだ終わっていな

欧州連合のかたわらで

バルカン諸国は、ローマやアテネからはすぐ近くの隣国だ。したがって、イタリアはEUがバルカン諸国に拡大し、それによって安定と豊かさがもたらされれば、バルカンからの不法移民が減る利点がある。ギリシャは、いまやバルカン諸国への投資がEU加盟国への投資を上回っている。ベオグラードとアテネ間で、空路と陸路の輸送、ならびにマケドニアを経由するテッサロニーキ＝ベオグラードの道路整備をともなう経済協定合意が調印されている。

スロベニアは2004年5月1日に欧州連合に加わり、地理的にバルカン諸国と欧州が近づいた。スロベニアとクロアチアの国境は、ユーゴスラビア時代はたんなる行政上の境界だったのが、いまや欧州連合の内と外を分ける境界線になった。一方クロアチアは、貿易相手の半分以上がEU各国で、2003年2月からEU加盟候補国である。クロアチア政府が、旧ユーゴスラビア国際刑事裁判所で戦犯とみなされたアンテ・ゴドヴィナ将軍を引き渡したことで、クロアチアは「コペンハーゲン基準」〔＊民主主義、法の支配、人権などをうたった加盟基準〕に一部、従ったことになる。しかしもう一つの問題、クロアチアによって追放されたクライナ地方の少数民族セルビア人の帰還は、達成されたとはとても言えない。国連難民高等弁務官事務所によると、クロアチアから追放されたセルビア人28万人のうち帰還できたのは10万人。ちなみに、クロアチアの国民はこのセルビア人の帰還に反対している。

いと考え、なかには再び軍を導入するべきと考えている人もいる。そこから政治的分断の問題が生じる。コソボ、モンテネグロ、ボスニアのセルビア人、さらにはマケドニアのアルバニア人が独立の動きに出るのを抑える必要がある

しかし、国連と欧州連合による安定への努力は、経済的な安定化のみに向けられている。そのためには、以前のようにバルカン諸国の民族が共存しなければならない。この地でさらなる戦争を許してはならず、また国境を新たに修正してはならないのである。解決法があるとしたら、一つは欧州連合が提案した制度的な枠組みにあるだろう。ただし、過去に独立したことのなかったこれら若いバルカンの国々にとって、「国民国家」の段階を飛び越えるのは非常に難しい。それは民族主義からいきなり「脱国家主義」に移行して、主権の一部を欧州連合に譲ることである。とはいえ、欧州連合は各民族に一つの国家を「提供する」のを使命としないのも確かである。

ロシア

帝国主義と実用主義に揺れる

ロシアは世界最大の国家である。
豊かな水源と鉱山は他国を圧倒し、
国連では安全保障理事会の常任理事国であり、
核武装では世界第2位だ。
だが、ロシアはつねに大国なのだろうか?

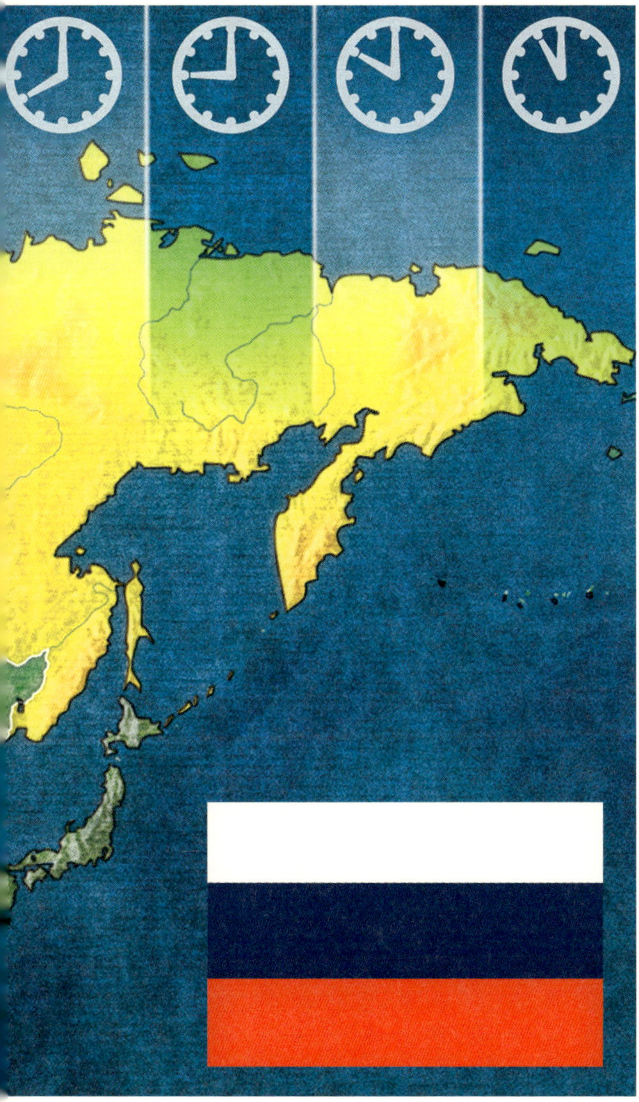

ロシアの面積 170 万平方キロメートルは、米国とカナダを合わせたものにほぼ匹敵する。領土を 11 の標準時間帯が横断し、人口 1 億 4400 万人のうち、3000 万人はロシア人ではない。

ソヴィエト社会主義共和国連邦が崩壊して以来、ロシアはかつて支配した旧ソ連圏に対する責任者を自負している。それもあって、1991 年の連邦崩壊直後から、バルト 3 国を除く旧ソ連の国々と独立国家共同体（CIS）をつくり、軍事的、経済的関係を維持する道を探ってきた。

「近くの外国」

ロシアはこの独立国家共同体を「近くの外国」と呼び、経済的にも軍事的にもさまざまな利益を保持している。とはいえ、CIS 内部での支配的な態度には、ロシア一国の権威を再び確立する意図が明白だった。それもそのはず、おもにロシア人の徴集兵で構成される CIS の軍隊は、何よりもまずロシアの利益のために働いているからである。1990 年代初頭、コーカサス地方で、モスクワは公然と、アゼルバイジャンと対立するナゴルノ・カラバフ自治州のアルメニア人分離主義者を支援し、あるいはグルジアと対立す

ツアーの帝国からロシア連邦へ

1914 年のロシア帝国時代の地図。1917 年に独立したポーランドとフィンランド、1945 年に併合したカリーニングラードと南千島列島を除き、その外枠は 1991 年までおなじみだったソ連邦とほとんど変わらない。これを見ても、ソ連邦解体後も、ロシアが長年にわたって統治してきた地域を維持したいという意図が読みとれるだろう。

独立国家共同体

1991 年に設立された独立国家共同体（CIS）を通して、ロシアは旧ソヴィエト圏内で経済的・軍事的関係を保持する道を探ってきた。というのも、経済面では綿を中央アジアに、武器の予備部品や金属をウクライナに依存し、戦略的にもカザフスタンのバイコヌールに宇宙基地があるからである。

るアブハジア人分離主義者の肩を持つ態度に出た。

CIS 内部での力の不均衡に嫌気がさした加盟国は、1990 年代に新たな同盟を求め、新しい力関係をつくりだした。目的はもちろん、ロシアの外に新たな貿易市場を見出すことである。こうしてカザフスタン、キルギス、タジキスタン、ウズベキスタンは中央アジア協力機構を設立した。さらにトルクメニスタンは隣国イランに目を向け、アゼルバイジャンは西欧の会社と石油の合意に調印、自国の石油を搬出する新しいルートを建設した。一方、西のウクライナは NATO と同時に欧州連合に接近、EU への統合を望んでいる。

この新しい状況に直面したロシアは、1995 年、ベラルーシ、カザフスタン、キルギス、タジキスタンと関税同盟を結成。軍事面に関しては、1999 年に、アゼルバイジャン、グルジア、ウズベキスタンを除く各国と CIS 集団安全保障条約を更新している。

対テロリズムでアメリカと共同歩調

2001 年 9 月 11 日の同時多発テロのおかげで、アメリカはタリバンと戦うという名目で、ウズベキスタン、キルギス、タジキスタン、さらにはグルジアへ足がかりをつけることができた。これがロシアのコーカサス地方と中央アジアへの影響力をさらに失墜させることになる。モスクワは「近い外国」でアメリカ軍が展開するのを受け入れざるをえない立場になるのだが、それと引きかえにロシアの世界貿易機関（WTO）加盟への米国の支持と、NATO が中央ヨーロッパとバルト諸国へ拡大するプロセスへの参加を取りつけている。さらに、1999 年のチェチェンへの 2 回目の軍事介入も、国際的なテロとの戦いということで正当化され、以降、テロ対策はロシア外交の優先課題となった。

このワシントンとの戦略的な接近は、反アメリカを掲げる伝統的なロシア外交路線との決別を意味し、モスクワは再び、部分的ではあるが、

ロシア正教会、アイデンティティと政治の要素

キリスト教のカトリック典礼とビザンチン典礼〔＊東方正教会〕の境界は、さかのぼること1054年、ローマ＝カトリックとギリシャ正教が分離した教会分離のころとほぼ同じである。世界に2億2000万人いるキリスト教正教徒のうち、半数以上がロシアに住んでいる。実際16世紀以降、モスクワは自他ともに「第3のローマ」と認めてきた。その歴史的な契機は1453年、それまで範としてきたコンスタンチノープル〔＊東ローマ帝国〕がトルコ人〔＊オスマン帝国〕に占領され、またローマには教皇庁と教義の解釈をめぐる不一致で裏切られたことだ。それ以来、神はロシアにキリスト教を救う使命を託したとされている。「正教」とはまさに「正しい教義」という意味である。

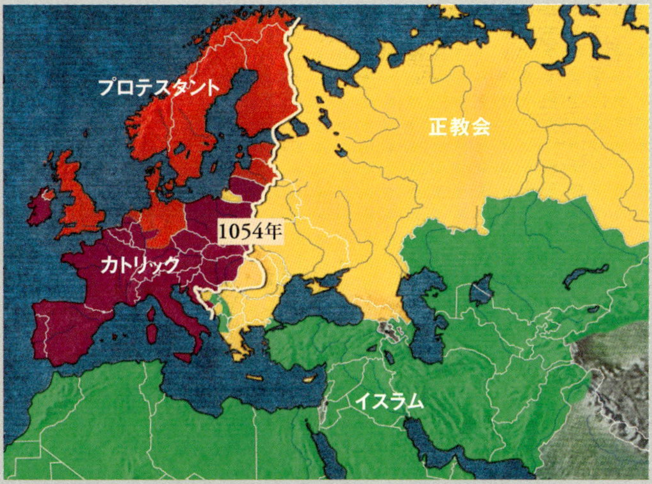

そのことからもモスクワは、ビザンチンの遺産の保有者を自認し、ロシア外交の歴史は汎スラブ主義と同じほど、正教会の擁護に基本を置いている。しかし、ソヴィエト連邦時代の共産主義政権は宗教の自由を抑圧した。だが、この弾圧の時代も終わりを告げた。国民は再び宗教の自由を手にし、新たに宗教思想を普及できるようになった正教会は、国の真理の共同擁護者を自認している。たとえば、

◎総大主教がNATOの東方への拡大に反対する声明を発表するなど、西欧への不信を表明している。

◎国としてのロシアはイスラム教から欧州を守る役をすべきという立場から、チェチェンへの侵攻を公然と支援している。

国際舞台であなどれないパートナーになる。

しかし、2003年のアメリカ軍のイラク侵攻でモスクワが「同列に」並ばず、さらにロシアが強権政治を強めたことが、ロシアとアメリカの「蜜月」に影を落としはじめる。モスクワの賭けは二つの側面を持っている。イラクや北朝鮮との友好関係、そしてイランとの核協力を引きつづき保ちつつ、ワシントンと接近することである。

欧州連合は「必然的な」パートナーなのか？

欧州連合はロシアにとって、第1の貿易相手であると同時に第1の投資元、そして第1の援助供給元である。2003年以来、ブリュッセルEU本部はロシアに、四つの協力分野を設定することを強く勧めている。それは「経済」と「自由と司法、安全保障」、「対外安全保障」、そして「研究と教育」である。しかし、2004年にEUがロシアとその「近い外国」の近辺まで拡大したことで、ブリュッセルとモスクワのあいだに緊張が生まれた。モスクワにとって、欧州が2003年末のグルジアと、2004年12月のウクライナでの「民主化革命」を支持したことは、ロシアが影響力を与えてきた地域への干渉以外のなにものでもなかった。

ロシアの帝国主義的な視点は、ソ連邦が崩壊した今も生きている。その表われの一部が、プーチン大統領が1期目の実用主義をひるがえして、ウクライナの選挙に介入したことだろう。プーチン大統領2期目のロシア外交は、国内の強権派が推し進める政策に従っているように見える。

ロシア領土の形成過程

東スラブ人が初めて団結してキエフ公国を形成したのは9世紀、スカンディナビアを起源とする商人で、ヴァイキングの一つ、ヴァリャーグ人が躍進した時代である。この初めてのスラブ国家は、河川を利用する交易網の周辺に築かれ、ビザンチウム〔＊現在のイスタンブール〕とキリスト教の影響を受けるようになって、10世紀の終わりにキリスト教国家になっている。しかし、あまりに広大ゆえ、国内では後継者争いで領土が細分化され、外部ではモンゴル人の度重なる襲撃に反撃できない。1240年以降、ロシアの公国は遊牧民の大国、キプチャク・ハン国の臣下になる。

イヴァン3世（在位1462―1505）統治下の1462年、モスクワ大公国はロシア領土の失地回復に打って出る。この勝利で、モンゴルが宗主国だった時代は終わり、さらにイヴァン4世、通称「雷帝」（在位1533―84）の代になってアジアへの拡張が始まる。彼はモンゴルからカザン・ハン国、アストラハン・ハン国、シビル・ハン国を奪い、ロシア人でもロシア正教徒でもない民族を初めて統合、のちの帝国の礎《いしずえ》を築く。

ピョートル大帝（在位1682―1725）の代でロシアは西に拡大する。大帝は約20年間（1700―21）もスウェーデンと戦争、ついには「欧州の窓」をこじ開け、自国を欧州の強国にする。1703年に、征服したスウェーデンのバルト海沿岸に新しい首都を建設、みずからの名をつけてサンクト・ペテルブルグとする。大帝はアジアでも征服を続け、シベリアを植民地化、中国の清朝と交易関係を結んでいる。

さらに、エカテリーナ2世（在位1762―96）もロシア帝国の国境を広げていく。中央ヨーロッパではポーランドの一部を併合、黒海の北側沿岸から地中海へ直接通じる道を開き、コーカサス地方へ進出する。東もついにベーリング海峡を越え、アラスカを所有することになる。

19世紀は、ロシア領土を守る隣接諸国の形成についやされる。

◎ヨーロッパ側は1809年にフィンランドを併合する。

◎コーカサス地方は、グルジア、アゼルバイジャンに続き、アルメニアのエレヴァンとナヒチェヴァン地方を征服する。しかし、コーカサス地方の山岳民族（イングーシ、チェルケス、チェチェンなど）はロシアに強硬に抵抗、1864年まで続くことになる。いや、現在までと言うべきだろう！

◎中央アジアでは、1816年以降、カザフスタンを統治、1876年にはトルキスタンも支配する。極東では、アムール川の東から中国を撤退させたあと、1860年に太平洋側に港を開港する。それがウラジオストックである。

キエフ公国の草創期から、起伏のない大地がロシアの拡張を助け、多くは自然が安全を保障してくれる境界線（ベーリング海峡、コーカサス山脈、パミール高原、アムール川など）まで達している。唯一、後背地がなく、首都から1万キロにあったアラスカは、1867年、当時の720万ドルという安価でアメリカ合衆国に売り渡された。

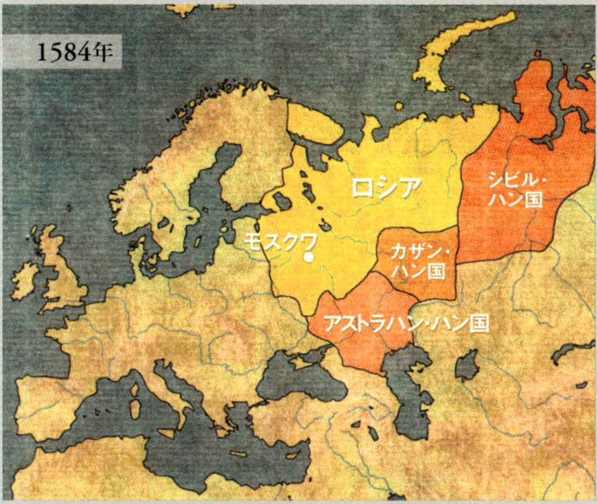
1584年
ロシア
シビル・
ハン国
モスクワ
カザン・
ハン国
アストラハン・ハン国

1721年
スウェーデン
ロシア
サンクト・ペテルブルグ
バルト海
モスクワ

1793年
ロシア
アラスカ
ベーリング海峡
プロシア
オーストリア
太平洋
オスマン帝国

19世紀
ロシア
アラスカ
ベーリング海峡
カザフスタン
アムール川
ウラジオストック
トルキスタン
太平洋

欧州連合対ロシア

欧州連合はロシア外交政策では優先課題の一つである。たとえば2004年を見ると、ロシアの輸入の67パーセントがEUからで、それが輸出の50パーセントを吸い上げている。EUは、2000年に「エネルギーのパートナーシップ」を発案、この先2020年までにロシアからの石油・ガス輸入量を増加させる計画を打ち出した。それでもロシアは、2004年のEU拡大が欧州に「新しい壁」をつくると懸念し、共通の隣国（モルドバ、ベラルーシ、ウクライナ）でEUと協力するのをしぶっている。そのことがEUとロシアのあいだに強い緊張を生み出し、とくに2002年のカリーニングラードのビザ問題、2004年のモルドバ問題、ウクライナでは2005年のガス供給問題に表われている。

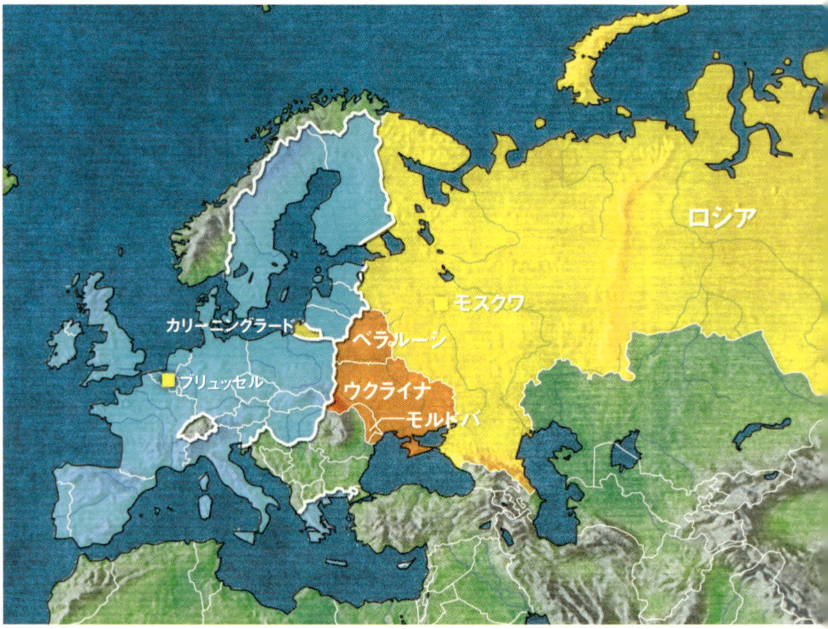

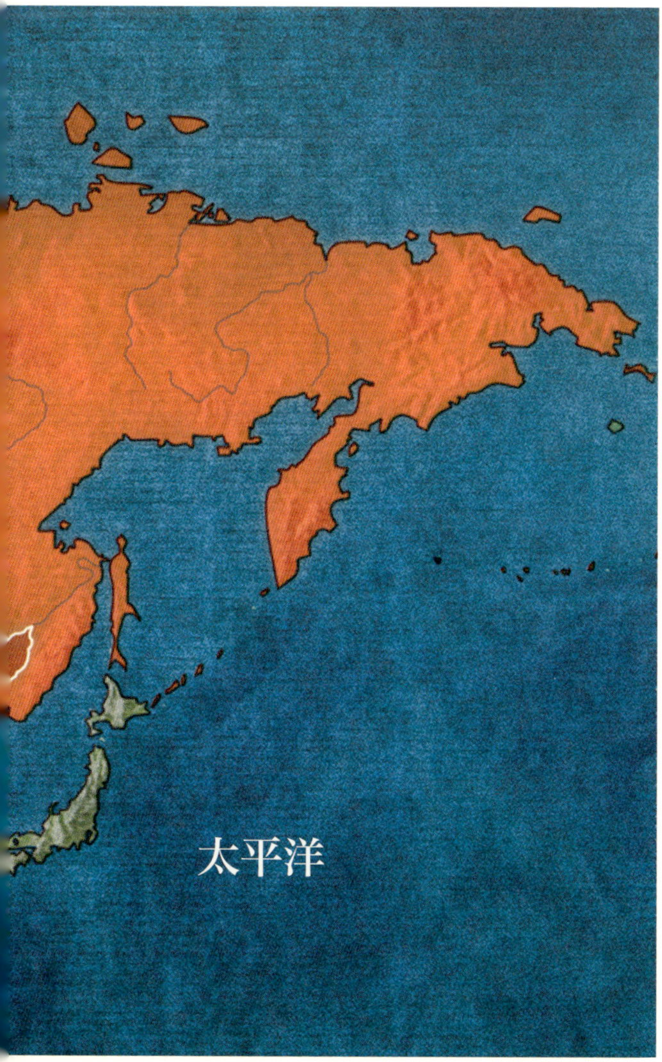

中国—ロシア関係

1990年代の10年間に、隣の大国、中国との関係は好転した。2001年からは協議の場が設けられ、アムール川の国境論争も決着、ガス・石油パイプラインの建設計画が発表された。モスクワと北京はまた、イスラム主義およびテロと戦うため、中央アジアの国々と上海協力機構をつくりあげた。20世紀後半に見られた中国とロシアのイデオロギー上の対立は、今では過去のものになったようだ。

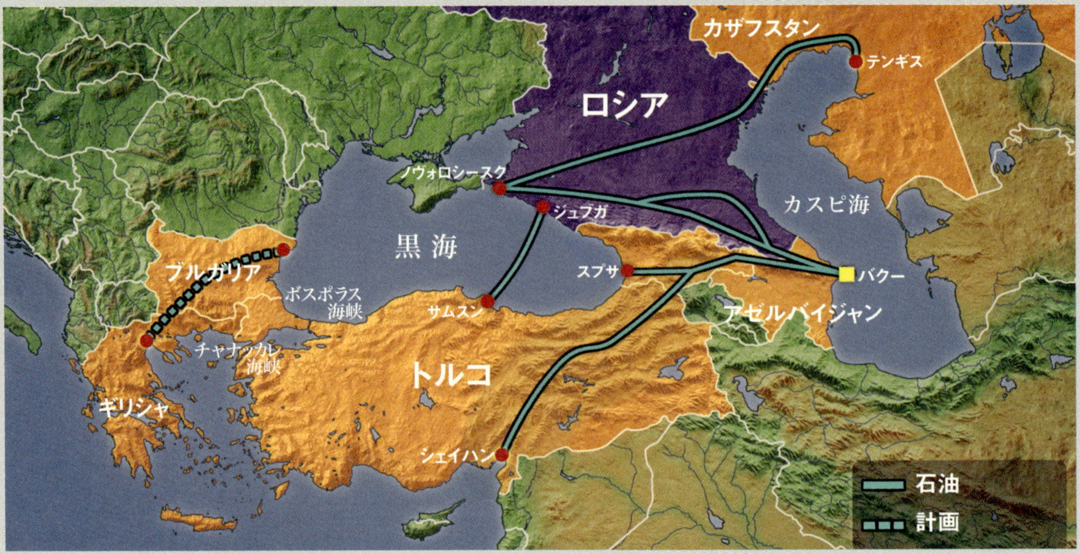

コーカサス―黒海―地中海地域

ロシアは、カスピ海地域での新たな産油国と、その輸出網、バクー＝シェイハン・パイプラインとの競合に対処するため、パイプライン・システムの再編計画を打ち出した。チェチェン紛争のあおりで、バクー＝ノヴォロシースク・オイルラインのバイパスを建設せざるをえなかったロシアは、新たな貯蔵基地をつくって輸送量を増加、以降このラインはバクー＝スプサ・オイルラインを上回っている。一方、カザフスタンとは、2002年に15年間の合意に調印、カザフ産原油はロシアを通って搬出されることになり、そのための経由パイプラインが建設された。これらの整備のもう一つの目的は、黒海から地中海へ抜けるトルコ海峡の船舶が飽和状態で、それを避けるためでもある。こうして2002年10月、ジュブガとトルコのサムスンを結ぶ海底ガス・パイプラインが設置された。さらにロシアは、ブルガリアとギリシャを経由するパイプライン計画にも言及している。しかし、この計画はトルコに圧力をかけるのが目的のようである。トルコ政府はロシアのタンカーがボスポラス海峡でガス抜きをしすぎると非難し、海峡の通行を制限すると脅している。

パイプラインの地政学

世界の13パーセントの原油埋蔵量、45パーセントのガス埋蔵量を有するロシアは、世界でも重要な石油・ガス供給国である。インフラの整備で可能になった石油・ガスの輸出は、経済的に重要なだけでなく、旧ソ連圏への影響力を維持するのにも役立っている。

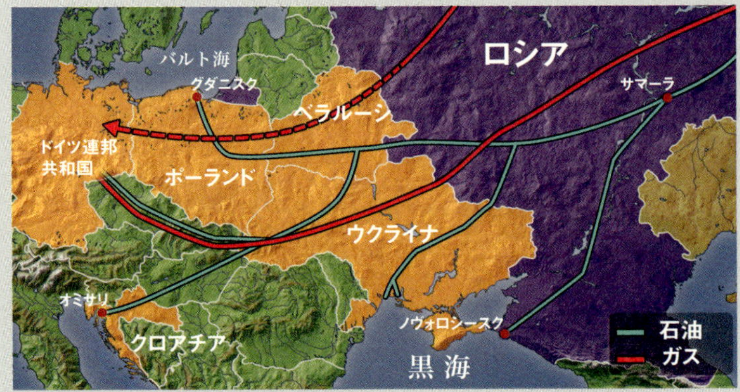

ウクライナ経由トランジット

ロシア産ガスの欧州への輸出の90パーセントはウクライナを経由する。ところでロシアに言わせると、ウクライナは年間90億立方メートル以上の欧州向けガスを不正に抽出していたという。そこでロシア政府は、サマーラとノヴォロシースクを結ぶパイプラインのバイパス建設を決定、ウクライナから重要な収入源の通行権料を剥奪した。ロシアはまた、ベラルーシとポーランドを経由してドイツに向かうガス・パイプラインの建設にも着手した。これによって、ウクライナを迂回できるだけでなく、通行権料を削減することができる。ドルージュバ（「友好」という意味）・パイプライン――ロシアと中央ヨーロッパを結ぶ――とアドリア・パイプラインを連結したおかげで、ロシアは2002年からアドリア海経由で直接、地中海に出られるようになった。

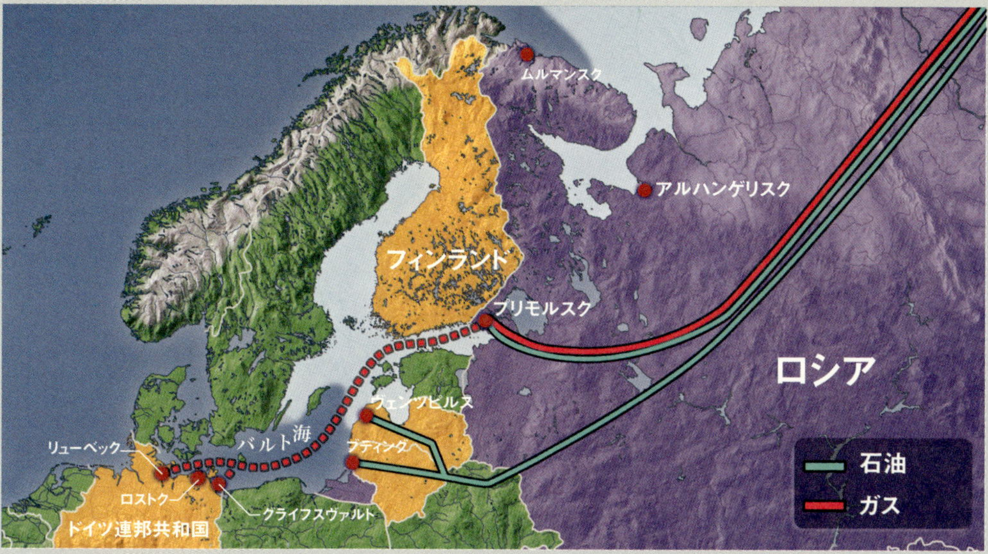

バルト海ルート

バルト諸国が独立したことで、ロシアはソ連時代に主要な石油輸出港だったヴェンツピルス〔*現リトアニア〕をはじめ、最高の港設備を奪われた。そこでロシアは2000年「バルト海パイプライン・システム」（BPS）計画を発表、プリモルスクに新たな石油搬出港を建設して、豊富な油田を有するティマン・ペチョラ地域（北シベリア）と結ぶ新たなパイプライン計画を打ち出した。残るは冬季の氷問題で、この新港では処理能力が劣ることがあげられる。

同じように、国土の北からガスを輸出するため、ロシアはドイツと共同でバルト海の海底ガス・パイプラインを建設中である。もっと北の港、ムルマンスクとアルハンゲリスクは、暖流であるメキシコ湾流のおかげで1年を通して氷は溶解、石油の輸出に対処できそうだ。この「北ルート」は、バルト海ルートに比べてリスクが低いうえに安くあがる。それもあって、アメリカもこのルートに関心を示している。アメリカとしては石油の輸入先を多元化し、中近東とサウジアラビアへの依存度を減らしたい思惑がある。

アジア市場

アジア、とくに中国の膨大なエネルギー需要に応えるため、ロシアはこの地域へシベリア産ガス・石油を供給するさまざまな計画を立てる必要に迫られた。中国北部へ供給するガス・パイプラインが建設されたら、引きつづき海を経由して韓国までのラインが予定されている。そしてサハリンのガスは日本へ輸出されるはずだ。

石油についてはナホトカ港がある。ここからだとロシアはタンカーで中国と日本、韓国へも石油を供給できる。それまでの中国やモンゴルからという構想は、どうやら廃棄されたようだ。

アジアとヨーロッパ、アメリカでの石油・ガス需要の増大に直面し、これらの供給網はロシアにとって、軍事的圧力とは違う経済的、外交上の道具になった。

ベルギーの大きさに匹敵するモルドバは、東のスラブ世界と西のラテン世界の交差点である。

モルドバ

欧州の境界地帯

1991年、ソヴィエト連邦の崩壊にともなって
地図に現われた国、モルドバは、
ラテン世界とスラブ世界の境界に位置している。
長いあいだルーマニアで、いっときロシア、
それからソヴィエトになったこの国は、
現在どのように機能しているのだろう?

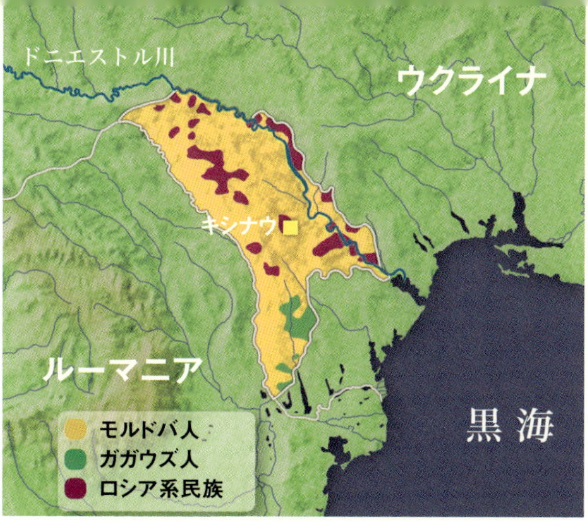

450 万人の人口

モルドバの人口の 65 パーセントはモルドバ人で、ルーマニア語を話し、正教会のキリスト教徒であり、27 パーセントはロシア語を話すロシア人とウクライナ人である。ロシア系は首都のキシナウと、ドニエストル川東に住んでいる。さらに、国の南西部にはトルコ系で、宗教的に正教会、ルーマニア系でもスラブ系でもない民族、ガガウズ人が住んでいる（3パーセント）。同じく、少数民族としてブルガリア人と、ユダヤ人共同体もある。

トランスニストリアとガガウズ

モルドバの独立から一夜明けた 1991 年8月、ロシア系民族は多数を占めるトランスニストリア地区の独立を宣言する。彼らは、いずれルーマニアに主権を渡すであろうモルドバで少数派になるのを懸念し、ソヴィエト時代に得た利権を守ろうとしている。

一方ガガウズ人は、モルドバでの民族主義の台頭に不安を抱き、彼らが多数を占める南西部地域の独立を宣言した。これは 1994 年にモルドバの国会で最終的に認められている。

モルドバは面積 3 万 3700 平方キロメートル、人口 450 万人の小国である。ソヴィエト連邦から独立すると、そこに住む多様な民族間にさまざまな軋轢《あつれき》が生じた。国の大半はルーマニア語圏モルドバ人が占める。彼らの主張でともにルーマニアに併合されるのを懸念するロシア語圏民族は、自分たちが大半を占めるトランスニストリア地区の独立を表明、ソヴィエト時代からの既得権益を守ろうとしている。

しかしモルドバにとって、このトランスニストリア地区を失うと産業生産の 40 パーセントを失うことになり、飛び地であることをいっそう際立たせることにもなる。また、ウクライナのオデッサやキエフ、ロシアのモスクワへつながる鉄道はこの地区を横断しているので、国はおもな輸出ルートを奪われることにもなる。1992 年、この形状が表立った紛争に発展する。ティラスポルに駐屯する旧ソヴィエト第 14 部隊が、ロシアの司令を受けてこの地区に武器を供給、軍事的に優位に立たせたのである。これを受けてモルドバは 1992 年 7 月、ロシア政府から提示された合意条件を受け入れざるをえなくなる。それは、トランスニストリア地区をモルドバ内にとどめるかわりに自治を認め、モルドバがルーマニアと併合した場合、この地区は自分たちで将来を決定できるというものである。

トランスニストリア問題

国際的には認められていないものの、事実上、トランスニストリア共和国は存在しつづけ、独自に大統領も国会も、国旗や通貨、国歌や軍隊も持っている。2000 人規模のロシア軍もいまだに駐留、2002 年末までの全面撤退を定められていたにもかかわらず、出発を遅らせている。このロシア軍の存在はモルドバを不安に陥れているのだが、隣国ウクライナにとっても同じである。自国の東と南にロシア軍がいるのを快く思わないのは当然だろう。

紛争の調停案として、ロシア政府から連盟をつくる提案がなされたものの、2003 年には合

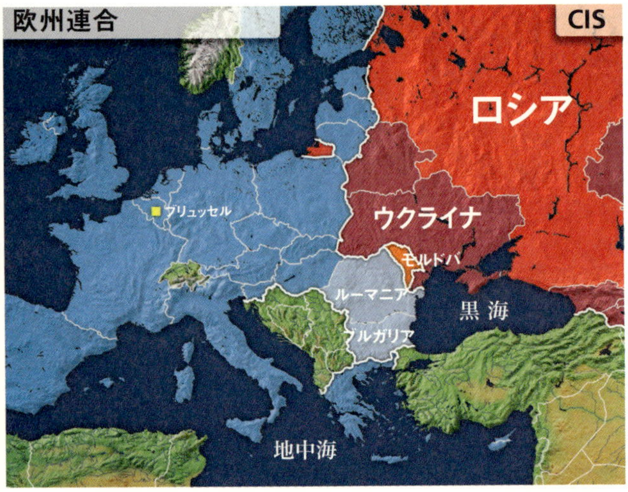

二つの地政学的集団の周辺で
ルーマニアとウクライナに両脇をはさまれているモルドバにとって、地域での居場所を見出すのは容易なことではない。さらに東にはロシアが支配する独立国家共同体（CIS）と、西には欧州連合という、二つの地政学的集団にはさまれている。おまけに経済的にロシア、地理的にはウクライナに依存し、歴史的にはルーマニアに向いている。

ドナウ川へ通じる
ウクライナのオデッサとイスマイールを結ぶ道路の7キロがモルドバの領土を通過している見返りに、モルドバは2001年、ウクライナからドナウ川沿岸の町ジュジュレシュティ近くに幅430メートルの帯状地区を取得した。以来、ドナウ川に直接通じ、黒海に出られるようになっている。川沿いには石油基地が建設され、ロシアへのエネルギー依存からの脱却をはかっている。

意に至らず、現状維持がなかなか難しい状態になっている。いずれにしろ、ロシアはこの流動的な地域への影響力をできるだけ長く保ちたいと願っているのだが、ルーマニアは2004年にNATOへ加盟したあと、2007年には欧州連合へ加盟してしまい、ウクライナでの2004年末の「オレンジ革命」もロシアには逆風となっている。

モルドバはどこへ行く？

独立から15年、国としてのモルドバは、内政では領地全体の主権を有するにはほど遠く、外交でも地域的な問題をかかえている。地理的には国土を囲むウクライナに依存し、貿易の大半をオデッサ経由で行なっている。2001年にウクライナとの2国間で調印された国境条約で、モルドバは直接ドナウ川に通じ、そこから黒海に出られるようになった。また、経済的にはロシアに依存し、石油・ガスの98パーセントをロシアから輸入、輸出の50パーセントはモスクワに向けられている。

一方西は、長い歴史を共有してきた隣国、ルーマニアに親近感を抱いている。それが証拠に国旗はルーマニアの色を採用、公用語は、「モルドバ語」と言う人もいるが、ルーマニア語である。それに加えて2002年10月、モルドバ政府が市民にルーマニア国籍の取得を認める決定を下したのは、地政学の現実に対する答えだろうか。新しくEUに加盟するルーマニアが、ビザなしで3カ月間シェンゲン協定域内に行けるようになった今、ルーマニアのパスポートを持つモルドバ人もまた、欧州連合内での自由な往来の恩恵にあずかっている。

欧州への望み

モルドバ人の約100万人、うち約90パーセントは不法な身分ながら国外で仕事に就き、自分たちの生活水準を上げている。しかし一方、この移民は2002年の国内経済に約2億ドルをもたらしており、欧州ではアルバニアに次ぐ貧

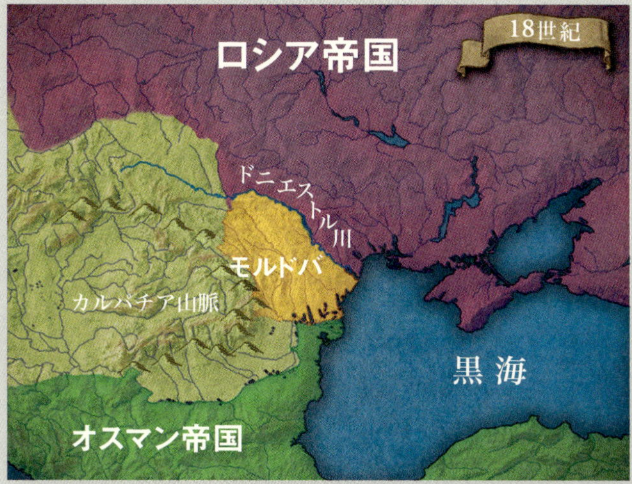

公国から独立へ

14 世紀に、ボグダン1世によってカルパチア山脈とドニエストル川のあいだに建国された第1期モルドバ公国は、16 世紀初頭にオスマン帝国の臣下になり、18 世紀末には、黒海沿岸に足場を築いたロシア帝国と宗主国の緩衝役になる。そうして 19 世紀になると、ロシアと、1878 年にオスマン帝国から独立したルーマニアに分割されてしまう。

第1次世界大戦後、モルドバのロシア部分——ロシア人はベッサラビアと命名——がルーマニアに併合され、ルーマニア国内で旧モルドバ公国が再統一された。ところが 1940 年、スターリンはドイツ・ソヴィエト間秘密協定の議定書にのっとってベッサラビア地区を再び占領し、ベッサラビア地区とトランスニストリア地区を併合してモルドバ・ソヴィエト社会主義共和国が建国された。その一方で、ベッサラビアの南部はソヴィエト連邦ウクライナに分与され、モルドバは海へのアクセスを奪われてしまった。領土的にこのような形で、ソヴィエト連邦モルドバは 1991 年に独立する。

しい国といわれるモルドバの経済の向上に貢献している。ルーマニアは、欧州の拡大プロセスの枠内で、欧州連合の境界線になる東の国境、プルート川沿いの入国管理を強化しているが、それに対してモルドバ人側は、いつの日か欧州連合に加わるのを願っているのである。

ウクライナ

面積60万3000平方キロメートルは、ロシアを考慮に入れなければ、欧州最大で、人口は4800万人である。

欧州への回帰？

ウクライナでは、2004年末の「オレンジ革命」〔＊2004年の大統領選の結果に対して、野党のユシチェンコの支持者が行なった抗議運動が発端となった事件〕で、アイデンティティの危機が明るみに出た。ソ連邦の崩壊と、欧州勢力との関係再編が、独立以来、この国をどちらつかずの状況に陥れている。

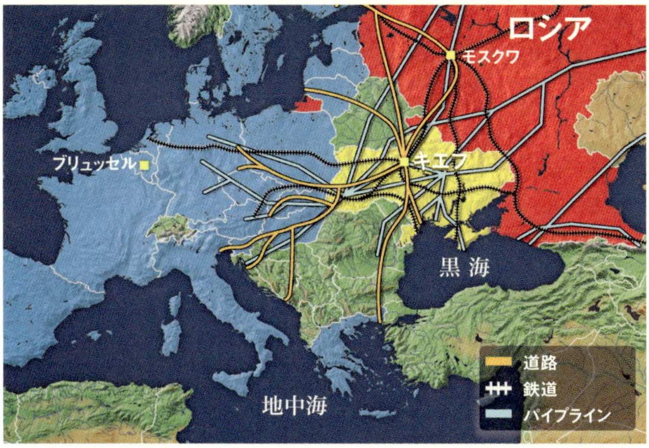

地政学の軸？
西に欧州連合、東にロシア、二つの地政学的大集団と接するウクライナは、道路、鉄道、石油・ガス輸送の一大交差点である。それがこの国を戦略的な立場と同時に依存的な立場にも置いている。

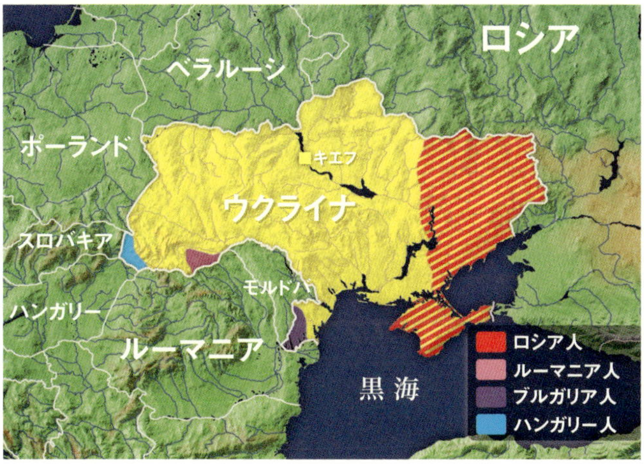

ウクライナの人口
ウクライナの人口4800万人のうち、73パーセントはウクライナ系で、22パーセントはロシア系、残る5パーセントがルーマニア人、ブルガリア人、ベラルーシ人、ハンガリー人、モンゴル人である。この人口構成は、実践する宗教にも見られる。国の西はどちらかといえばビザンチン式カトリックの伝統（東方帰一教会）で欧州に向き、東はむしろ正教会で、大半がロシア系、ロシアに向いている。

西暦882年、現在ウクライナのあるキエフ地方に初めてのスラブ国家（キエフ大公国）が誕生した。しかし、ウクライナが20世紀以前に独立国家であったことは一度もなかった。ソ連邦が崩壊し、1991年に独立したときが、ウクライナにとっては事実上初めての主権を手にした年である。そこで問題になってくるのが、3世紀近くにわたって支配されてきたロシアとの関係と、対する欧州連合とNATOとの関係のバランスをどう取るか。ちなみに、後者のほうが国の独立と安定を保障するのにふさわしいと思われている。

兄貴分ロシア

ウクライナは経済的にロシアに依存している。偉大な隣国はウクライナにとって重要な投資元であり、第一の貿易相手国でもある。実際にキエフは好調なロシア経済の恩恵に浴し、2000年以降、大きな経済成長をとげている。ロシアはまた、ウクライナのおもなエネルギー供給国でもある。その結果ロシア政府は、たとえば2006年1月に一方的にガスの価格を改定したりして、準拠すべき決まりを指示してくることが多い。しかし逆に、ウクライナには欧州で最も密な石油・ガスパイプラインが整備され、こんどはそれにロシア側が依存し、欧州に売られるロシア産ガスの90パーセントがそこを経由している。

このことからもわかるように、1991年のウクライナの独立はロシアにとって、経済的にも軍事的にも利用価値のある戦略的な地域を失ったも同然だった。中欧への直接の経路、とくに黒海沿岸の長い地域を奪われたのである。

欧州連合との接近

ウクライナと欧州連合との関係は、1994年に調印された協力とパートナーシップの合意までさかのぼる。

5年にわたる交渉を経て、欧州連合はチェルノブイリ原子炉閉鎖の約束を取りつけた。しか

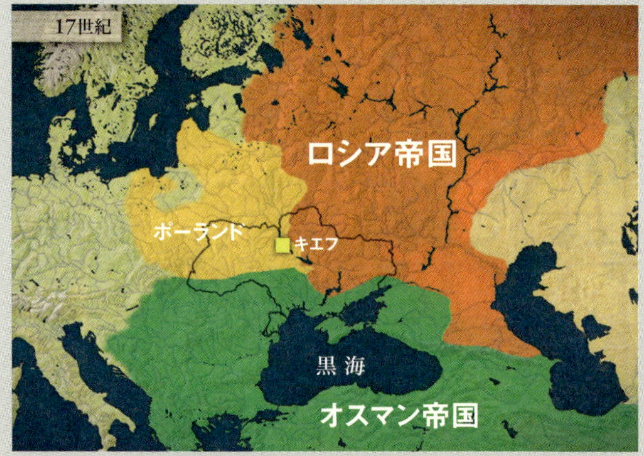

帝国の境界地帯

ウクライナという言葉は、ロシア語で「辺境」あるいは「境界地帯」を意味する単語から派生している。それもそのはずで、ウクライナは14世紀から境界地帯にあった。最初はポーランドとモンゴルの、次いでポーランドとオスマン帝国の境界地帯である。

300年以上にわたり、ウクライナ領土の大半はロシア帝国に属し、その後はソヴィエト連邦になっていた。唯一、西欧側の先端、つまりリヴィフ地域だけは、ガリシの名でポーランドやオーストリアの支配下に残り、ウクライナ・ソヴィエト連邦に併合されるのは第2次世界大戦が終わってからである。

し、ウクライナが旧原子炉に代わるものとしてリヴネとフメリヌィーツィクィイに建設した二つの新しい原子炉の安全性は、EUから不充分と判断された。このことは、ウクライナと欧州連合との関係をはなはだしく悪化させてしまった。時を同じくして、強権的な政治体制をしいていたウクライナのクチマ前大統領が、秘密裏にイラクにレーダーを売り、国連決議に違反したとの嫌疑がかけられた。2002年には反体制ジャーナリスト暗殺の疑いもかけられている。

2004年にハンガリーとポーランドの加盟で欧州連合が拡大し、EUがウクライナの欧州側国境まで近づいたことで、EUとウクライナの関係は再び持ちなおしている。

NATOと米国とのあいだで

ウクライナとNATOの接近は、米国の政策の成果と言える。カーター元大統領の国家安全保障担当大統領補佐官だったブレジンスキーの表現によると、ウクライナは米国の「地政学の軸」である。そこに、旧ソ連邦を形成していた国々を一つ一つロシアから離そうという、米国の戦略が働いているのを読みとらなければならない。こうしてウクライナは1997年、大西洋同盟〔＊NATO・ウクライナ憲章〕に調印し、その憲章では欧州安全保障の新しい枠組みに、NATOに加盟していなくても参加できるようになっている。

米国はまた、ウクライナ経済の自由化を促進し、1991年から95年にかけての非核化にも加担した。ところが、イラクへのレーダー売却事件は米国との関係も悪化させた。冷えきったワシントンとの関係を修復する糸口となったのは、2003年の米国のイラク侵攻で、それは1800人のウクライナ徴集兵をイラクへ派遣することで具体化された。しかし、ウクライナが本当に米国と接近し、将来のNATO加盟への道を開いたのは、おそらく2004年末の選挙でヴィクトル・ユシチェンコが大統領に選ばれたことだろう。

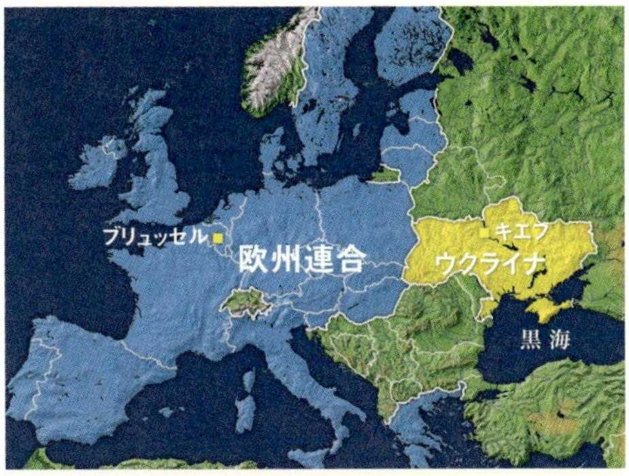

欧州連合加盟に向かう？

ウクライナは1994年から欧州連合との関係を維持している。2004年に中央ヨーロッパの8カ国が新しく加盟してからのEUは、ウクライナのおもな出資元であり、かつおもな輸出先になった。新大統領が親欧州に転換したことからも、いずれ加盟するだろう。

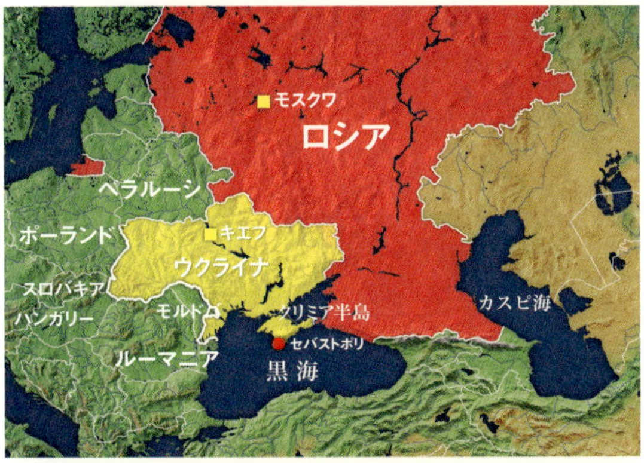

ロシアとの紛争

モスクワにとって、ウクライナの独立は戦略的な地域を失ったことを意味し、それがきっかけとなって1990年代初頭に二つの紛争を引き起こしている。

◎一つは、黒海のセバストポリを拠点にしていたロシア艦隊の分割に関する紛争である。難しい交渉を経て、ウクライナ政府はロシアに20年の期間でセバストポリ港の一部を賃貸し、ほかにも多くの軍事施設の設置を受け入れた。

◎二つ目は、クリミア半島紛争である。この地域は1954年に、ソ連からウクライナに与えられたのだが、住民の67パーセントがロシア人であることから、ロシアが返還を要求したのである。ウクライナ政府はここを「ウクライナ国内の自治共和国」という形にすることで、ロシア側の要求の鎮静化をはかった。

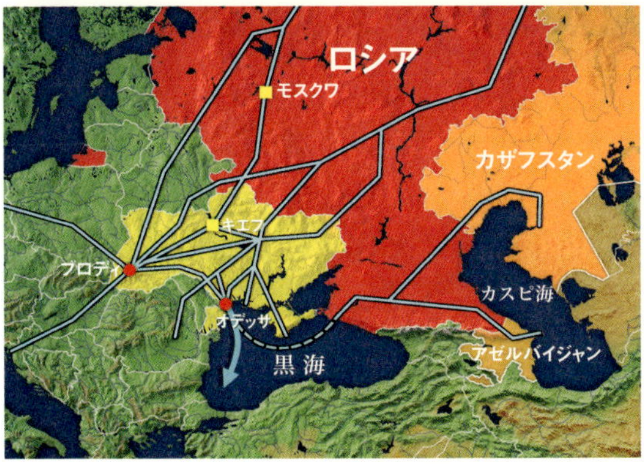

エネルギーの依存

ロシアはエネルギー資源をヨーロッパに輸出するのに、ウクライナを走る石油パイプラインとガス・パイプライン（3万5000キロ）に依存している。しかしロシアは独自の決まりを強いてくることが多い。ウクライナ政府に、オデッサ・ブロディ間パイプラインを、ウクライナが当初予定していたカザフ産やアゼルバイジャン産の石油搬出ではなく、ロシア産石油の地中海向け輸出に使うよう要求してきた。

一方、米国はウクライナの新大統領誕生に直接には関与していないようだが、キエフの独立広場に学生組織ポラが集結した点が注目された。1万5000人にふくれあがったこの学生組織は、11月21日から連日デモを繰り広げた。彼らは、セルビアでミロシェヴィッチを失脚させるもととなったセルビア人学生組織オトポルの助言を受けたもので、オトポルの成功は米国のソロス財団や米国国際開発庁、あるいは独立NGOフリーダム・ハウスの資金のおかげだった。

この選挙によって、ウクライナが親欧州へ転換したことが印象づけられたのは確かだが、かといって完全にロシアに背を向けることはできず、またそれをしても何の得にもならない。東の隣国という地理的な位置と、依存度からみれば当然だろう。それが証拠に、ウクライナの新大統領ヴィクトル・ユシチェンコが就任後最初の訪問先に選んだのは、ロシアのウラジミール・プーチン大統領だったのである。

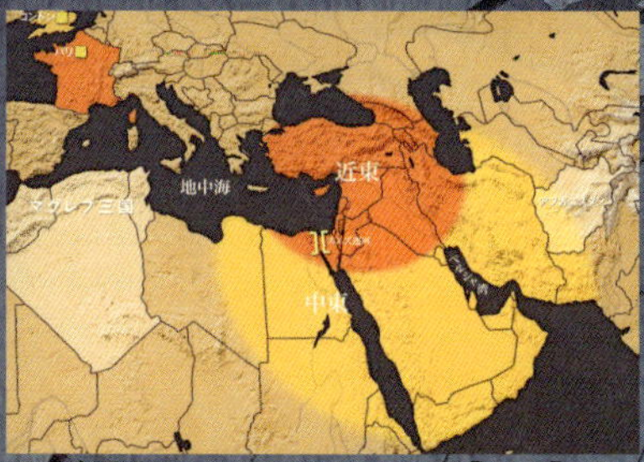

影響下にある中東

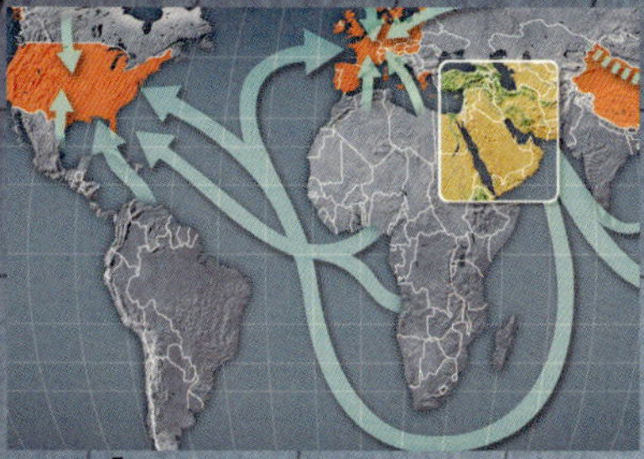

石油

サウジアラビア

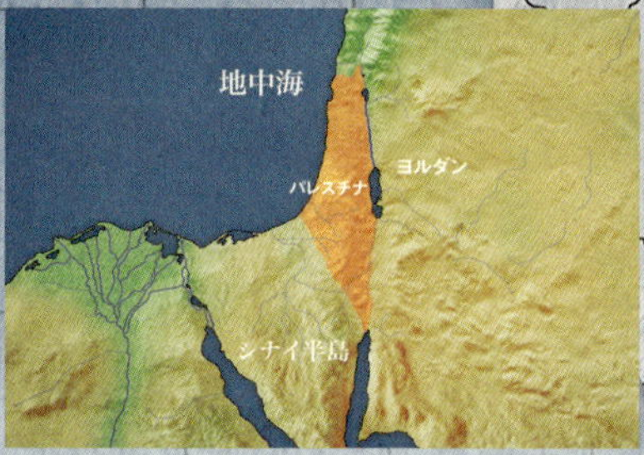

パレスチナの領土

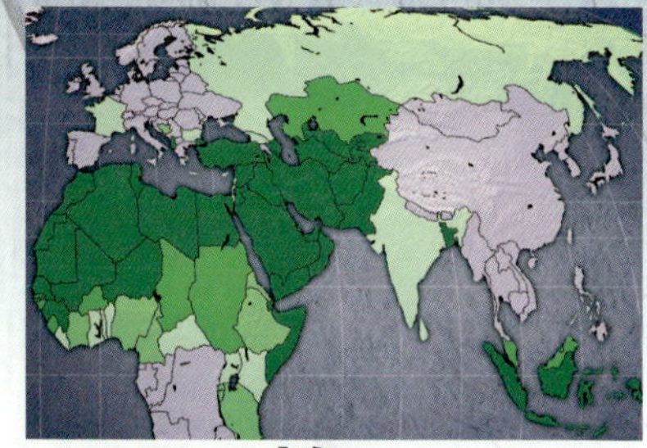

イスラム教

イラン

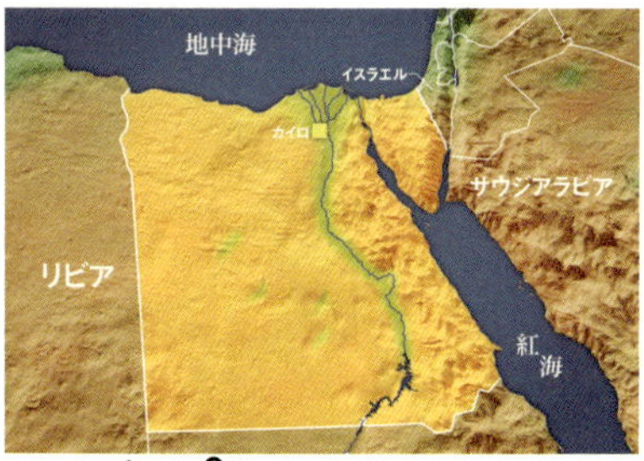

エジプト

クルド人

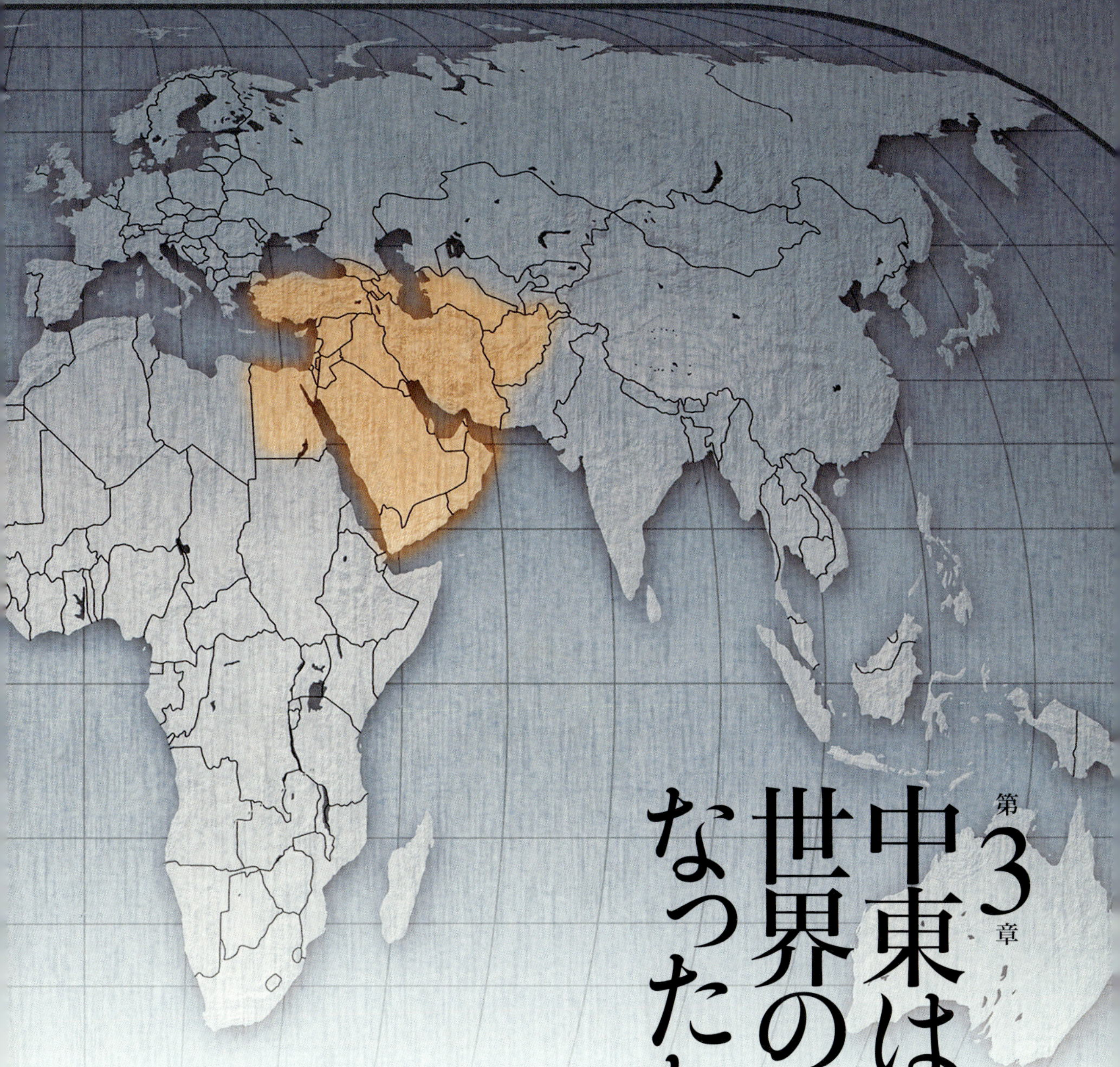

第3章

中東はいかにして世界の火種となったか

itinéraires orientaux

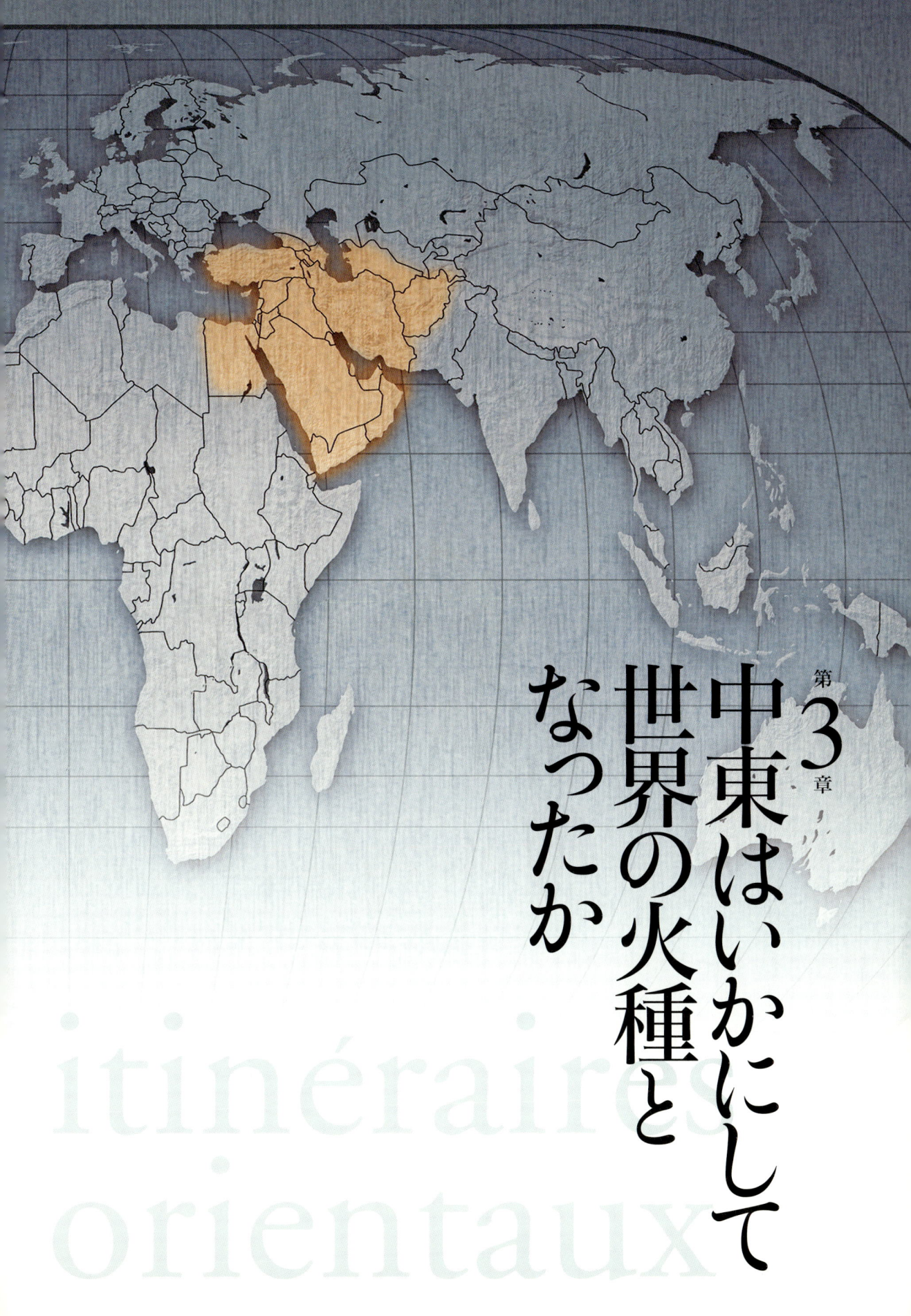

影響下にある中東

中東の定義は難しい。
地理的に決まるのか、それとも気候風土で定義するのだろうか？
あるいは民族、宗教、
はたまた政治体制で定義すべきだろうか？
1919年のオスマン帝国解体から、
2003年のイラクにおける独裁政権崩壊まで、
またこの地で思想的な集団をつくった人物
ハッサン・アルバンナ
〔＊1906－1949。イスラム復興団体「ムスリム同胞団」を創設〕
から、
オサマ・ビンラディンまでを見ると、
中東はじつに「影響下にある地域」と
定義できそうだ。
地図を参考に、長いスパンでこの地を読み解くと、
これらの「影響」が理解できる。

19世紀のフランス地理学では、アジアの極東に対して、最も近い東洋という意味で近東という言葉が使われている。この定義ではマグレブ三国〔＊北アフリカのモロッコ、アルジェリア、チュニジア〕は除外される。一方イギリスの地理学者も、極東に対して近東という言葉を使っていたのだが、1869年にスエズ運河が開通して、石油の諸問題がペルシャ湾に移行するとともに中東という言葉を使いはじめている。それが20世紀末に、イスラム原理主義の台頭で石油問題が新たに場所を移したことから、アフガニスタンもこの地域に含まれるようになる。以降、戦略家によっては中東がインダス川流域までを指すこともある。

オスマン帝国

広大なイスラム系帝国を築いたオスマン帝国は、1516年から1919年に解体するまでの400年にわたり、政治的に、行政上も、そして多くは軍事的にアラブの中東地域を影響下に置いてきた。このオスマン帝国の影響に終焉をもたらしたのは、まさに地理的な外部からの要因である。

◎まず1869年に、フランスの資本協力で（のちにイギリスが支援）スエズ運河が開通したことが挙げられる。この直後から、ヨーロッパの列強はこの重要な貿易軸を管理しようと画策を始めた。

◎次に、地中海を目指して執拗に進出を試みるロシアを前に、チャナッカレ海峡とボスポラス海峡を押さえる必要があった。

◎そして最後が、第1次世界大戦でオスマン帝国がドイツと同盟を結ぶ選択をしたことである。この敗戦によって、オスマン帝国はイギリスやフランスなどの連合国に占領されることになるのである。

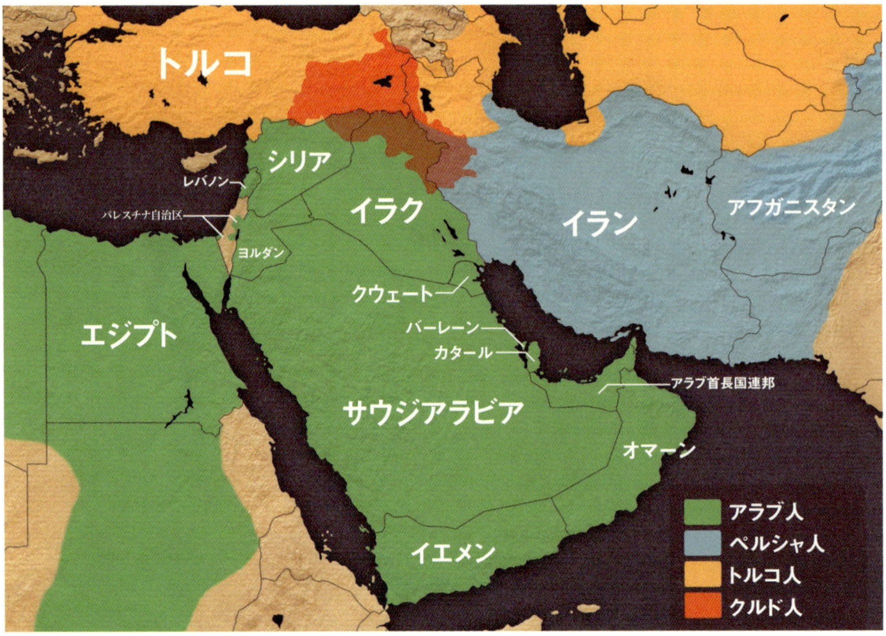

民族の地理的分布
中東は砂漠気候か半砂漠気候帯で、水が少ない地域である。ここに住んでいるのは大半がアラブ人かアラブ化した人々と、ペルシャ人、トルコ人、クルド人で、どの民族もイスラム文明の影響下にある。また、大多数がイスラムの二大宗派（スンニ派とシーア派）に属している。

イギリスとフランスの影響力

オスマン帝国が解体したのち、中東に影響力を及ぼしていくのは、イギリスとフランスである。大戦後に結成された国際連盟によって「委任統治」を任された当時の二大強国、イギリスとフランスは、この地域で発見された膨大な石油の層を考慮して境界線を引いていく。こうして石油と天然ガスが第3の影響力を持ち、両大戦間のころから中東を支配する原動力となる。

石油とガス

石油とガスが影響力をもちはじめるのは、いわゆるエネルギー革命によってである。世界の工業とエネルギー需要の分野で、石炭に代わって石油が使われるようになったことが、この地に新たな当事者を招き入れた。それはアメリカ合衆国である。

アメリカの石油会社は、1930年代から、イギリスが委任統治下のイラクに設立したイラク石油会社に多くの資本投下を行ない、カリフォルニアのスタンダード・オイル・カンパニー〔*現アラビア・アメリカ石油会社の前身〕は、サウジアラビアでの採掘権の50パーセントを取得している。このアメリカの影響力は、第2次世界大戦後の1945年から増大していき、石油の利害と軍事戦略的なもくろみを一体化させつつ、この地域での三つの同盟国を後ろ盾にして大きくなっていく。その3国とはサウジアラビアとイラン、イスラエルである。

イスラエル

1948年に建国されたイスラエルは、中東では新しい国である。このヘブライ国家がまわりの地政学的地位に及ぼした「影響」はきわめて大きい。この国の創設によって生じた結果は、さまざまな理由で、敵対する国々からは好ましく思われていないのだ。それが証拠に、イスラエルとその近隣諸国は4度も戦争を行ない〔*第1次から第4次までの中東戦争〕、いずれもアラブ

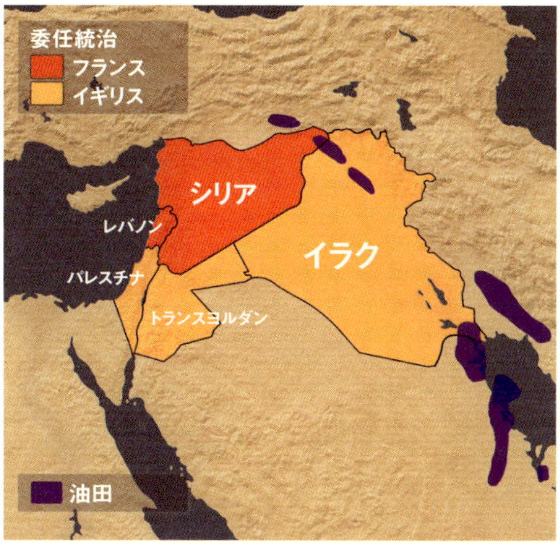

委任統治

第1次世界大戦でオスマン帝国が解体したことで、中東はフランスとイギリスの委任統治下に置かれることになる。フランスが管理したのはシリアとレバノンで、イギリスはトランスヨルダンとパレスチナ、そしてイラクだった。この影響力行使は、国際連盟で承認されたものである。

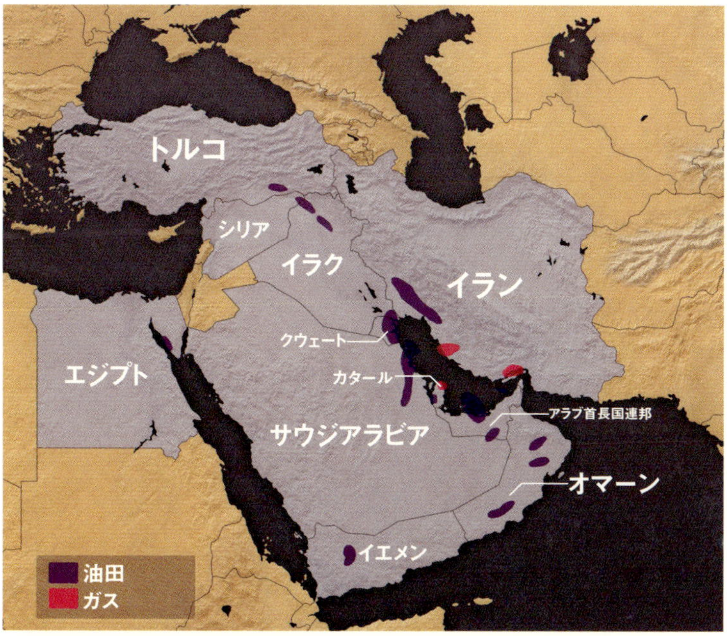

石油資源

中東における石油と天然ガスの埋蔵量は、形を変えた影響力となってこの地域に及んでいる。ちなみに中東だけで世界の石油埋蔵量の64パーセントを有している。この燃料は、石炭に代わって世界的規模で使われるようになり、それに消費国が大きく依存するようになった結果、産油国を管理しようとする試みが絶えず生じている。

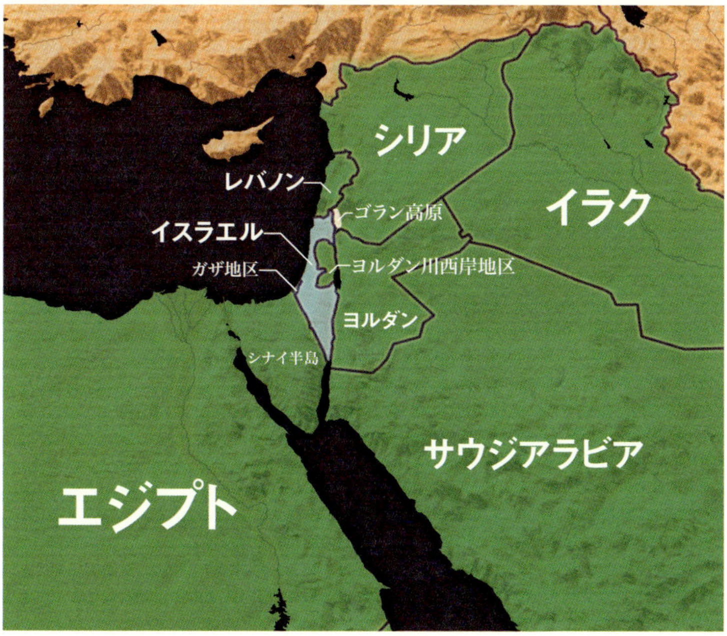

近東でのイスラエル

1948年にイスラエルが建国されて以来、このヘブライ国家は隣接する国々からの脅威を感じている。逆もまたしかりである。アラブ側にとってイスラエルは敵であり、イスラエル対アラブの4度の中東戦争で、いずれもアラブ軍が負けたことから、イスラエルはますます「アラブ世界の心臓を刺す西欧の剣」のように思われている。そのイスラエルはアメリカから無条件に支援されて、軍事的に有利になっている。

軍が負けている。したがってこの国の存在は、「負の」影響を形成していると言えるのである。

また1979年は、同盟関係が一変したという意味で非常に重要な年である。この年、テヘランでのシーア派によるイラン革命が起こった。これはアメリカにとって、またスンニ派のアラブ諸国にとっても、戦略的な破綻を意味した。革命によってイランでの石油生産が中断されたことから第2次オイルショックが引き起こされ、西欧の経済に深刻な結果をもたらした。さらに同じ年の12月にはソ連がアフガニスタンへ侵攻して、モスクワの影響力が高まることになる。ソ連はすでにパレスチナやシリア、イラクの政権にも強い影響力をもっていた。

アメリカ合衆国の介入

一方アメリカは、4度の紛争を契機に、この地域への影響力をますます強めていく。

◎最初の紛争は、1980年9月にイラクがイランに宣戦布告したイラン・イラク戦争である。仕掛けたサダム・フセイン政権が願ったのは、三重の城壁とも言えるものだった。三重とは、みずからが掲げる近代的なアラブ民主主義対宗教色の強い政権への回帰と、みずからが属するスンニ派対シーア派、そしてアラブ対ペルシャである。この戦争でフセインは、アメリカから、さらにフランスや多くのアラブ諸国からも軍事的な支援を受けていた。

◎次は湾岸戦争である。1990年8月にイラクがクウェートに侵攻したのを受けて始まったこの戦争は、クウェートにある世界埋蔵量9パーセントの石油をイラクが管理できないようにするために、大連合を組んだ戦争でもあった。しかし、アメリカが主導した連合軍はアラブと西欧諸国からなる多国籍軍で、そこに国家の利害が渦巻いているのを読みとったアラブ人民は、これを新たな侮辱と感じるようになる。彼らから見ると、アメリカの目は、アラブ諸国の支援より石油のほうに向いているのは明らかだった。

◎その次のアフガニスタンへのアメリカの軍事介入は、2001年9月11日にニューヨークとワシントンで起きた同時多発テロへの応酬である。この介入では、瞬くまにカブールに親アメリカ政権が樹立された。

◎そして2003年3月に、アメリカはフセイン率いるイラク政権に対して大規模な軍事作戦を発動した。これはこの地域への影響力を高める政策の一環ではあるのだが、今回は戦争という直接の手段によってだった。それには理由がある。じつはアメリカにとって、アラブ政権との政治的な「協約」は2001年9月11日の同時多発テロ以来破棄されていたのだが、石油の「協約」は延長することが重要だったのである。

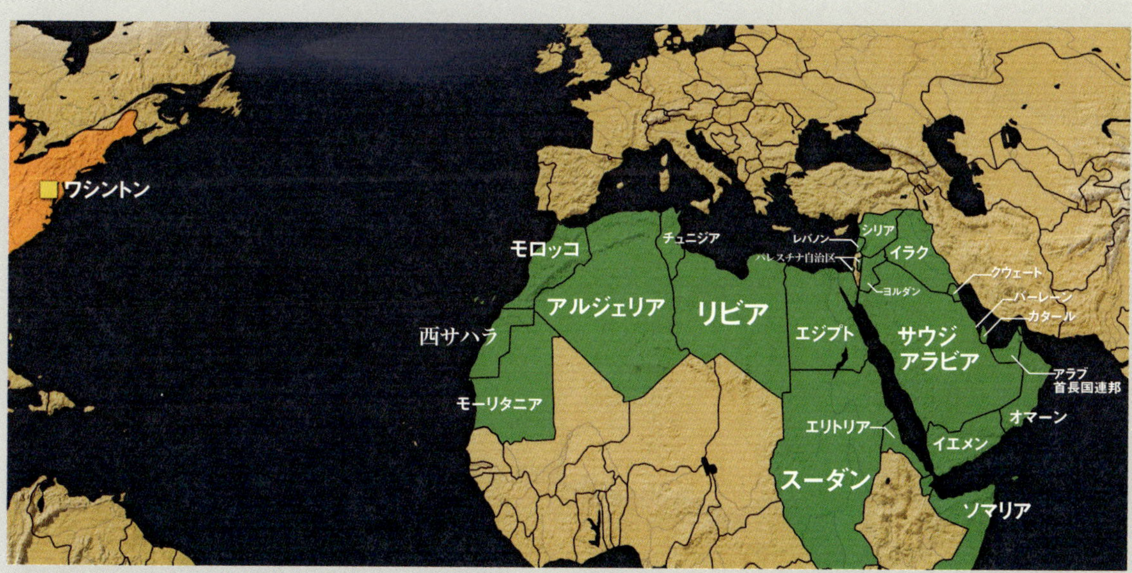

大中東構想

1979年、アメリカが仲介になってイスラエルとエジプトとの合意がキャンプ・デービッドで成立した。以来、和平プロセスにアラブ諸国の参加を求めたアメリカは、その後20年にわたってアラブの強権政治を支援した。しかしその間、これらアラブ諸国は保守主義に凝り固まり、経済的にも社会的にも国民の不満を高めてしまい、そこに社会的に有用で、政治的に組織化されたイスラム教がどっと流れこむことになった。その反省から生まれたのが、アメリカの「大中東構想」である。これは西はマグレブから東は中東までの22カ国を対象に、自由市場だけでなく、民主主義への転向を提案する大胆な構想である。しかし、この計画はおそらく、アラブ世界の指導者たちにとってはあまり「面白くない」だろう。

とはいえ、その「方法」については再考すべきだろう。というのも、アフガニスタンに代わってイラクが、テロリストたちの新たな「新兵採用地」になっているからである。

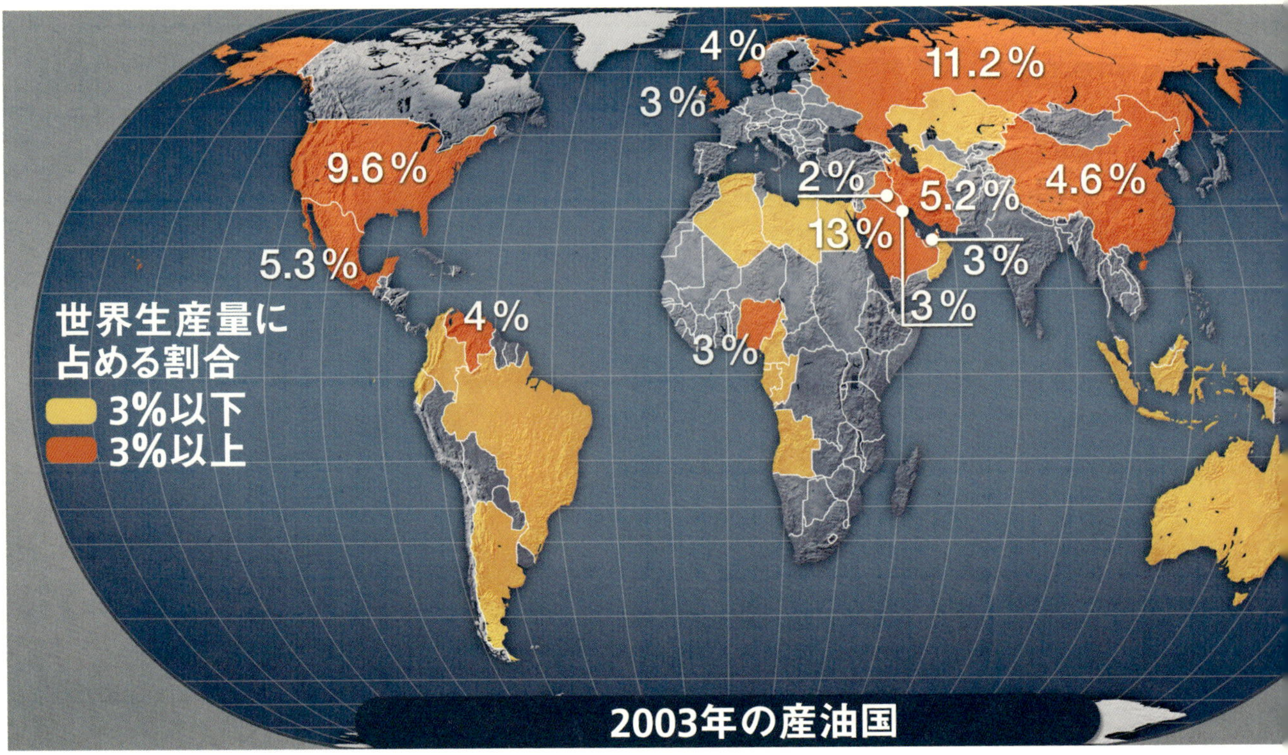

石油産油国は世界じゅうに分布しているが、生産量にはバラつきがある。ロシアは産出量（2003 年度は世界産出量の 11.2 パーセント）でサウジアラビア（13 パーセント）と並んでいるが、埋蔵量でははるかに及ばない。

石油

依存関係と地政学

採掘された石油の使われ方を見ると、
２００５年度は、５パーセントが先進工業国で
発電に使われているのに対し（経済協力開発機構〔ＯＥＣＤ〕調べ）、
54パーセントが輸送（車、航空機など）に使われている。
このことからもわかるように、石油消費国が
石油に依存しているのはもはや燃料ではなく、
われわれの生活様式に直接結びついているのである。
それとは別に、地政学的な緊張と、
中国やインドのような急成長国での需要が増大していることから、
価格相場は上昇している。

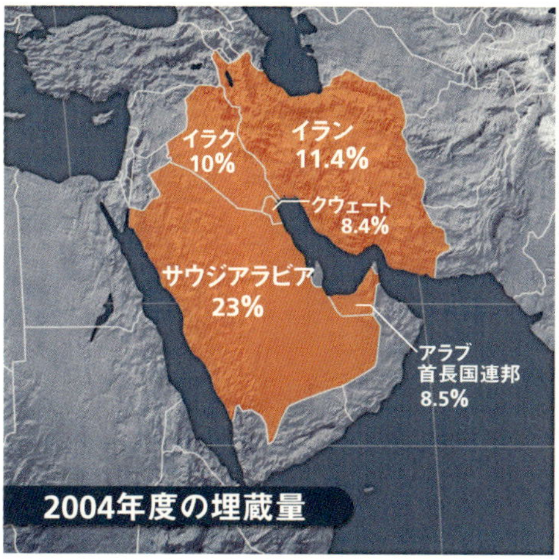

中東に集中する石油埋蔵（2004 年）

石油の埋蔵量を見ると、世界の 64 パーセント近くが中東に集中している。こういう状況がこの地域に戦略的な重要性をもたらしている。この地域の国々は、1973 年と 79 年のオイルショックで示されたように、供給を「操る」ことができるからである。しかし、これら石油の埋蔵量は探査や採掘、ボーリングや精製技術の進歩で変動する。しかも永遠にあるわけでもない。

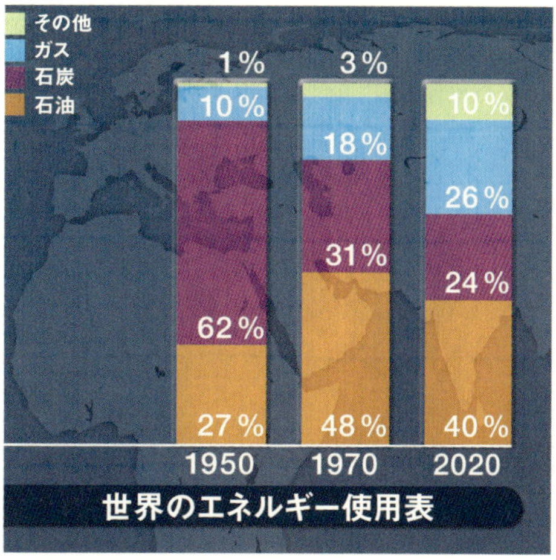

世界の石油依存度

石油が世界で第1のエネルギー源になったのは 1970 年で、そのときは世界エネルギー消費量の 48 パーセント。予想では、2020 年も 40 パーセント近くを占め、相変わらずおもなエネルギー源になっているのだが、中国が一国だけで世界生産量の 14 パーセントを消費するとされている。

石油への依存関係を見るには、生産量より埋蔵量について語るほうが適切だろう。そういう視点で見ると、1991 年の湾岸戦争の動機もよく理解できる。当時、国連の委託を受けた西欧諸国——あるいは親欧米アラブ諸国と西欧諸国——が介入したのは、何よりまず、クウェートにある 9 パーセントの石油埋蔵量をイラクの管理下に渡さないためだった。そのイラクはすでに 10 パーセントを保有していたのである。

石油はいつまであるのだろうか？

問題は、この石油の埋蔵量があとどのくらいあるかという点である。

これについては、原則として、2030 年から 2040 年までは欠乏する恐れはなく、それまでに石油を必要としなくなっていたとしても、石油の層を探しつづけることはできるだろう。それでも、1950 年から 73 年のあいだに石油の消費量は世界全体で 6 倍に増え、続く 30 年間もその状態は変わらない。確かに、1973 年のオイルショック以降は、西欧諸国ではガスや原子力で一部発電されるようになり、石油消費量は下がっている。しかし、急成長を遂げた国、とくにインドや中国で消費量が爆発的に伸び、中国などは 2005 年度は一国だけで世界生産量の 5 パーセントを消費して、今後 2030 年までに 20 パーセントになると予想されている。

したがって石油は今も、経済発展と輸送に欠かせないエネルギー源である点に変わりない。その石油は完全な自由市場にあり、価格は原則として、需要と供給の関係によって定められる。つまり、一方が石油輸出国機構（OPEC）を含む産油国、もう一方がアメリカを筆頭に日本や EU、中国などの大消費国である。しかし、実際に石油の世界市場を調整役として牛耳っているのは、OPEC と最大の消費国アメリカである。OPEC の加盟国は、石油収入を確保するために、1 バレル〔＊ 42 ガロン、約 159 リットル〕当たり 22 ～ 28 ドルの安定した価格を維持しようとして

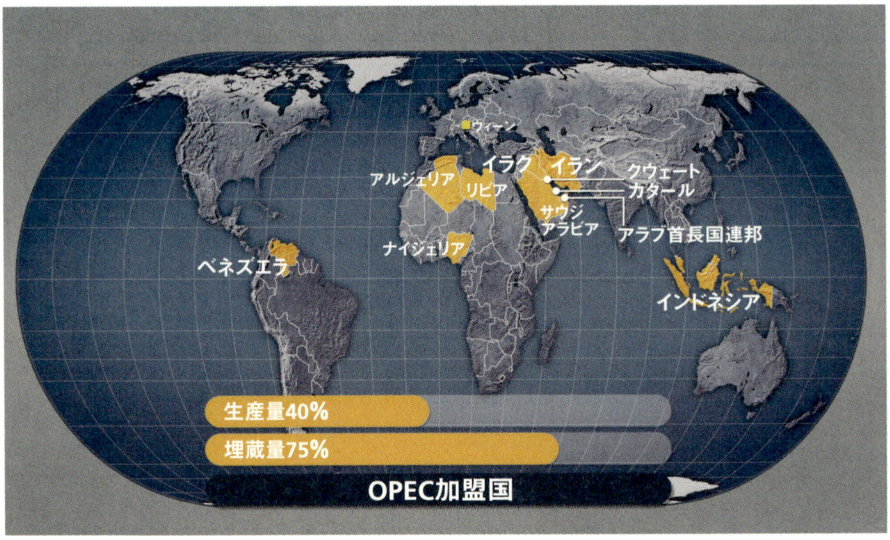

石油輸出国機構

石油輸出国機構（OPEC）は、ベネズエラの発案で 1960 年に設立され、本部はオーストリアのウィーンにある。現在の加盟国は 11 カ国で、世界生産量の 40 パーセントほどを管理し、保有する埋蔵量は世界の 75 パーセントにのぼっている。OPEC のおもな役割は、消費動向をにらみつつ、加盟国の生産体制を調整して、投資分を償還しつつ、利幅を増やすことである。あるいは、1980 年代にサウジアラビアが、財政赤字を減らすのに生産割当て以上の生産をしたように、必要とあらば国の赤字埋め合わせに利用されることもある。

いる。それと引きかえに、アメリカは供給国の安全を保障しているのである。しかし、価格調整ではほかの仕組みもある。

新しい調整役の登場

ここ数年、石油相場と市場の改革に他の多くの要因が働いている。その要因を以下に挙げてみよう。

◎ OPEC に加盟しない産油国であるロシアやメキシコ、ノルウェーの石油輸出量がますます増加していること。この三国で、2003 年度は世界生産量の 60 パーセントを占めた。

◎中国の需要が急激に増大したこと。当の中国も、また産油国も予想していない事態だった。

◎国際的な緊張が、バレル当たりの価格を引き上げてしまったこと。国際的な緊張とは、英米によるイラクへの介入（2003 年）、産油国の一つベネズエラで、チャベス大統領が取った石油産業と対立する政策、世界第 2 位の石油埋蔵国であるイランの核開発計画が不透明なことなどから生まれた緊張である。

◎環境問題の浮上。石油は探査の段階でも、採掘して輸送し、消費する段階でも、環境を破壊する可能性があり、真正面から破壊に加担することも多い。たとえば、世界じゅうの炭酸ガス排出量の 40 パーセントは石油が原因である。しかも、アメリカ――最大の炭酸ガス排出国――の上院は、地球温暖化を引き起こす炭酸ガスの排出を規定する京都議定書の批准を望んでいない。

再生可能なエネルギーに向けて

では、石油が投げかけるもろもろの問題にどう対処したらいいのか？

唯一できることは、代替エネルギーの早期利用に協力することだ。ちなみに、大手石油会社は再生エネルギーに投資しはじめ、世界第 2 位の石油エネルギー会社、ロイヤル・ダッチ・シェルなどは風力エネルギーに投資している。また、将来の世代のためには水素電池や、潮の満ち引

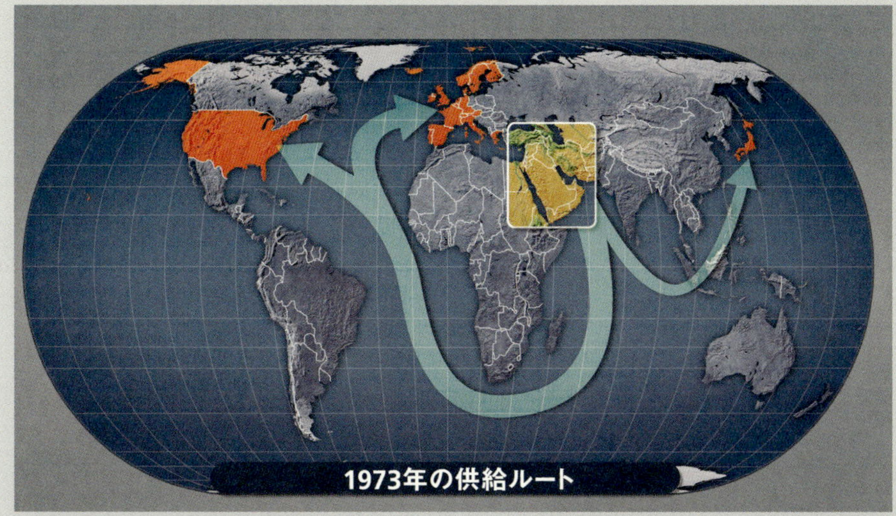

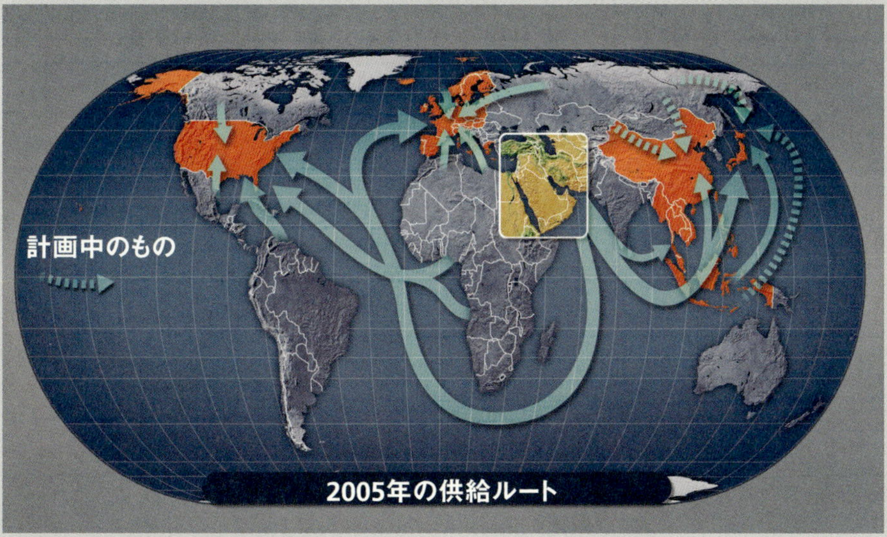

1973年から2005年の石油市場

石油の供給地図も時代とともに変化している。1970年代に、アメリカやヨーロッパ、日本など大消費国のおもな石油供給元だった中東は、2000年代のはじめから、おもな市場をアジアに移し、なかでも中国は2004年に世界第2位の大量消費国になっている。

その一方で注目したいのは、アメリカやヨーロッパへの供給元が多様化していることで、近年ますます隣国（ベネズエラ、メキシコ）やギニア湾などからも調達するようになっている。

きを利用した潮汐発電所、あるいは植物から抽出するエタノールのようなバイオ燃料が考えられ、この燃料はすでにブラジルで450万台の車を稼働させている。そうなると、少しずつでも考え方と生活習慣を変えたほうがいいのは明らかであり、生活様式を改革して、経済を石油に依存する考え方を少しずつ頭から取り除いていくべきだろう。

サウジアラビア

唯一の石油君主王国

サウジアラビア王国が建国されたのは１９３２年である。この国の法制度の大部分はイスラム教に基づいており、国はおもな聖地を管理している。そして石油では、世界埋蔵量の４分の１がこの国に集中している。

サウジアラビアはアラビア半島の中心に位置し、200万平方キロメートル以上の砂漠地帯に草原やオアシス——リヤドなど——が点在している。そして南西部はヒジャーズ山岳地帯が障壁になって、農業にかっこうな降雨性の気候になっている。サウジアラビアの国旗は、政治と宗教が切り離せないこの国の性格をよく表わしている。イスラム教の色である緑の地に、イスラム信仰の標榜「神のほかに神はなし、ムハンマドは神の預言者なり」が書かれ、その下の剣は、国を統一した初代国王、イブン・サウードの武力制覇を連想させる。

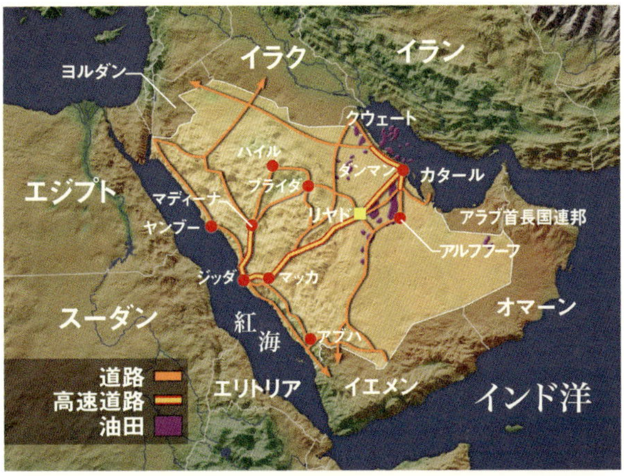

経済と政治の武器、石油

国は石油収入のおかげで、発達したインフラと、社会保障システムを整備させ、遊牧民が定住する都市をつくることができた。現在は、人口の85パーセントが都市に住んでいる。しかし、このように国民を再編成することもまた、君主国家が国民を管理しやすくするための方法ではないだろうか?

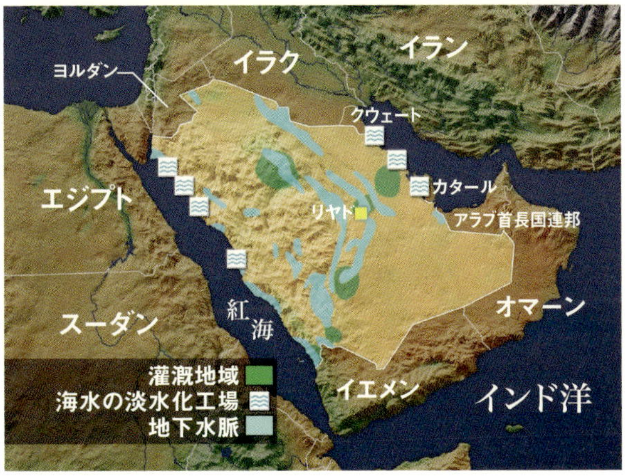

石油から水を得る

石油はまた、サウジアラビアに灌漑農業の財源をもたらした。海水をポンプで吸いあげる施設と、淡水化工場を建設したおかげで、国はほぼ食糧を自給でき、小麦を輸出できるまでになった。ただし、小麦1トン当たりの原価は世界相場の6倍と高い。また、砂漠だった地域を耕地化するのに、1日に15時間以上の灌漑が必要で、これは地下水脈の乱開発を引き起こしている。

世界で唯一、サウード家という君主一族の名を国名にしているサウジアラビアは、社会的ならびに政治的な一種の契約で成立している。つまり、憲法のようなものがなく、完全な君主制の下にあって、政治的な異議申し立ては許されないことになっている。また、国の要職の大半はサウード家の一族によって占められ、その血筋を引く王子は4200人もいると言われている。

膨大な石油収入のおかげで、国は福祉国家を実践しており、国民は教育や健康などでさまざまな保護を受けている。そのおかげでサウジ王国は、ベドウィン族など他民族に対しても権力を確立し、永続することができたと言えるだろう。

石油とイスラム教が政権の支え

サウード家の権力を正当化する持ち駒は二つある。一つはもちろん石油。もう一つはイスラム教である。サウード家はイスラム教の聖地であるマッカとマディーナ〔*メッカ、メジナを原音に近い表記とした〕の番人なのである。そうしてサウジアラビアは、国全体が崇高な聖域（アラビア語でハラム・アッシャリーフ）であることを自認し、国が一つのモスクのようである。したがってイスラム教でないものは「公式には禁止」されている。その意味でイスラム教は、石油とまったく同じように、サウジアラビアの正当性を国際的に認めさせているのである。

国際的な承認

イスラム教について言うと、毎年、150万人近くの外国人教徒が巡礼で聖地マッカを訪れている。サウジアラビアは二つの聖地の番人として、イスラム世界の中心で大きな威光を放ち、またスンニ派の「リーダー」として、とくにシーア派のイランに対抗したいと願っている。それもあって、1969年には率先してイスラム会議機構（OIC）を立ちあげ、世界イスラム同盟を通して、スンニ派のゲリラ活動を資金的に援助している（フィリピンやナイジェリア、ボスニア、あるいはチェチェンなどでの活動）。

一方、世界第1位の石油埋蔵量を管理していることから、国際的な経済活動のなかでもきわめて重要な役を演じている。石油輸出国機構（OPEC）の創設メンバーとして、しかしそれ以上に、世界第1の原油輸出国として、バレル当たりの原油価格決定に関与しているのである。サウジアラビアは、EUや日本、アメリカのおもな供給元でもある。

そして世界第1の石油消費国であるアメリカと、第1の輸出国であるサウジアラビアのあいだに特別な関係が結ばれていた。1951年、サウジアラビアはアメリカへの石油供給を保証するかわりに、アメリカと防衛契約を交わし、豊かな石油資源と、王国の安全を守ってもらっていたのである。ところが、2001年9月11日の同時多発テロで状況は一変する。テロに関わった者の大半が、オサマ・ビンラディンをはじめとしてサウジアラビア国籍だったことから、ワシントンはサウジアラビアとの同盟関係の信頼性を再検討したのである。

その結果、サウジアラビアにあった米軍中東総合軍の司令センターはカタールに移転され、第5艦隊は司令本部をバーレーンに置くことになった。そして中期的には、王国に駐留する米軍は数百人に絞られ、潜在的に利用価値のある航空施設の維持に当たると見られている。

弱点のある国

そんなサウジアラビアにも弱点がある。石油は、国の収入の70パーセント、国内総生産（GDP）の45パーセントを占めている。この石油への強い依存状態が、弱点を増大させているのである。

第1の弱点は、労働力の問題である。サウジアラビアの産業発展は、1950年代から外国人労働者、とりわけアラブ諸国やインド亜大陸〔＊インド半島〕出身者に頼ってきた。この外国人労働者は全人口の25パーセントを占め、就業人口の70パーセント近くにのぼる。しかし、ここへきて失業率が上昇――2004年は就業人口の20パーセント以上――、雇用市場に高学歴のサウジアラビア人が参入してきたことで、この国の発展を支えてきた労働モデルの弱点が図らずも露呈することになった。

2番目の弱点は、宗教問題である。サウジアラビア国民の大半は、スンニ派の一派ワッハーブ派なのだが、かなりの数のシーア派がこの国の東部、つまり油田地帯に生活している。しかも、そのシーア派の40パーセント近くが、戦略的に重要な石油・天然ガスの分野で働いているのである。この割合は国にとって危険をはらんでいて、大半がシーア派で、ほとんど隣国ともいえるイランが影響を及ぼしてもおかしくない状況になっている。

東の隣国シーア派のイランは不安定きわまりないが、北の隣国イラクも、アメリカの介入後の先行きが非常に不透明な国である。また、南はイエメン、東はバーレーンと国境を接しているが、両国とも最近になって「民主主義国家」へと舵をきった。これらは王制を永続させたいと考えるサウジアラビアにとって脅威と言えるだろう。

それだけではない。イスラム法（アラブ語でシャリーア）を遵守しているのに加えて、君主が絶対的な権力を持っていることで、政治的な反対勢力や、少数派のシーア派、そして女性を差別する土壌が育まれ、迫害や人権侵害が頻繁に行なわれているのも見逃せない。

しかし、人口の50パーセントが20歳以下という国で、改革はサウジアラビア当局にとって

サウジアラビアの五つの地方

サウジアラビアには五つの地方がある。国の中央にあるナジド地方は、アラビア語で「高原」という意味だが、標高はそれほど高くなく、ワディと呼ばれる河谷やオアシスが横断しており、そこに首都のリヤドがある。ナジドはサウード家の発祥地でもある。この地方の北に沿ってナフド砂漠とダハナア砂漠があり、遊牧民が住んでいる。南に沿ってあるのが広大な「空白地帯」、アラビア語でルブ・アルハリ砂漠である。西には、紅海に沿ってヒジャーズ山岳地方が細長く広がっている。この地方はジッダ港があるおかげで商業が盛んで、イスラム教徒が聖地マッカやマディーナへ巡礼に行くさいのおもな出発点になっている。一方、東のハサ地方は、サウジアラビア経済の中心である。ラスタヌラ基地には、世界最大の精油工場が建設され、これまた世界最大の陸上油田、全長250キロメートルものガワール油田の採掘にあたっている。

まさに挑戦である。2005年に、王国の歴史上初めて行なわれた地方レベルの選挙は、おそらく改革のきっかけになったのだろうが、ここで注意したいのは、この選挙が国民の半数を占める女性に門戸が開かれなかったことである。

目下のところ、王国にとって最大の脅威はテロである。というのも、オサマ・ビンラディンが、「異教徒」のアメリカと妥協したサウード家を槍玉にあげて、「西欧」の次に、サウジアラビアを第2の標的にしているからである。

イスラム教

単純すぎる地図

はたして地図ですべてを説明することはできるのだろうか？
権力や言葉による表現、宗教を地図で説明できるのだろうか？
そして、イスラム教を地図にすることはできるのだろうか？
地図を冷静に分析する視点を失わなければ、
できそうである。

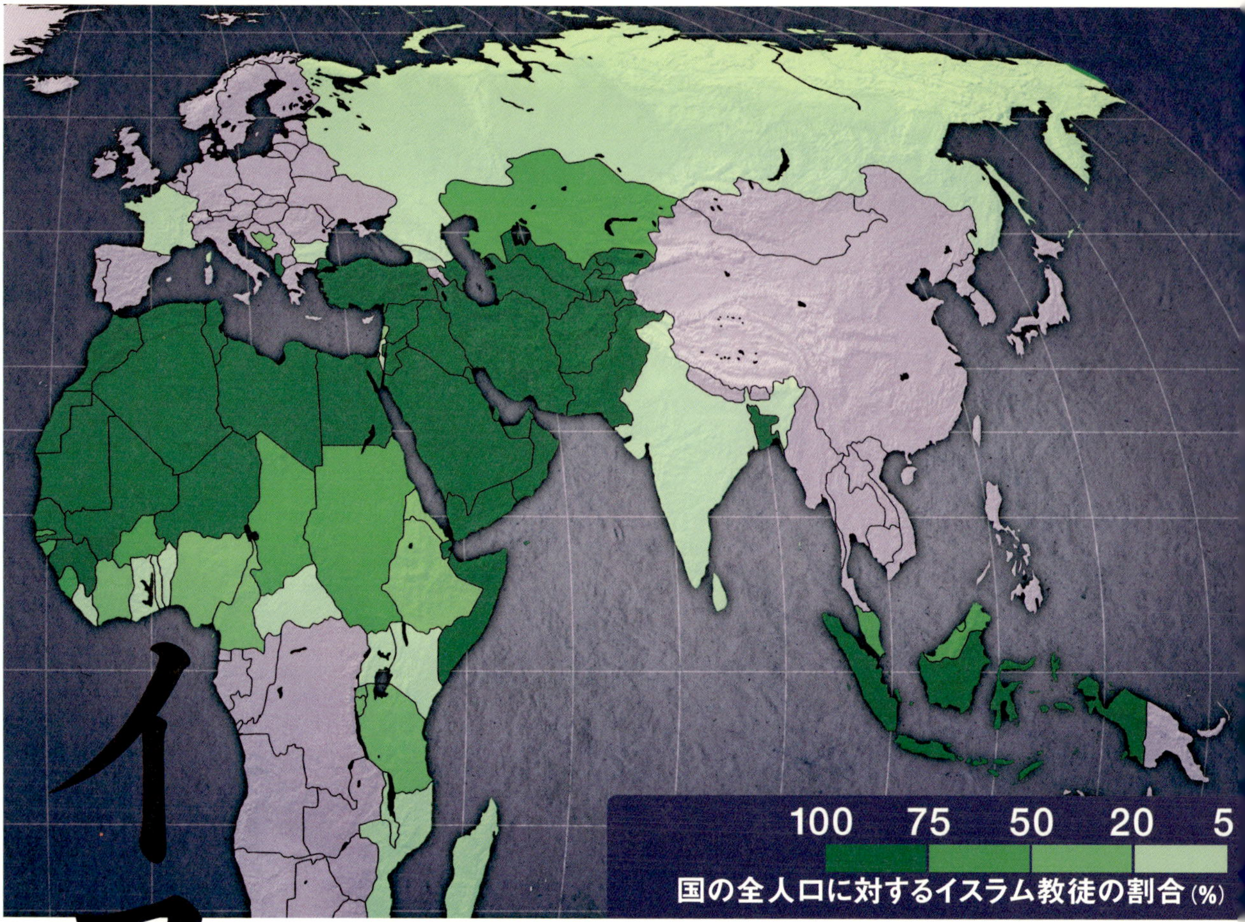

世界のイスラム教徒

これは世界のイスラム教人口の地図で、最もよく見かけるものである。各国のイスラム教徒のパーセンテージで国を分けている。しかしこの方法では、同じ色の国なのに実態はまったく違うことがよくある。たとえば、サウジアラビアも、インドネシアやバルカン諸国も同じ 100 パーセントの緑で示されるが、前者は熱心な実践国で、イスラム教が生活様式そのものになっているのに対して、後者の国々ではむしろ共通の文化遺産のようになっている。

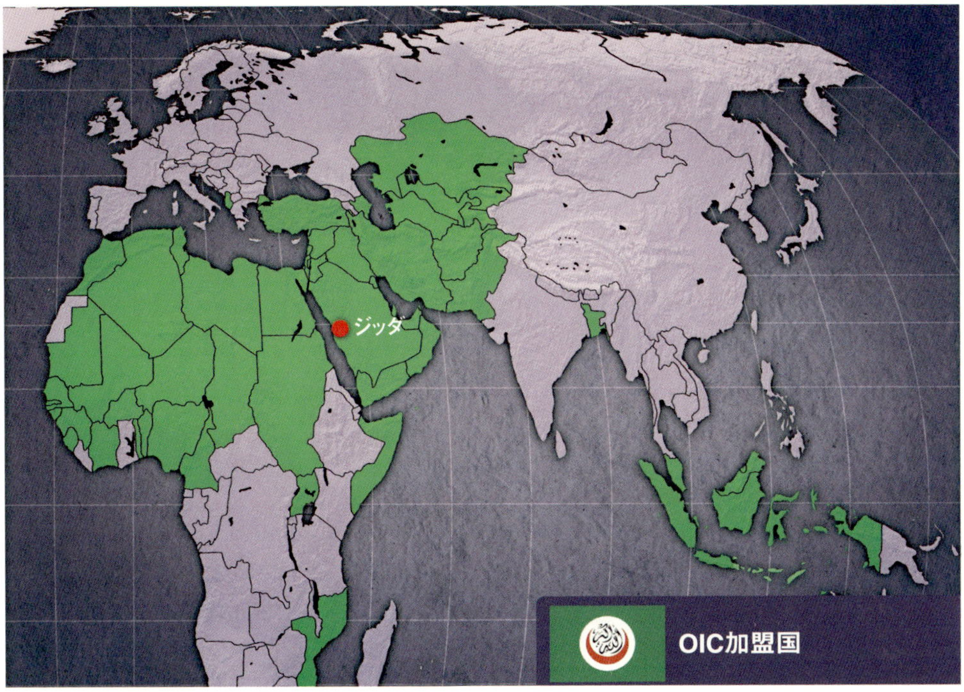

イスラム会議機構――政治で見るイスラム教

サウジアラビアのジッダに本部を置くイスラム会議機構（OIC）は、世界的規模の宗教組織としては、国家が調印者となっている唯一のものである〔*現在の加盟国は57カ国〕。設立目的は、イスラムの聖地を保護すること、パレスチナ人民を支援すること、そしてイスラム開発銀行を通して、経済、社会、文化、科学の分野におけるイスラム諸国の協力を促進することである（この地図にはスリナムとガイアナは出ていない）。

統計で見るイスラム教

他のすべての宗教と同じように、イスラム教は地理的な現象ではない。したがって、地図にするのは難しい。それゆえ、各国で調査したイスラム教徒のパーセンテージを地図にするケースが多いのだろう。しかし、ここで問題なのはその情報が画一的かつ不完全なことで、当然のことながら、すぐにいろいろな疑問がわいてくる。

地図は、もちろんその国の統計を基に念入りにつくられている。ところが、データを集める方法や信頼度が、国によって大きく異なる。たとえば中国では、情報源によって、イスラム教徒の人口は2000万人から1億6000万人と幅がある。中国のように広大で人口の多い国が、「イスラム世界」の地図に顔を出すか出さないかの違いは大きい。こういうことが起きるのは、どの地図も、色の違いで固定したパーセンテージの閾値《いきち》を決めて、そこに国を当てはめるからである。別の言い方をすると、色分けの閾値を変えるだけで、まったく異なる地図が現われることもあるのだ。

また、イスラム教はアラビア半島で生まれたにもかかわらず、世界のイスラム教徒の80パーセントはアラブ人ではない。ところが、統計を基につくる地図では、民族の違いまではわからないのだ。色の濃さで各国のイスラム人口を表わすと、「非常に」イスラム的な国はアラブ諸国のほか、バングラデシュやパキスタンで、「あまり」イスラム的ではない国は、たとえば色の薄いインドだ、と分類されてしまう。ところが現在、インドとパキスタンのイスラム教徒の数はほぼ同じ、それぞれ約1億2000万人なのだ。

この二国間の緊張度を考えても、ここを明確にすることは政治的に重要な意味をもつ。

歴史的に見ても重要である。というのも、1947年のパキスタン建国の理念の一つは、インド亜大陸のイスラム教徒を同じ国に集めることだったからである。

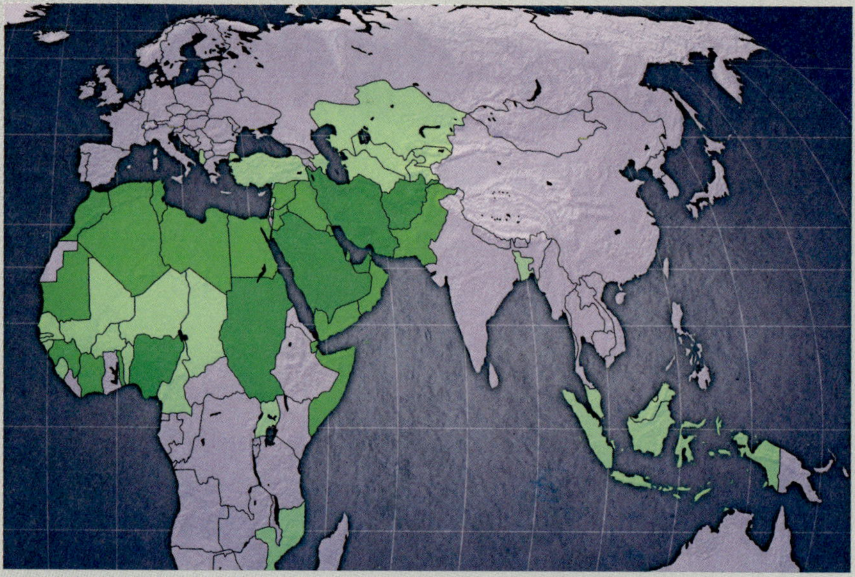

法体系で見たイスラム教

この地図は、OIC 加盟国がイスラム教を法体系にしているかどうかで分けたものである。地図の見方は、

◎濃い緑は、イスラム法（シャリーア）を、体罰も含めて厳格に適用している国。

◎少し明るい緑は、誕生や結婚、相続権などだけに適用している国。

◎黄緑は、非宗教化しているか、政教分離の国。

OIC 加盟国 57 カ国のうち、イスラムの法を厳格に適用しているのは５カ国だけである。しかしながらこの５カ国が、国際条約で調印した人権問題と、イスラム聖典の厳格な解釈との矛盾を、どうつじつま合わせをしていくのかは疑問が残るところである。

政治で見るイスラム教

イスラム教と政治の関係はどうだろう？　イスラム会議機構（OIC）の加盟国を地理的な面積で表わしてみると、この組織が世界的に重要で、見るからに強力な機構のように思えてくる。ところが、この地理的な広がりは、加盟国のなかにあるハンディキャップを表に出すことにもなる。というのも、この地図を前述の世界のイスラム教人口の地図と比べてみると、OIC には、イランやアルジェリアのような超イスラム教国と、モザンビークやウガンダのようなイスラム教が少数派である国とがともに入っていることに気づく。そうなると、この組織を団結させ、世界的な政治団体にするのに、イスラム教が本当に共通項になりうるのか、首をかしげざるをえない。

さらに、OIC 加盟国が経済的にも文化的にも不均衡なのがわかってくると、疑問はますます強くなる。シエラレオネとサウジアラビアといった、発展途上国と豊かな国、そして政治体制も違う国々が、はたして一致団結できるのか。できたとしても、いったいどんな共通の利益を守ろうというのだろう？

結局、OIC の地図は、世界のイスラム教徒を表わすには非常に不完全と言える。というのも、世界のイスラム教徒の４分の１は OIC 加盟国以外の国にいるからである。インドや中国、ロシア、欧米諸国など、完全な政教分離の国は加盟していないのだ。したがって、OIC の地図からは、イスラム教が独自の連帯の礎になっているのはわかっても、世界的な政治プロジェクトを打ち立てるには不充分なことがわかるのである。

イスラム教の地理学

一方、イスラム教の「宗派別」地図を見ると、この宗教の多様性がひと目でわかる。二大宗派はシーア派とスンニ派だが、そのなかに、アフリカはマーリク派あるいはシャーフィイー派、

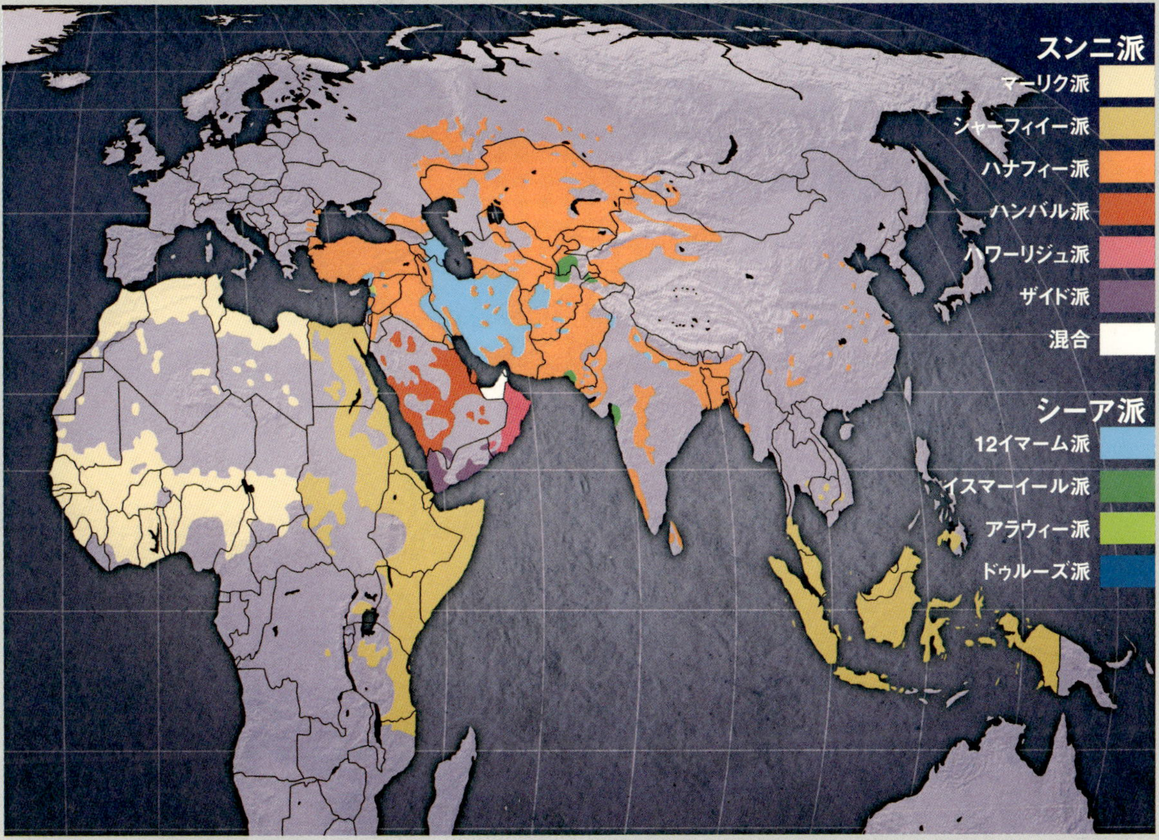

イスラム教の「宗派別」地図

一般的なイスラム教の人口地図は国別になっているのに対し、これはイスラム教の多様な宗派と、それが導入されている区域を表わした地図である。統計的に国ごとの状況はあまり正確ではないが、違う文化や伝統、また普及度も違う人々を同じ色にしない配慮はされている。

アラビア半島はハンバル派あるいはハワーリジュ派……という具合に学派がさまざまある。そもそも、聖職者が組織されているかどうか、あるいはアルコールを飲むことが許されるかどうか一つとっても、それぞれの学派に訓戒や義務があり、イスラムの伝統や法の解釈もさまざまなのである。

この多様性を色別で表わした地図からは、一つの聖典から始まったイスラム教が、地理的にも文化的にも非常に多彩な地域で変化したことがわかってくる。たとえば、アフリカではイスラム教の道士〔*隠者〕に感化され、ペルシャ湾の各国では生活の基準に制定されている……といった具合である。したがってイスラム教は、最初に挙げた人口地図が示すような単純なものではなく、文化や信仰、イスラムの伝統はそれこそ多岐にわたると言えるのである。

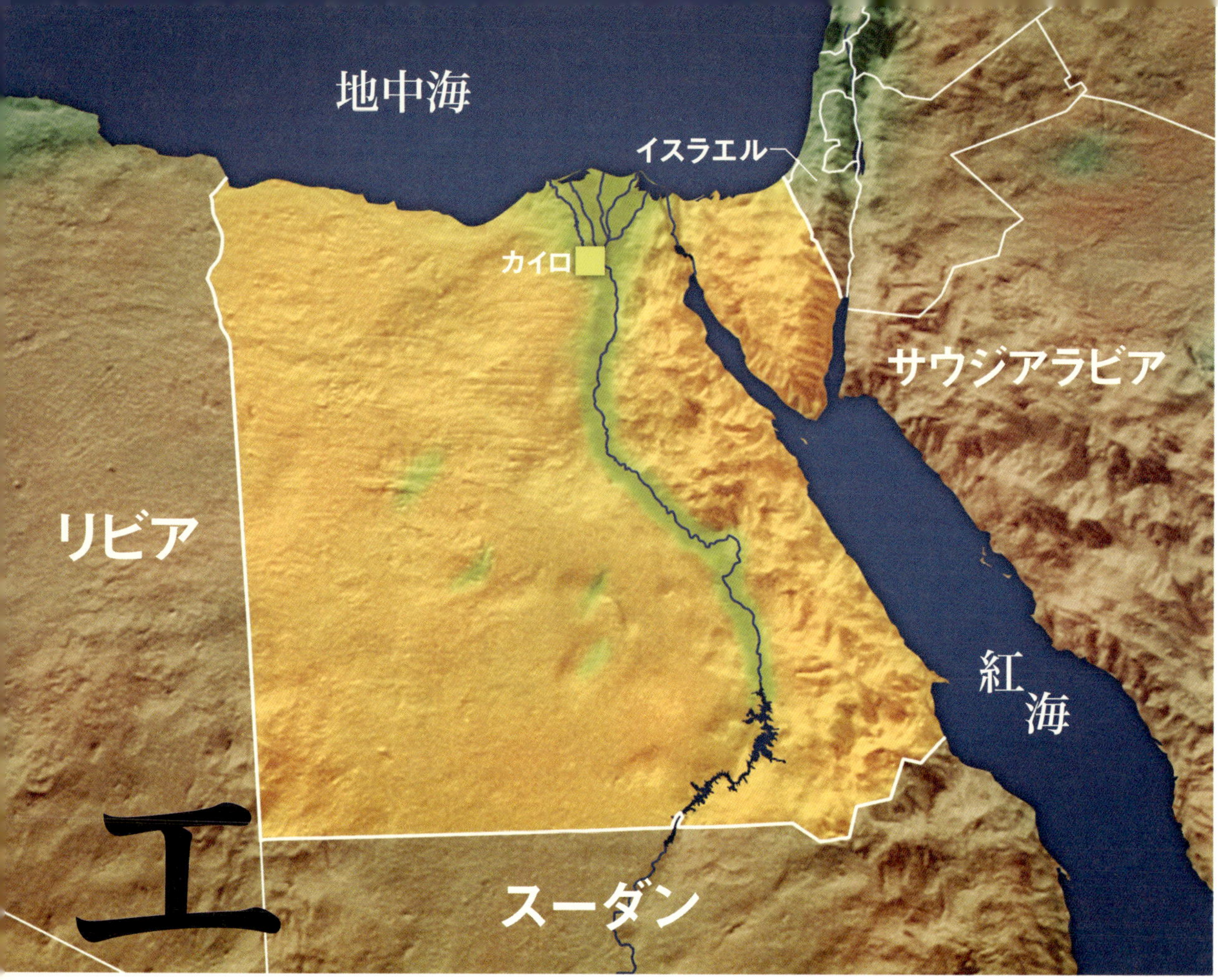

エジプト

四つの不労収入のある国

エジプトは、中東全体、
とりわけアラブ世界で鍵となる国である。
ところが、この国は不安定でもある。
１９８１年以来現職にあるホスニ・ムバラク大統領は、
政治の安定を名目に政権を維持しているのだが、
それが逆に不満をつのらせ、
「イスラム主義社会」の活動を増幅している。
そのうえこの国は、
経済的に四つの「不労収入」に依存している。

エジプトの住民は、何世紀もかけて、ハム人やヌビア人、セム人、リビア人といった多様な人種から形成されてきた。現在の人口の99パーセントはアラブ系である。また、国民の大部分がイスラム教のスンニ派である。少数派となるキリスト教のコプト教会は、全人口の10～20パーセントと言われているが、公言すると差別されることから、この数字は不確かである。

「ナイル川の賜物」

エジプトは完全にナイル川によって成り立っている。水があるおかげで灌漑と農業が発達し、人口密集地と農耕地が川の両域に重なりあっている。国の南部には、ソ連の援助で1960年から70年にかけてアスワン・ダムが建設され、広大な貯水池のナセル湖はナイル川の年間水量の2倍を収容している。このダムの水力発電によって、穀物と果物の収穫量は増加したのだが、逆に川の北部の塩分含有量を増大させることになり、河口デルタの三角地帯の農業を混乱に陥れている。

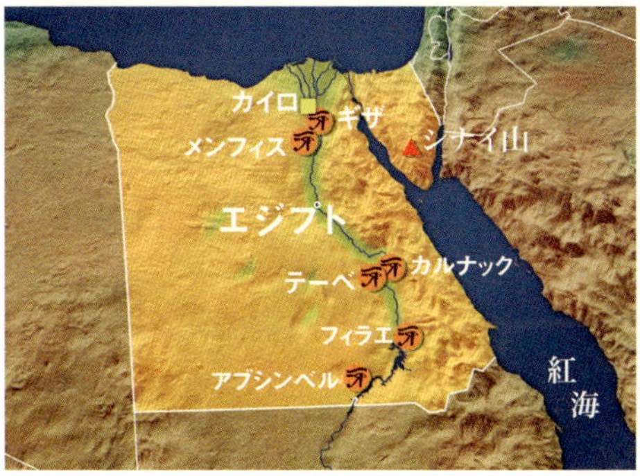

過去の遺産は富の源

エジプト文明は、石器時代から、俗に言う歴史が始まるまで持続した希有な長期文明の一つである。ファラオのエジプトは紀元前3200年に始まって、キリストの時代まで続くのだが、その後ローマやアラブ、トルコ、そして最後はイギリスと、さまざまな外国の影響を受けることになる。

歴史、第１の不労収入

ナイル川のまわりに建国されたエジプトは、世界で最も古い国の一つである。紀元前3200年から続く歴史は、考古学と宇宙進化論がセットになった、世界でもまれに見る豊かな遺産を残してくれた。神殿やピラミッド、遺跡の数々は、まさに歴史の証言者である。それだけではない。経済的な恩恵ももたらしている。これらの遺跡を年に数百万人の観光客が訪れ、この観光による外貨収入は、エジプトにとって第１の不労収入になっている。

ナイル川、第２の不労収入

エジプトを「ナイル川の賜物」と言ったのは、古代ギリシャの歴史家ヘロドトスである。ナイル川は砂漠を横切るオアシスのように、長い流れの全域に沿って、面積100万平方キロメートルの国を築きあげている。この水のおかげで灌漑が発達し、農業も発達している。これらの要素が吸引力となって、7000万人のエジプト人がとくにナイル川河口のデルタに集中している。デルタでは、西はアレクサンドリア、東はポートサイド、中央はこの国の首都であり、人口1600万人を擁するアフリカ最大の都市、カイロが三角形をなしている。

スエズ運河、第３の不労収入

スエズ運河は、紅海と地中海を結ぶ、全長162.5キロメートルの閘門《こうもん》のない人工水路で、世界全体にとってきわめて重要なものである。フランス人技師、フェルディナン・ド・レセップスによって設計され、1869年に開通した運河は、ヨーロッパとアジアを結ぶ最短の航路であり、船舶は喜望峰経由でアフリカ大陸を迂回せずにすむことになった。この運河は、1956年に国有化されて以来、エジプトにとっては財政的にも重要になった。１日平均40隻の交通量は、通行料として年に20数億ドルを国にもたらし、第３の恒久的な不労収入になっている。

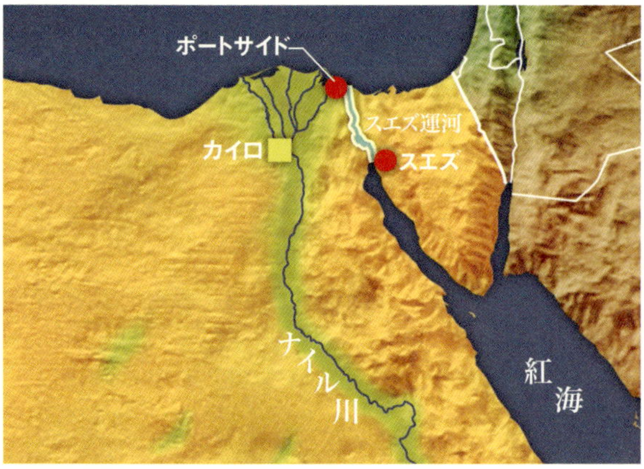

スエズ運河

ヨーロッパとアジアを結ぶこの人工水路は、きわめて重要で、船舶はアフリカ大陸を迂回する必要がなくなった、

「戦略的な」位置、第4の不労収入

第4の不労収入は、エジプトの地理的な位置と結びついている。

イスラエルと隣接するエジプトは、1979年にキャンプ・デービッドで、アメリカの仲介でヘブライ国家と初めて和平条約に調印したアラブ国家である。それと引きかえに、アメリカは1980年から毎年、エジプトに20億ドル以上の援助金をつぎこんでいる。しかし、アメリカへのこのような追随路線は、エジプト国民にはあまり好感をもって迎えられておらず、とくにワシントンがイラクとの戦争を決断したときは反感を呼んだ。

エジプトにある大きな格差

そんなエジプトにも格差が歴然として存在する。

エジプトの市民社会は、実際にはイスラムの基準と信仰に沿って考えているのだが、法律ではイスラムの政治的な発言は自由にできないことになっている。一方この国は、1928年にムスリム同胞団を創設したハッサン・アルバンナの活動に見られるように、宗教論争に初めて道を開いた国でもある。そんな背景もあって現在は、エジプトのイスラム主義者がテロで権力と闘うようになり、エジプトの知識層や観光客が標的にされた。それが1997年のルクソールや、2004年のタバ〔＊シナイ半島の観光地〕でのテロである。

このようなイスラム主義者の暴挙に対して、当局は圧力で応じるべく、保安機関の権限を拡大しているが、結果は、テロ行為→抑圧→テロ行為という悪循環に陥っている。

このことからも現在のエジプトには、一般市民と政権のあいだに大きな格差が歴然として存在すると言える。エジプト国民が憧れる社会と、現実の社会との差ははかりしれない。

実際にエジプトでは、イスラム主義勢力だけでなく、国民の大半が、アメリカの前に「ひざ

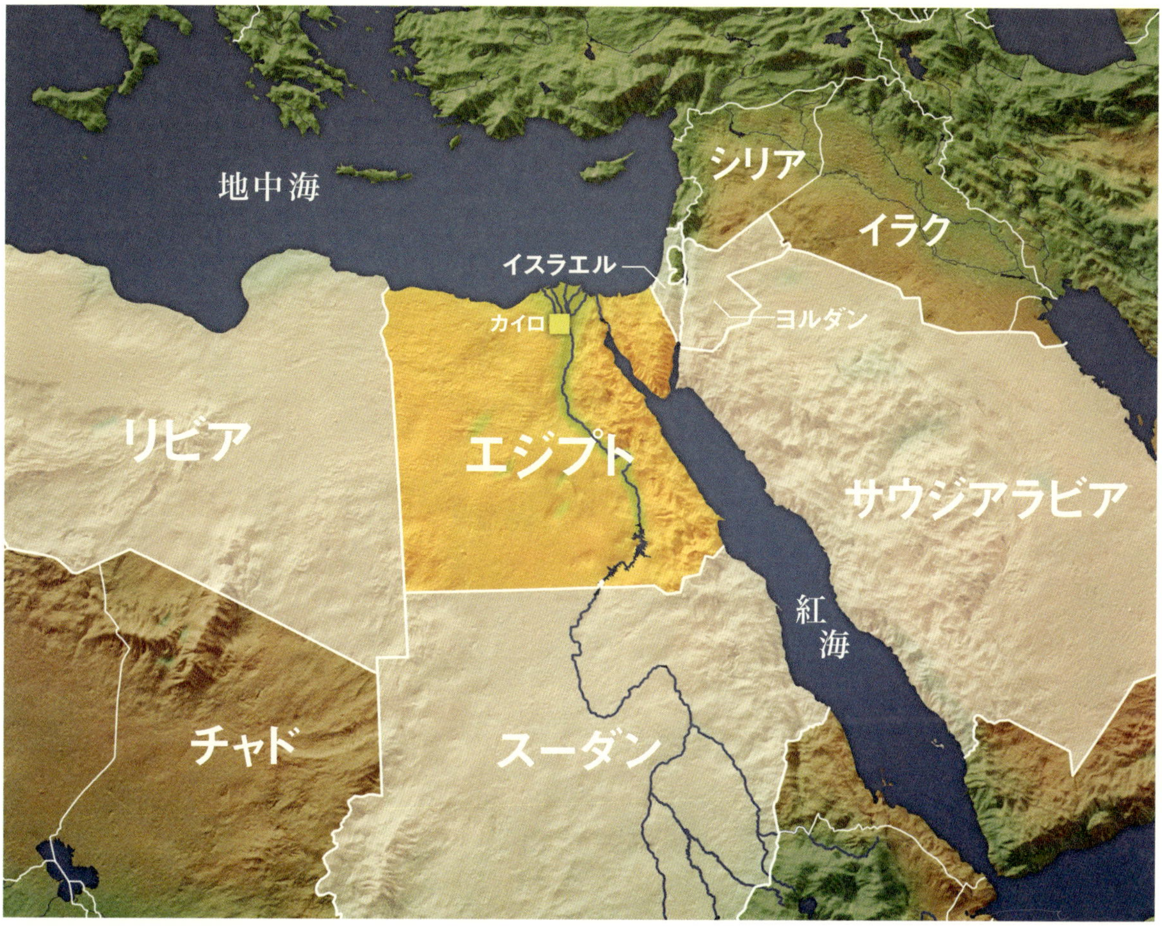

地理的な軸となる位置

エジプトは地理的にマグレブ〔*北アフリカ諸国〕とマシュレク〔*東アフリカからイラク、アラビア半島の国まで〕の軸であり、そのため外交上でも中心的な役割を担っている。西の隣国はリビアで、南はスーダン。一方東には、シナイ砂漠と紅海の先にヨルダンとサウジアラビア、イスラエルがある。

まずく」堕落した権力への不支持を表明している。一方、現政権はつねに親米路線で、イスラエルとも友好関係にあるのだが、2001年9月11日の同時多発テロ以来、カイロとワシントンの関係が以前より難しくなっているのも事実である。

パレスチナの領土

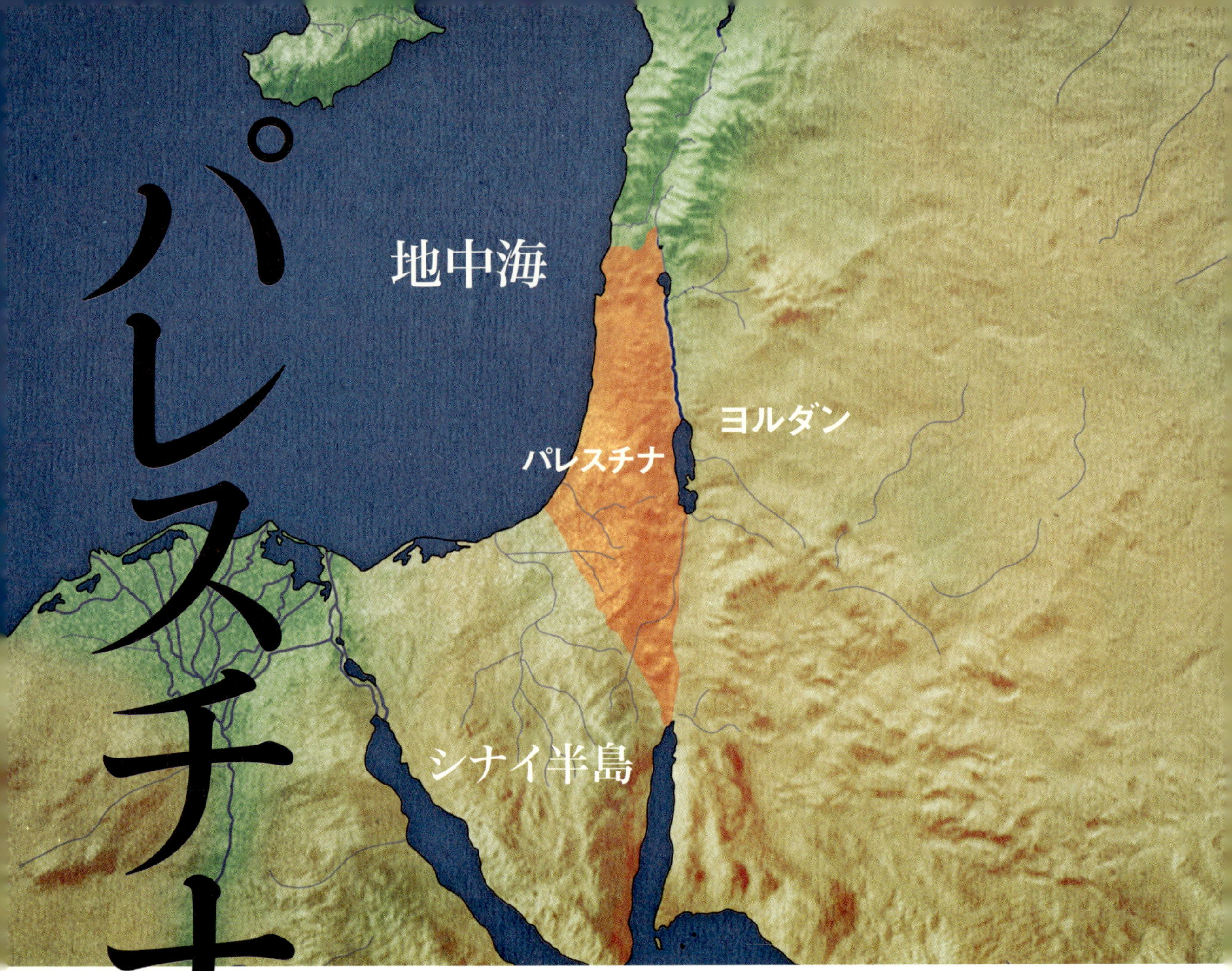

どんな国になるのか？

パレスチナ問題の解決案として、１９４７年に国連で決議された「パレスチナの分割」〔＊パレスチナの地をユダヤ国家とアラブ国家に分割し、エルサレムを国連管理下に置くという案〕は、20世紀にはついに実現されなかった。
このままだと、21世紀の最初の10年間も国連の決議案は実現しないのではないだろうか？
パレスチナ国家の誕生には、数多くの要件が考慮されなければならない。
まず外的要因では、たとえばアメリカの外交政策の支援が得られるかどうかである。
内的要因では、イスラエル政府の政治計画と経済計画である。
さらに、安全面の要因もある。というのも、自爆テロがイスラエルの安全対策警戒レベルを引き上げているからである。
そして最後が地理的な要因である。
なぜなら、パレスチナ国家が誕生し、承認されても、経済的に存続できる見込みはなく、領土の修正もできるかどうかわからないからである。

歴史的に見ると、パレスチナは西を地中海、東をヨルダン渓谷、南をシナイ砂漠に囲まれた土地だった。しかし、北の境界となると、旧約聖書にあるいくつかの件《くだり》を除き、確定するのは難しい。というのも、人の住む場所の境界もなければ、自然の境界も、そしてもちろん政治的な境界もないからである。地中海に沿った位置にあることから、パレスチナはヨーロッパとアジア、アフリカを地上で結ぶ唯一の通り道になっている。

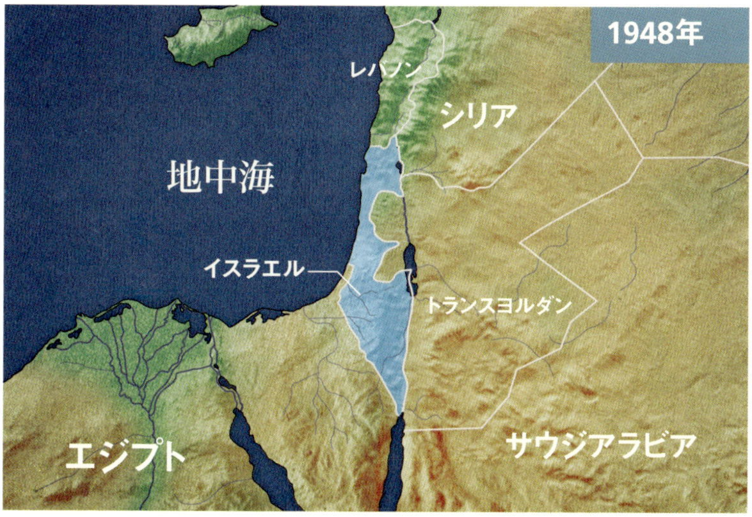

イスラエル建国時のこの地域
パレスチナは第1次世界大戦後の、オスマン帝国の支配が終わった1922年7月に、イギリスの委任統治下に入る。そして1948年にイスラエル国家が創設されると、法的にパレスチナは存在しなくなり、そこから「パレスチナ問題」が生まれた。ユダヤの民の流浪が終わりを告げたそのときに、土地を追われたパレスチナ人の流浪が始まったのである。

国連が1947年に提案した分割案は、パレスチナの領土をユダヤ国家とアラブ国家に分けるというものである。六十数年後の今、大幅に変更されるにしても、この案が日の目を見ることははたしてあるのだろうか？　現在の修正案では、ガザ地区とヨルダン川西岸地区、さらには将来のパレスチナ国家が首都として要求している東エルサレムが、パレスチナの主権に移行されなければならない領土とされている。

将来のパレスチナ国家はガザ地区とヨルダン川西岸地区か？

まずガザ地区だが、ここは鉱山資源のない長方形の区域であり、約130万人のパレスチナ人が住んでいる。特記すべきは出生率の高さで、1人の女性が産む子供は7.8人という、世界で最も高い地区の一つになっている。

経済ではまず農業が挙げられるが、またイスラエルにも多くを依存している。パレスチナ人労働者は毎日イスラエルへ行き、建築現場やサービス業で働いているのである。ガザ地区の外周はイスラエルによって管理され、領土は定期的に封鎖されている。封鎖されると、パレスチナ人労働者は外へ出られなくなり、したがって仕事もなく、収入もないことになる。

ガザ地区には以前、7000人ほどのユダヤ人入植者が生活し、イスラエル軍が21の入植地に分散した彼らの安全を守っていた。ところが2004年10月に、シャロン政権はこれらの入植地の解体を決断し、翌年8月に、入植地の解体が滞りなく実行された。

一方、ヨルダン川西岸地区は5800平方キロメートルの広さがあり、産業活動は農業と工業、そしてサービス業である。ここは1967年の第3次中東戦争、いわゆる「6日戦争」で勝利したイスラエルの管理下にあり、入植地が設置されて、2001年6月にはその数が140ほどになっている。

現在、ヨルダン川西岸地区に住んでいるのは、250万人のパレスチナ人と、23万6000人のユ

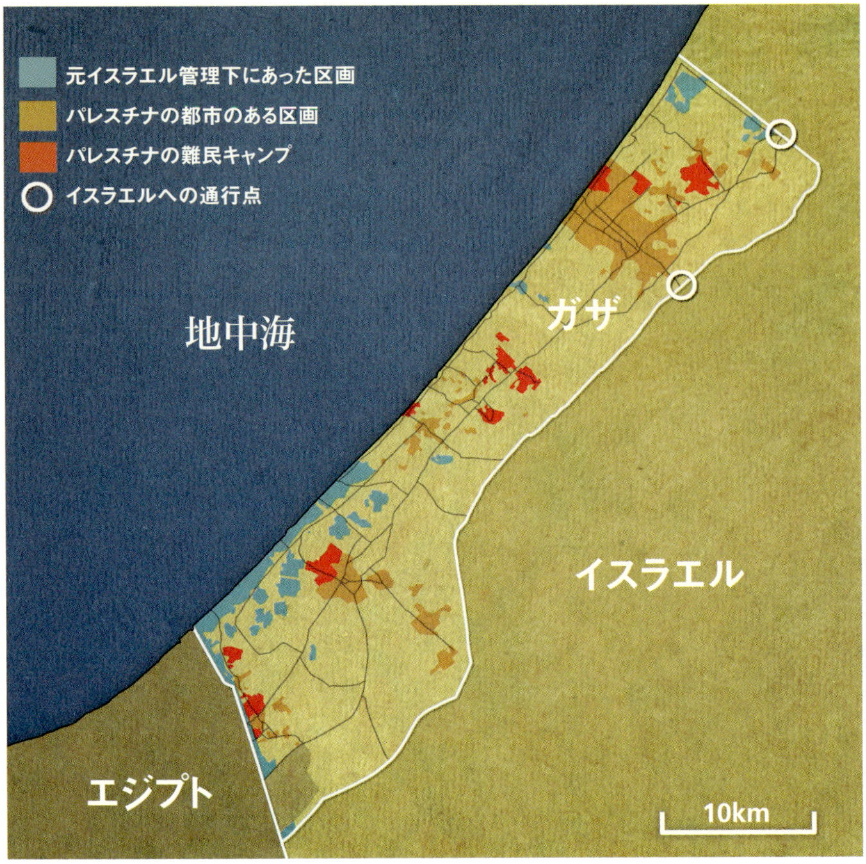

ガザ地区

ガザは地中海に面した農耕地で、幅は8～12キロメートル、長さ40キロメートル、面積360平方キロメートルの細長い地区である。そこに住んでいた7000人のユダヤ人入植者は2005年8月に退去させられ、現在は130万人のパレスチナ人が住んでいる。その大半は、1948年にイスラエルが建国されたときに国内から避難してきた難民で、八つの難民キャンプに分かれている。人口の半分近くは20歳以下で、国連パレスチナ難民救済事業機関（UNRWA）のおかげで就学率は高いのだが、失業率も高い。ガザ地区の外周はイスラエルによって管理され、周囲に有刺鉄線が張りめぐらされている。

ダヤ人入植者である。和平プロセスの一環として1993年に協議された一連のオスロ合意は、パレスチナ自治政府へ段階的に領土を返還する計画案で、それによるとこの地区を三つの違う体制の区域に分けるとされていた（次頁の地図を参照）。ところが、この分割案は一度として機能しなかったばかりか、西の、イスラエルとヨルダン川西岸地区の境界線となる「グリーンライン」〔＊1948年の境界線〕に沿って、パレスチナの領土をヘブライ国家と物理的に分断する壁が建てられているのである。

安全の壁？

ところで、この壁はどう呼ぶのが妥当なのだろう？　イスラエル側の言うように安全の囲いなのだろうか？　それとも分離壁だろうか？　あるいは臨時の境界線なのだろうか？　そこで地図の助けを借りてこの壁の位置を確認し、その線と動機、そして結果を理解してみよう。

イスラエル軍部はそれまでの観察で、パレスチナのテロリストが誰一人ガザ地区を自爆テロの後方基地にしていないのを確認していた。その外周がイスラエル国防軍「ツァハル」によって管理されているおかげだ。そこで、ヨルダン川西岸地区の西に壁を建設すれば同じ機能を果たすと考えたのだろう。テロリストがイスラエル領土に侵入できないように万全を期さなければならない。イスラエル議会は2002年7月に、この壁計画を承認し、建設予算を可決している。

イスラエルの立場に立つと、自爆テロを決行する者の侵入にさらされている以上、国として第一にすべきは国民の身の安全を保障することである。しかし、パレスチナの立場にしてみると、安全のためだけの壁が、地面に否応なく線を刻みこみ、これを将来の国境にされて、入植者の移動計画が実行されてはたまらないことになる。

問題は、これが巨大な公共事業で、計画が終了した暁には、建設費はなんと10億ドルにものぼることである。したがって、この壁が本当

ヨルダン川西岸地区

ヨルダン川西岸は、オスロ合意（1993年）に従うと、A・B・Cの3区画に分けた体制でパレスチナに帰属しなければならないことになっている。ところが、イスラエルのNGO人権団体〈ブツレム〉の調べでは、一連のオスロ合意が協議されているあいだにも、イスラエルはここに1万1200戸の家屋を建設して、さらに7万8500人の入植者を迎え入れている。イスラエルにとって、ヨルダン川西岸地区は多様な「機能」に満ちているのである。ここはアラブ人労働者の貯蔵庫であり、新たなユダヤ人入植者を迎えるためのスペースでもある。

に一時的な整備なのか疑わざるをえない。壁の建設は現在進行中である。幅は50メートルはあり、つねにパレスチナ側が使われている。また、壁の線もパレスチナの領土に食いこんでいる。そうして、それまでパレスチナ側にいた2万2000人の入植者をイスラエル側に取りこんでいるのだが、これはヨルダン川西岸地区に存在する入植地のほぼ15パーセントにあたる。いずれこの壁は、西岸地区の奥深くにある大入植地、アリエル入植地とエマニュエル入植地の背後まで入りこむはずである。ただし現在は、アメリカが反対しているのを考慮して、そこまでの建設は中断されている。しかし、もしこの線が実行されたら、専門家の分析では、ヨルダン川西岸地区の領土の11.6パーセントがイスラエル側に移り、そのなかに入植地の80パーセントが含まれることになるのである。

「安全の壁」は、中心都市エルサレムの北と東と南の3区画にも建設されている。全長50キロメートルにわたる電流の通る囲いと有刺鉄線、軍事道路がエルサレムを、北はラマラ、南はベツレヘム、東はアブ・ディスと分離している。壁が完成すると、現在東エルサレムに住む二十数万人のパレスチナ人が、後背地のヨルダン川西岸地区から孤立させられてしまう。壁の建設は、公式にはエルサレムをテロの攻撃から守るためとされている。しかしパレスチナ人は、いったん分離壁が建設されてしまったら、東エルサレムを将来のパレスチナ国家の首都に制定するのは不可能になると考えている。

この囲いを生んだ要因は二つある。一つはテロリズムであり、もう一つは政治的な解決の糸口が見出せないことである。しかし、壁の建設はイスラエル国内でも非難されている。ユダヤ教右派に言わせると、こうして国境線を前もって引いてしまうと、パレスチナ人が要求するつもりだった以上の土地を与える危険があることになる。一方、平和活動家に言わせると、このような壁の建設は和平交渉の機会をすべて奪ってしまうことになる。だが、まったく逆の考え

安全の壁

これは安全の壁、いわゆる分離壁の地図である。

ヨルダン川西岸地区の北を見ると、壁はヨルダンのほうに向かっている。一方、南は、エルサレムから「グリーンライン」に沿って建設中である。ところが、北のウム・アル・ファヘムからの壁はグリーンラインに沿っておらず、西岸地区の内部に入りこみ、三つのイスラエル入植地をパレスチナ領土から分離している。この線はパレスチナの10カ村住人5200人を、新しい壁とグリーンラインのあいだに追いやってしまった。これまでもグリーンラインを越えてイスラエルへ行けなかった村人たちは今、権利のない地区に閉じこめられて、自分たちの土地であるヨルダン川西岸地区にも戻れない状態になっている。さらに南では、アラフェイ・メナシェとズフィンの二つの入植地をイスラエル側にするために、中心地のカルキリーヤ村（住民4万人！）は、北と西と南の三方にコンクリートの城壁が築かれてしまった。

方もできる。それは、壁は一種の自衛手段で、和平交渉自体が「人質」になることのないよう、テロリストを外に締め出しておくというものである。

紛争の中心にある領土

さて、イスラエルにとっては、ガザ地区から引きあげる利点のほうが、7000人の入植者を安全に退去させるのにかかる費用や、倫理的代償よりも上回っているようである。というのも、ガザ地区がエジプトに対する戦略的な価値を失った今〔＊エジプトとは和平条約を調印〕、ここはパレスチナとの交渉を有利に進める切り札であり、入植者を保護するための軍への出費が重荷になるからである。

一方、ヨルダン川西岸地区となると様相は違ってくる。この領土は象徴的な価値〔＊旧約聖書に出てくるユダヤ王国と、古代イスラエルの首都サマリアがあった土地〕を持ちつづけ、戦略的な利点も大きい。また、ここに存在する入植地の数や規模からして、全部を解体するのは非常に難しくなっている。結局のところ、イスラエルの安全を考慮する責任者たちはおそらく、この領土の主権はパレスチナに渡すだろうが、武装化は認めないとするつもりだろう。

最小限の今後の見通しとしては、パレスチナ国家を創設することが、政治的な解決法になるという考えに行きつくことである。しかし、いずれパレスチナが主権を取ったとしても、ヨルダン川西岸地区の領土がひと続きになることはないだろうし、壁が消えることもないだろう。イスラエルが一連のオスロ合意に背を向けてまで共同体を分離させるのは、この地域ではユダヤ人が圧倒的に少数派になっているのを見越したうえでの対策でもある。

エルサレム、一つの都市に二つの首都？

エルサレムの町は、イスラエルとパレスチナ双方のアイデンティティと敵対関係を決定づけるポイントである。イスラエル人にとって、１９６７年の第３次中東戦争でこの町を征服したことは、イスラエルの「不可分かつ永遠」の首都再統一につながった。一方パレスチナ人にとっては、東エルサレムを将来のパレスチナ国家の首都にすることが重要なのである。

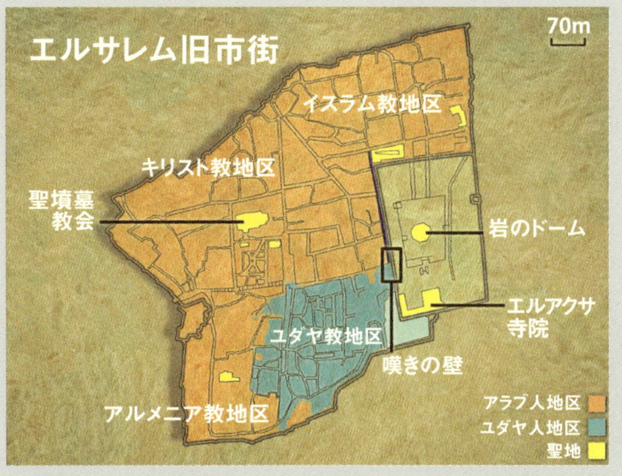

旧市街

エルサレムは三つの一神教の聖地であり、それは大地に刻みこまれた真実でもある。旧市街は伝統的に四つの区域に分けられている。ユダヤ教地区は嘆きの壁とアルメニア教地区、キリスト教地区に面し、後者にはキリストが埋葬されたとされる聖墳墓がある。そしてイスラム教地区は寺院が立ちならぶ広場に面し、岩のドームやエルアクサ寺院などは旧市街のアラブ人地区に含まれる。

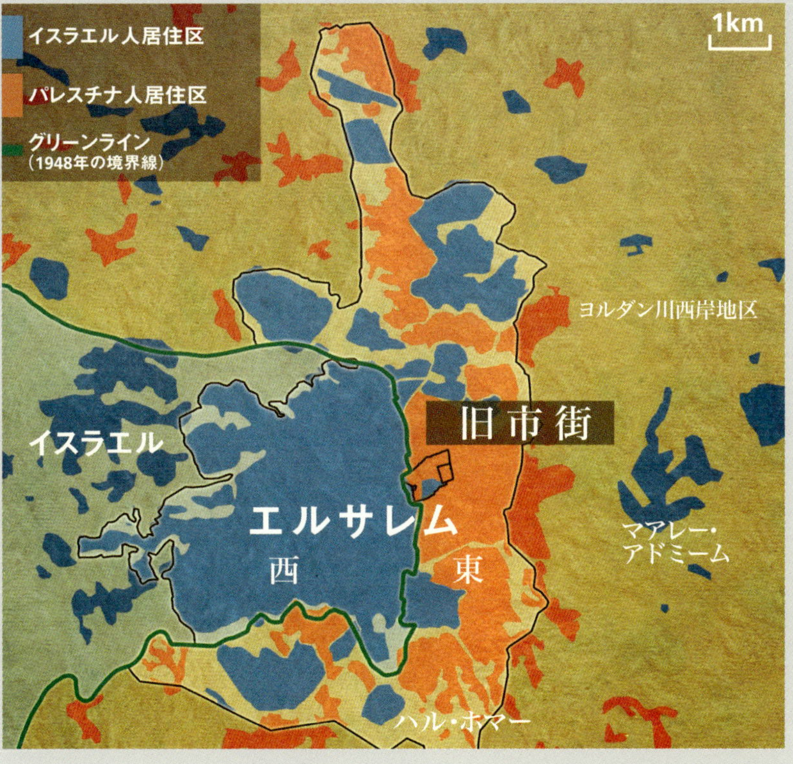

敵対関係の中心に

エルサレム市のほぼ中央にある旧市街は、オスマン帝国時代に建てられた城壁が目印である。しかし、この町は二つに分かれ、それがこれといった物質的な境界線もなく並んでいる。

◎西エルサレムは、1980年にイスラエルの首都として宣言され、住民の大半はイスラエル人である。

◎東エルサレムは、住民の大半がパレスチナ人であり、ここに旧市街も含まれる。旧市街は1967年に、隣接するヨルダン川西岸とともにイスラエルによって征服され、エルサレム市に併合された。

これらの領土の征服は、国連決議第242号によって非難されている。しかし、これによってイスラエルは、対パレスチナ戦略、さらには入植地を建設するうえでの奥行を得たのである。この地図は、1970年以降に、東エルサレムのパレスチナ人居住区の真ん中に建設された入植地――イスラエルでは「入居定住地」と呼ばれている――を図にしたものである。1990年代以降の入植地ではハル・ホマー、さらにヨルダン川西岸地区にマアレー・アドミームといった新しい入植地が建設されている。

また、イスラエルの新しい入植地は、ロシアやウクライナからの志願者や、新しい移民も迎え入れ、エチオピアから来るエジプト正教会の活動家も受け入れている。

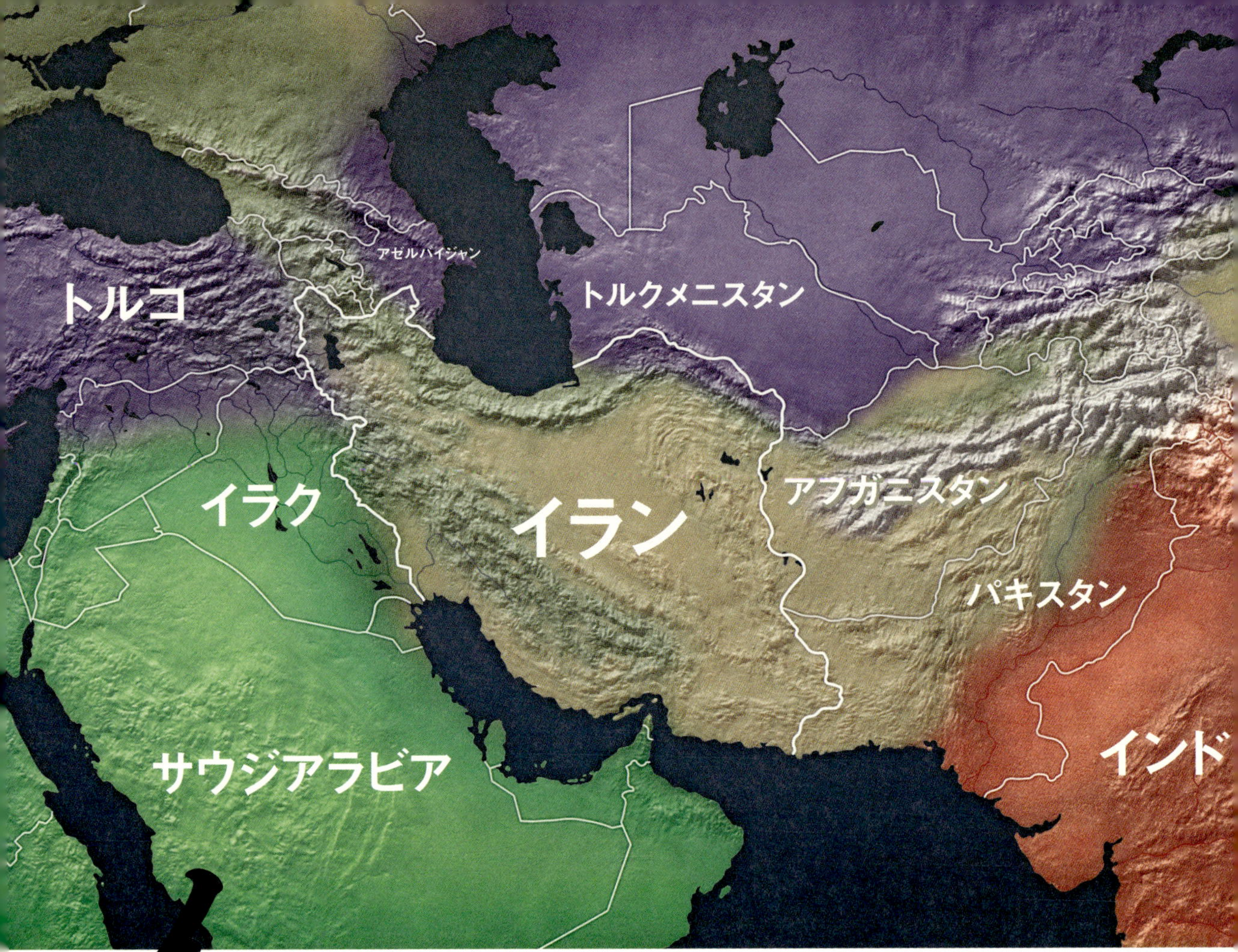

1, イランはアラブ世界とトルコ、
そしてインドとの交差点にある。

イラン

国家の安全をいかにして手に入れるか

イランは中東問題の中心にある。
もちろん地理的にそうなのだが、
歴史から見ても中心なのである（地図1・2・3・4）。
しかし、首都テヘランにとって、
2001年の同時多発テロ以降、
この国の地政学的な形勢は
すっかり変わってしまった（地図5・6と最後のコラム内の地図）。

2, ペルシャ帝国
イランはかつてのペルシャ帝国である。古い重要な文明をもつ、古い国家である。ペルシャ帝国の祖とされるアケメネス朝〔*紀元前550—前330〕の地図は、紀元前500年頃のダレイオス1世の統治下で全盛期を迎えたイランを示している。イランとは「アーリア族の国」という意味で、アーリア族は、紀元前2000年頃にイラン高原に定住したインド・ヨーロッパ語族であり、彼らこそペルシャ人の祖先である。

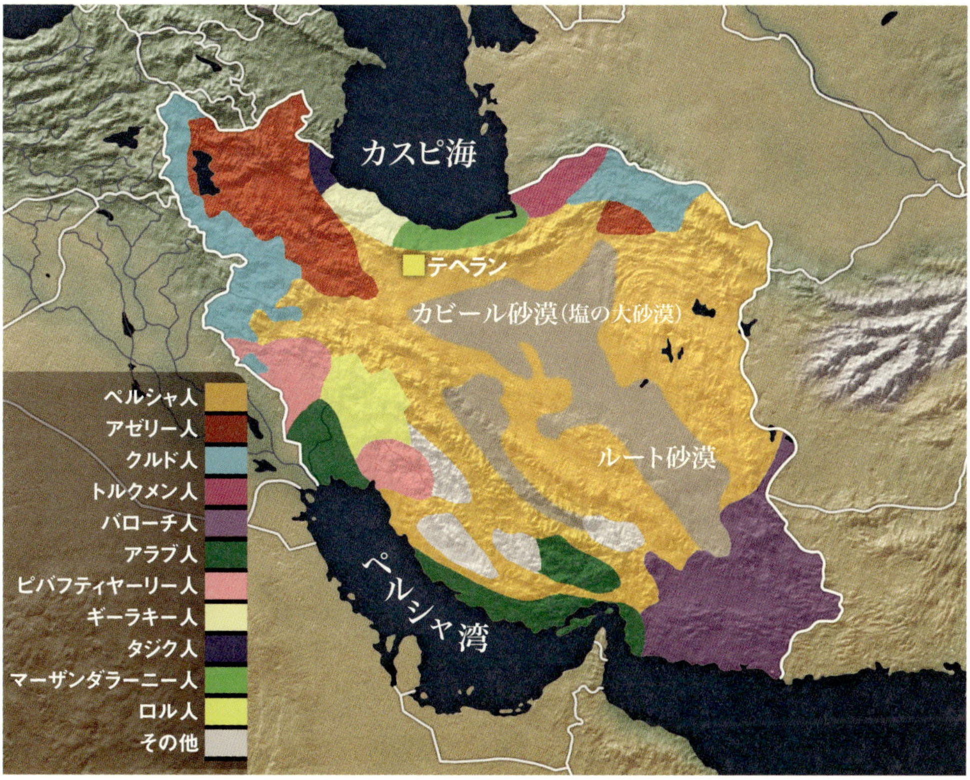

3, イラン、多民族の国

ペルシャ世界はアラブ世界とトルコ世界、そしてインド世界の交差点をなし、それが人口構成にも表われている。人口7000万人のうち、約半数を占めるペルシャ人は、中央の砂漠を取り囲むように住み、アゼリー人、クルド人、トルクメン人、バローチ人、アラブ人、バフティヤーリー人……などの少数民族は、どちらかというと周辺に住んでいる。

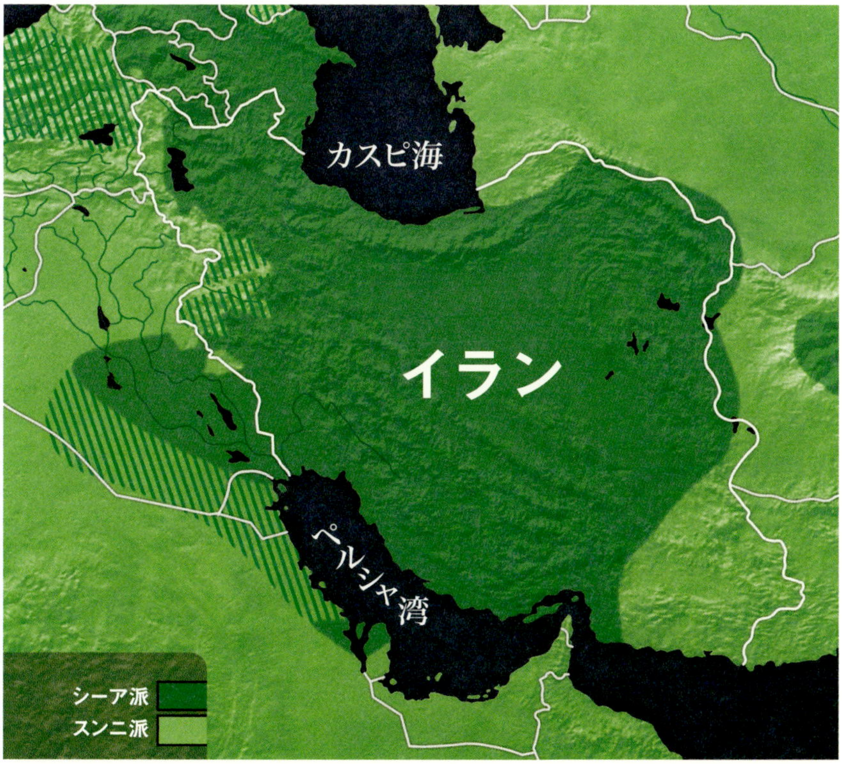

4, イラン、シーア派の国

イラン人のほぼ全員がイスラム教シーア派であり、イランだけで世界のシーア派の半数近くが集結している。しかし、世界では、イスラム教徒の90パーセントはスンニ派である。

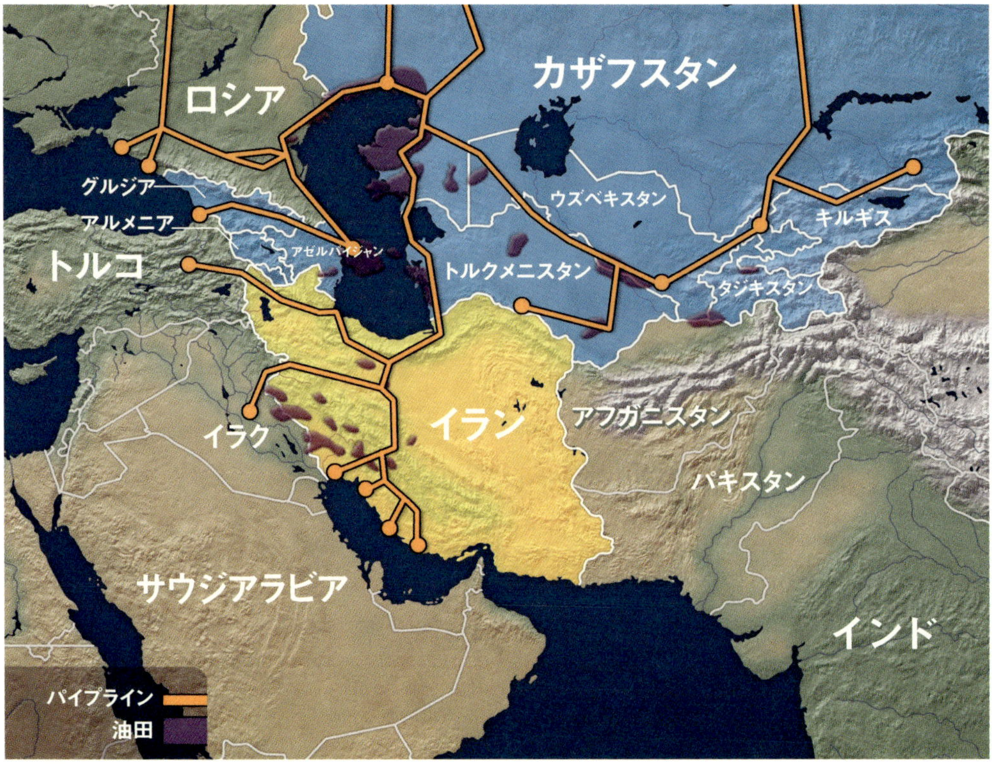

5, 地政学的に変化する地域

イランは世界で確認された石油埋蔵量の 11.1 パーセントと、 ガス埋蔵量の 14 パーセントを保有している。 そして、 ソヴィエト連邦の崩壊とともに、 北のコーカサス地方や中央アジアに独立した国が現われた。 これらの新国家は豊富な石油・天然ガス資源に恵まれ、 その搬出ルートが重要な問題になっている。イランは、 地理的な位置からして、 これらの搬出で、 重要な役割をになう可能性がある。 中央アジアの国々に、 ロシアに代わる輸出ルートを提供することである。しかし、 カスピ海の石油・ガスを輸出するためのおもな 「回廊地帯」 になるというイランの計画は、 今のところアメリカによって凍結されている。 アメリカ連邦議会は、 1996 年、 イランを経済封鎖するためのいわゆるアマト法で、 外国の石油会社がイランで 4000 万ドルを超える投資をするのを全面的に禁止し、 違反すればアメリカの制裁を受けることになっている。

6, アメリカの包囲網

2001 年 11 月以降、 アルカーイダ組織の狩り出しが始まると、 イラン政府はアメリカ軍がタジキスタンやキルギス、 ウズベキスタン、 アフガニスタンに配備されるのを確認する。 とくにアフガニスタンのカブールには、 アメリカによって設置された中央政府があった。 これをもってアメリカ軍基地は、 南は湾岸、 南東はパキスタン、 西はトルコ、 そして 2003 年からはイラクにも置かれて、完全になったのである。

こうしてイランは、 アメリカの利権に近い国々に包囲されているのに気づくことになる。 こんな状態に置かれて、 イランの国家の安全はどのように保障されるのだろうか?

核問題、イランに施策の余地はあるのか

イランは、1970年に発効した核兵器不拡散条約（NPT）の調印国である。この条約は、核兵器開発の停止と、国際原子力機関（IAEA）からの核施設の査察を受け入れさせるもので、イランにはロシアから買った原子力発電所がブーシェフルに設置されていた。

ところが、公表されない用地が国内で発見されたのである。一つはナタンズ核施設で、原子力発電の燃料として使われる濃縮ウランをつくる施設とされている。もしそれが事実なら、ブーシェフル原子力発電所の燃料を自力でまかなえる。しかし、なぜナタンズ核施設の規模はこれほど巨大なのだろうか？　また、なぜ、この施設の建設は秘密裏に始められたのだろう？

二つ目の気がかりな用地は、テヘランの南150キロにあるアラークの核施設である。そこでは、重水、つまり水素の同位体である重水素を含む水が製造されていて、これは一部の原子炉で減速剤として使われるか、あるいは原子爆弾を製造する過程で使われるものである。なぜ、ブーシェフル原子力発電所が必要としない、重水を製造する施設を建設したのだろうか？　この施設は何のために使われるのだろうか？

テヘランはそれに対しては何も答えず、2006年1月に、IAEAと欧州連合、アメリカの査察命令に従わないことを決定した。

しかし、自国の安全のために核武装を望むイランにも、少なからず合理性があると言えるだろう。まず、地図6が示すように、この地域に配備されたアメリカ軍の動きから、イランはまわりを包囲されていると思っていることが挙げられる。さらに、核開発はこの地域では例外というより、通例になっていることである。というのも、NPT非加盟国のイスラエルとパキスタン、インドは事実上の核保有国だからである。最後に、アメリカが「予防戦争」の概念を適用するようになってから、軍事戦略が根本的に変わってしまったことがある。

イランの危機は、ブッシュ政権の2期目が終わる前には解決するだろう。なぜならアメリカは、イランが民主国家でなくても、核を放棄すれば受け入れる可能性があるからである。あるいは、核武装をしても民主国家なら受け入れるだろう。確実にダメなのは、民主主義ではなく……そして核を保有するイランである。

クルド人

国のない民族

クルド人は中東に住む民族で、これまでこの民族と領土と国家が一致したことは一度もない。今もなお中東の複数の国に分断されて住むクルドの民族は、イラクへ多国籍軍が介入して以降、どう変化していくのだろう？

国のない人々

クルド人が居住する区域（クルディスタン）は約53万平方キロメートルに広がり、これはほぼフランスの面積に匹敵する。クルド人とは、アラブ人でもトルコ人でもなく、紀元前9世紀頃にザグロス山脈付近で生活していたメデ人の子孫であり、イスラム教徒で、大半がスンニ派である。人口は情報源によってばらつきがあるが、2500万人から3300万人。国家を持たないもう一つの民族パレスチナ人は、各地に離散している者も含めて約800万人である。

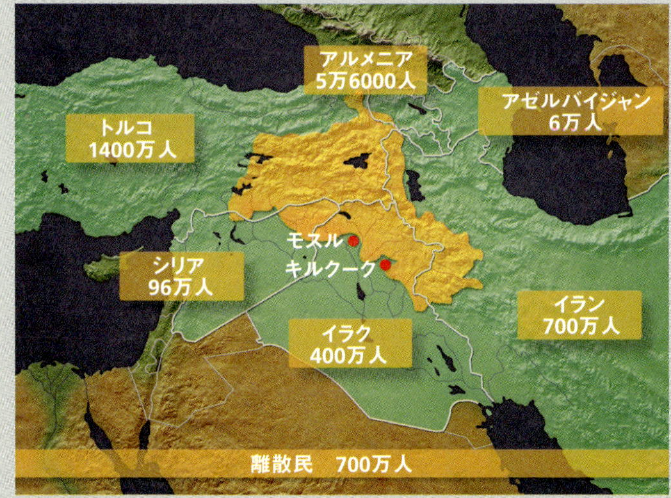

六つの国に離散する民族

これまでアラブ人に始まって、モンゴル人、ペルシャ人、そして16世紀からはオスマン帝国と、次々に支配されてきたクルド人は、第1次世界大戦が終わると早々にも独立国家が約束されると思っていた。ところが、大戦中にトルコ人リーダー、ムスタファ・ケマルが保証してくれたにもかかわらず、さらには1920年の講和条約、セーヴル条約にも記載されていたにもかかわらず、クルディスタンの独立は、自治区の形ですら日の目を見ることはなかった。

結局、北にはトルコの単一国家が形成され、南はイギリスとフランスの利害がからんで、この見通しは反古《ほご》にされてしまった。というのも、モスルとキルクーク地区は石油が豊富なことから、イギリスが委任統治していたイラクに統合されてしまい、クルディスタン独立国になるはずの地が二つに分断されたからである。こうしてクルド人は現在、六つの国に離散して生活している。

クルド人の約半分がトルコに

現在、トルコには1400万人のクルド人が生活している。ということは、トルコの住民の5人に1人がクルド人である。またトルコの面積の30パーセントがクルドである。そのトルコは長いあいだ、クルド人を否定する政策をとってきた。少数民族としての身分も、自分たちの言葉を使う権利も認められていなかった。そして、1970年代の終わりからクルド労働党（PKK）のゲリラ活動が活発になると、トルコ政府は軍による弾圧や、不法逮捕、強制的な移住措置で応酬してきた。こうして1990年以降、300万人のクルド人が生まれ故郷を去っている。そんななか、アンカラの議会が改革に着手したのはやっと2002年になってから、それも欧州連合の圧力があったからだ。それを機に、1987年からこの地に発令されていた戒厳令は解除され、クルド語の使用や（とりわけテレビで）、学校でのクルド語の学習も認められることになった。

ところで、2003年にアメリカがイラクに介入して以来、トルコが恐れているのは、イラクのクルディスタン自治区がトルコのクルド人に影響を与えはしまいか、あるいは、そこがゲリラ活動の後方基地になりはしまいかということである。この懸念は、多民族国家で、700万人のクルド人が住む隣国のイランも共有している。

イラクのクルド人、弾圧から自治へ

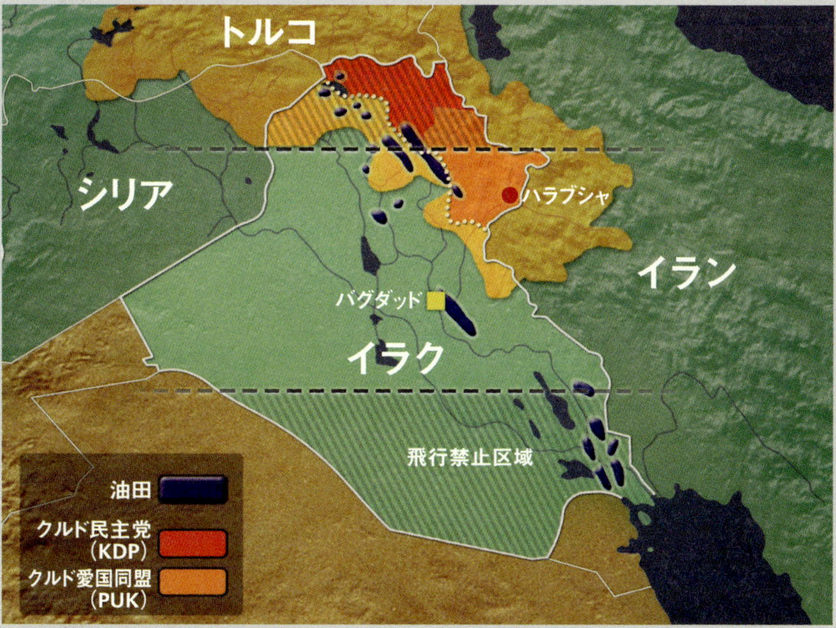

イラクでは、400万人のクルド人がサダム・フセインの独裁政権下で重い租税を払ってきた。追放され、不法に処刑された犠牲者でもあった。1988年には、ハラブシャ市でフセイン軍の化学兵器によって、5000人のクルド人が殺された。また、1991年の湾岸戦争終了後に、クルディスタンの大部分の地域がバグダッドの行政当局に奪い取られてしまった。その後は連合軍（アメリカ、イギリス、フランス）が北緯36度の上空（飛行禁止区域）〔＊アメリカが定めたもので、イラク軍用機の飛行を禁止する区域〕を偵察して、クルド人をイラク軍の侵攻から守ってきた。しかし、この偵察はまた——というより、何よりもまず、か？——クルド地区にある油田を守るためでもある。そして、このクルド自治区では、イラクのクルド人政党、クルド民主党（KDP）とクルド愛国同盟（PUK）が権力を分けあっている。彼らは、2003年にフセイン政権が崩壊すると、それまでにも10年ほど享受してきた政治的・経済的な自治を維持する道を探り、イラクに連邦国家を設立するよう当局に働きかけている。ちなみに、2005年初頭に選出されたイラク暫定政府の大統領はクルド人で、これは画期的な転機である。

自立するアフリカ

ブルキナファソ

セネガル

モーリシャス島

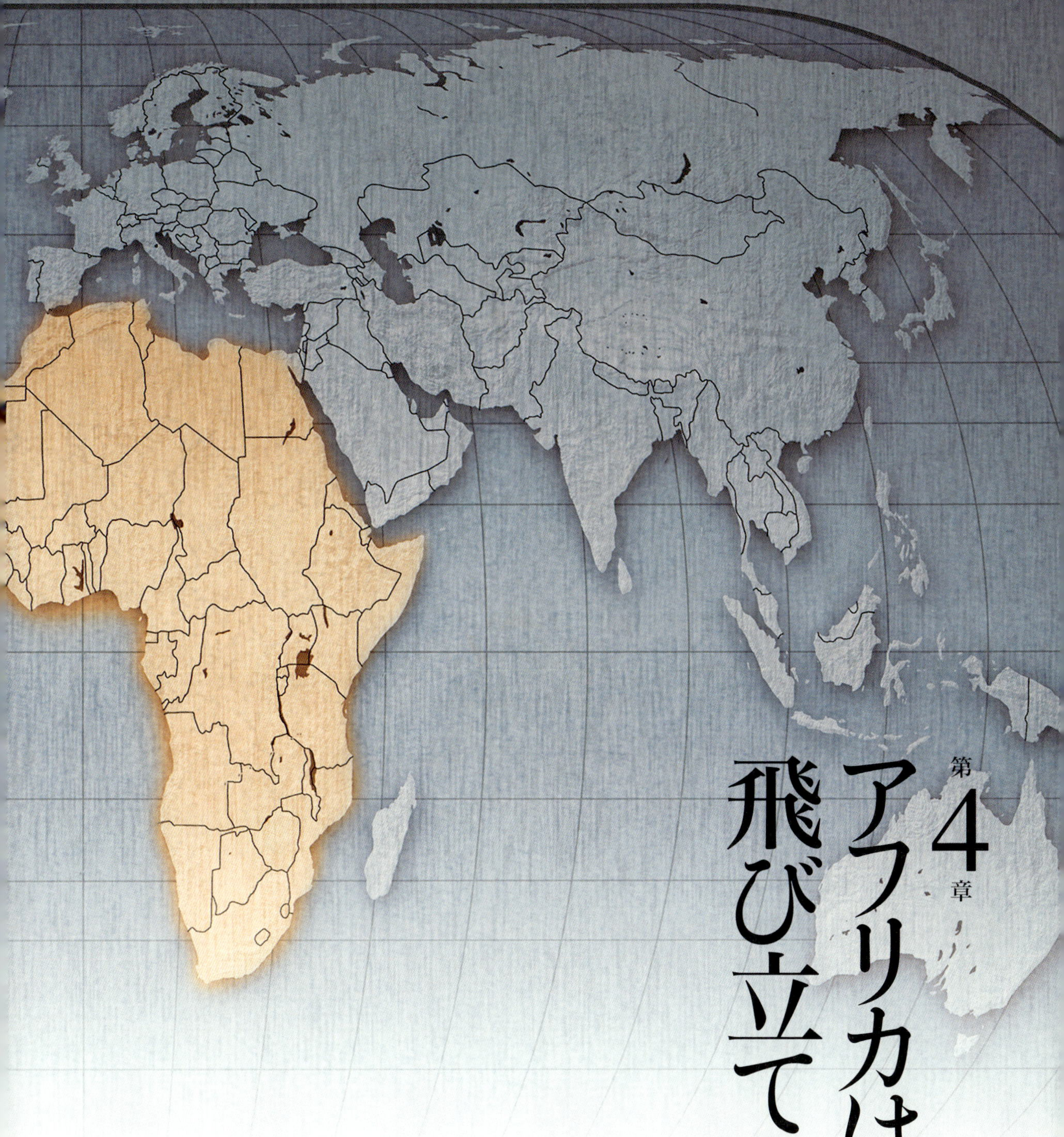

第4章 アフリカは飛び立てるか

itinéraires africains

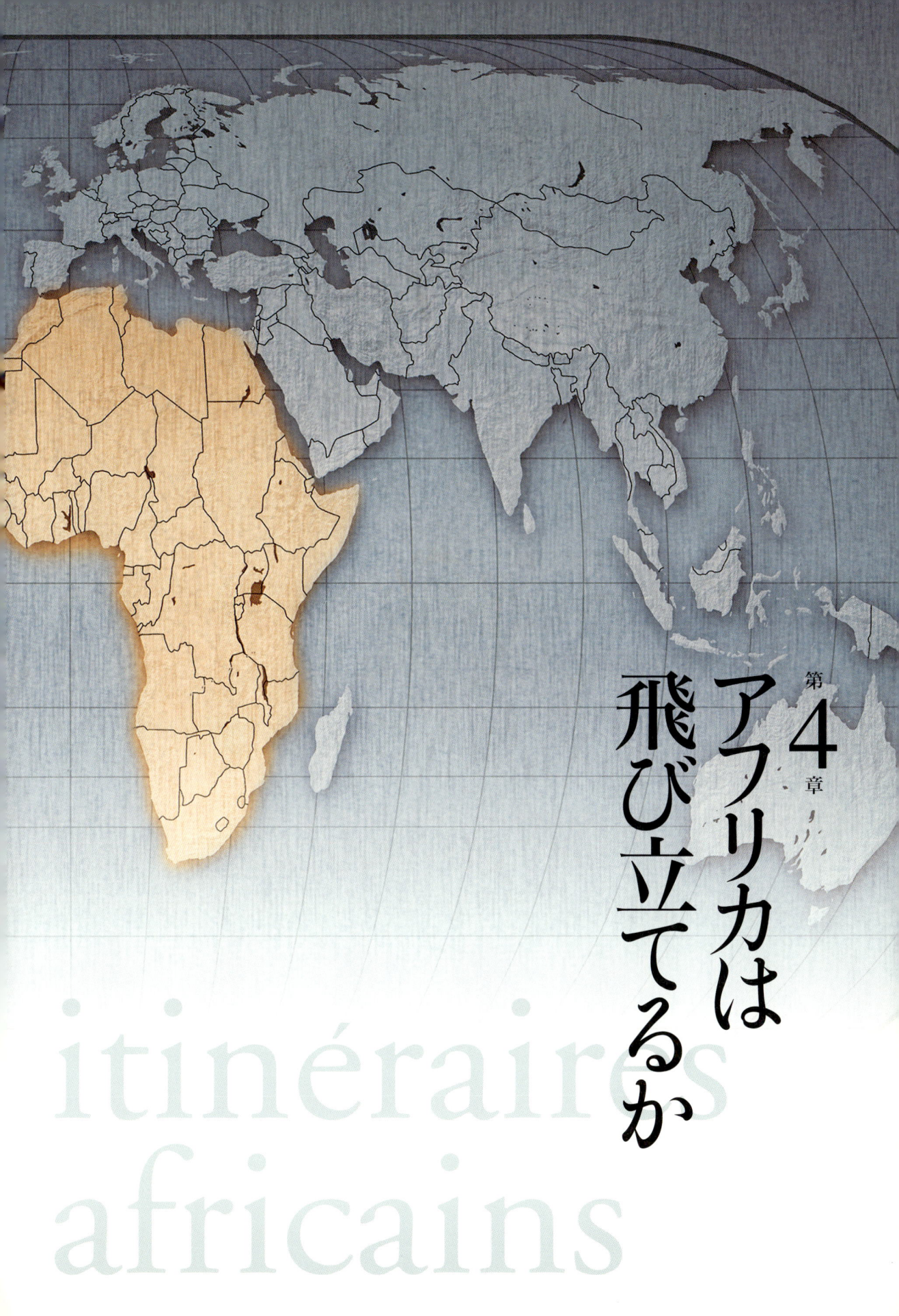

アフリカ大陸はいくつもの大きな気候帯に分かれている。
◎大陸のほぼ3分の1は砂漠である。南にカラハリ砂漠、北には世界最大のサハラ砂漠がある。
◎熱帯と赤道地帯に大森林帯がある。ここには中央アフリカとアフリカ大湖地域が含まれ、農業が営まれて、貴重な森林もある。
◎北部と南部アフリカにはいわゆる地中海性の気候帯と植生帯がある。

自立するアフリカ

「アフリカ開発のための新パートナーシップ」計画

アフリカ大陸を理解して、もろもろの問題を解決するために、グローバルなアプローチを適用することはできるのだろうか?
アフリカは初の試みとして、2001年から、国家の枠を超えて諸問題に取り組もうとしている。

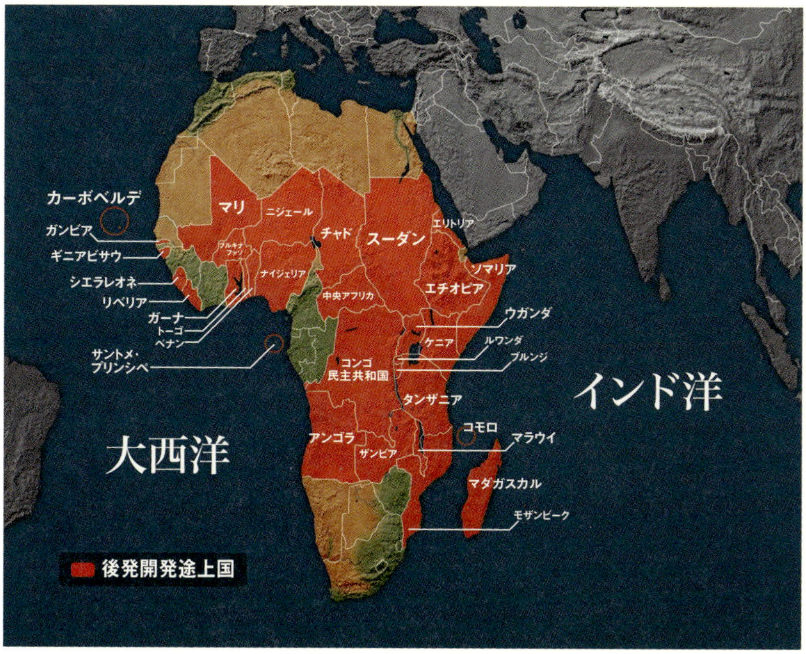

アフリカの53カ国

アフリカには現在、53の独立国家がある。1人当たりの平均収入を基準にした国連の分類によると、世界には50の「後発開発途上国」があり、うち34カ国がアフリカ大陸にある。また、世界貿易のなかでアフリカ大陸の占める割合（取引額）は、1970年が2.4パーセント、1990年は4パーセントだったが、2003年は1.4パーセントに落ちこんだ。大陸全体での成長率は、1960年代が4.6パーセント、2000年は3.7パーセントだった。投資面では、2004年のアフリカ大陸への海外からの直接投資は世界全体の4パーセントで、うち中国が22パーセントを占めている。アフリカ人の貯蓄も先進国や税金天国に流れてアフリカには残らず、当然のことながら、アフリカ大陸に投資されることはない。

アフリカの人口は2005年に8億5000万人を数え、2050年には20億人近くになると予想されている。現在は、そのほぼ半数が1日1ユーロ〔＊約160円〕以下で生活し、1982年に50歳だった平均寿命が、現在は49歳になった。しかし、アフリカ大陸の住民たちも、時期がくれば、いや購買力を少し高めさえすれば、自力で魅力ある市場を形成することができるはずである。なにしろ原料資源には恵まれているのだ。

それでもアフリカは、継続的な貧困化と、グローバリゼーションの動きから排除された状況に置かれているのに変わりはない。

「アフリカの」計画

この状況を憂うアフリカ数カ国の首長が2001年、すばやく対応し「アフリカ自身による」アフリカ開発計画が、大ざっぱではあるが合意に至った。異例のスピード合意だった。そのとき顔を合わせたのは、ナイジェリアのオバサンジ大統領、南アフリカのムベキ大統領、セネガルのワッド大統領、アルジェリアのブーテフリカ大統領だった。彼らは、世界銀行や国際通貨基金（IMF）から示唆されたものではなく、アフリカ自身による「アフリカ開発のための新パートナーシップ（NEPAD）」の計画を掲げ、そのための作業の枠組みと統一見解を提案した。そこには、国家の枠組を超えた、公的・私的資金管理のルールと、民主的な行動の原則が記されていた。

しかし、アフリカのようにすべてが緊急を要するときは、いったいどこから始めたらいいのだろう？　飢餓対策か？　病気の治療か？　あるいは紛争の終結だろうか？　119頁の地図は、多国間の計画の原則を要約したものである。

たとえばインターネットを例にしてみよう。これは非常に便利なもので、先進国では必要不可欠なものであり、経済活動の一つになってしまった。しかし、そのためには電気が必要だ。ところがアフリカは、発電率が世界で最も低い

原料資源の豊かな大陸
アフリカは鉱物資源が豊富である。左の地図から、大陸規模で石油が埋蔵されていることがわかるが、定期的に新しい鉱脈も発見されている。

大陸なのである。したがって、送電網を増やし、それを各国で共用できるようにすることも緊急課題である。

一方、NEPADが最優先に投資したいのは、教育分野である。ここで思い出したいのは、1960～1970年代に、これといった資源のない台湾やシンガポール、韓国、そして日本も、教育と人材育成に大々的に投資して、経済成長を成功させたことである。ところが、ここにも問題は山積みである。アフリカでは少年は父親のためにただ働きさせられることが多く、畑仕事や家畜の世話を任されている。そして、女子の教育にはあまり関心を示されないことが多い。

では、この計画でアフリカは本当に絶望から希望へ飛び立てるのだろうか？　答えはイエスである。また、この計画は現実的なものだろうか？　これで充分なのか？　答えはもちろんノーである。なぜなら、これほど規模の大きなインフラ計画に誰が投資するだろう？　どんな個人投資家が教育に金銭的な援助をする賭けに出るだろう？　投資には、成算がなければならず、そのためには政治的な安定が不可欠なのだ。

アフリカの自立ヴィジョンに向けて

それでも、困難を承知で、できることから始めなければならないだろう。不退転の決意で、自信をもって臨むしかない。アフリカ大陸の地図にこれ以上の飢餓地帯を追加してはならない。またこれ以上紛争地帯を増やしてはならないのだ。汚職地図などは存在しないが、広く蔓延《まんえん》しているのは事実であり、これも投資を妨げる要因になっている。

NEPAD計画では、倫理面が非常に詳しく記述され、以下の原則に基づいた行動を要求している。

◎入札募集や市場、資金管理、口座などの「透明性」。
◎相互に定期的に監査を行なうことを原則とする公共の「統治」機能（パブリック・ガバナンス）。

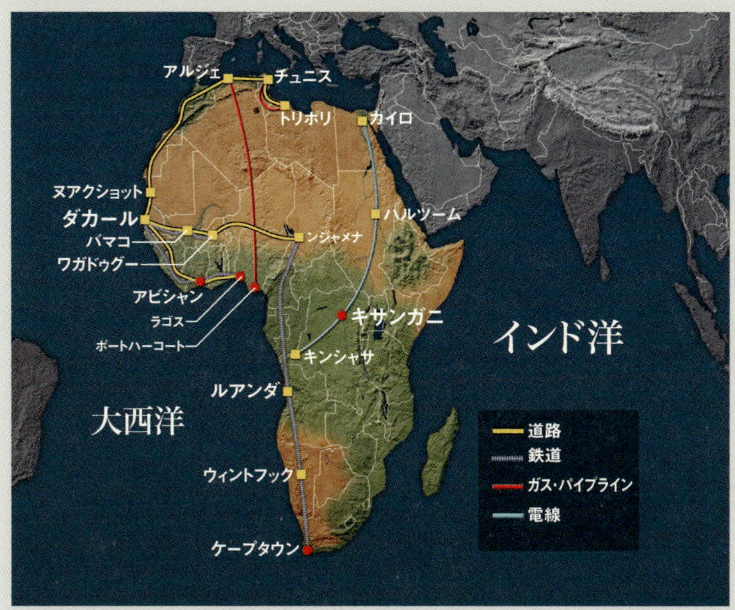

NEPAD 計画プロジェクト

NEPAD 計画では以下の建設計画を予定している。

◎まず、推計 20 億ドルをかけて、カイロから、ハルツーム、キサンガニを経由してキンシャサまで、全長 5300 キロメートルの送電網の建設。

◎リビアの安価な天然ガスをチュニジアまで輸送するパイプラインの建設。

◎ナイジェリアのガスをヨーロッパ市場で売るために、ポートハーコートからアルジェリアへ行くパイプラインの建設。

◎ラゴスからガーナまでのパイプラインの建設。これはダカールまで延びる可能性がある。

この計画ではまた、以下の工事の延長と終了も予定している。

◎トリポリからラゴスまでの各国の沿岸を南北に走る道路の建設。

◎ダカールからンジャメナまで、サハラ砂漠を東西に横断する道路。

◎アフリカ西部のワガドゥグーからダカールまでと、海岸沿いにラゴスまでの鉄道路線。また、ンジャメナとケープタウンを結ぶ鉄道についても検討される予定である。

アフリカでは、ほとんどの貿易が海上ルートで行なわれているが、港湾のインフラ設備は立ち遅れている。そこでNEPAD は、コンテナ港のなかでもとくにタンジェ、コナクリ、サンペドロ、モンバサの一体化と近代化を予定している。

◎民主的な政権交替。しかし、これについては我々が援助するべきだろう。なぜなら、アフリカでは衝撃的なまでに政権交替が起こらないのである。これが妨げとなって次世代が成功できずに力を失ったり、あるいは失望してアメリカやカナダ、フランスへ行ってしまうのである。

はたして NEPAD 計画は、アフリカの自立ヴィジョンの糸口になるだろうか？　そして、節度をもったアプローチで、国家間ならびに世代間で協力できるようになるだろうか？

ブルキナファソ

何が貧困を招いたか

西アフリカの国、ブルキナファソの国内総生産（GDP）は、国民1人当たりにして1163ドルで、世界で最も貧しい国の一つになっている。この国は構造的なハンディキャップに加え、隣国コートジボワールの政治危機の影響をもろに受けている。

ブルキナファソは、サハラ砂漠とブラック・アフリカ〔＊サハラ砂漠より南の地域を指す〕の中間にあたるサヘル地帯にある。そして、ニジェール川が迂曲する部分にはめこまれた形になっていて、海には面していない。おもな幹線道路と鉄道は、首都のワガドゥグーから、コートジボワールのアビジャンまで走っている。この路線はギニア湾からの輸出に欠かせないのだが、コートジボワールの政変の影響でしばしば遮断されている。

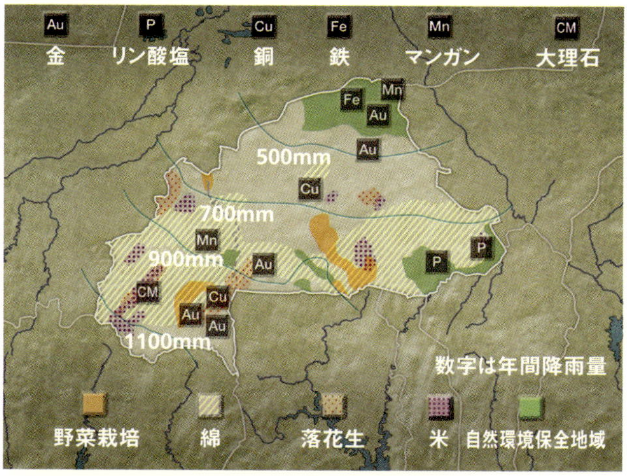

農業と鉱山の国

ブルキナファソの耕地は国土面積のわずか15パーセント。左の地図で雨量の測定線と河川網をたどると、野菜栽培や稲作など伝統的な農業（粟、モロコシなど）は中央部で行なわれ、おもな輸出品である綿は南部で栽培されていることがわかる。また地図では、ブルキナファソの3番目に主要な輸出品、金鉱山も点在しているのがわかる。リン酸塩や大理石、マンガン、銅、鉄などは、まず採掘施設の建設が必要な状態だ。

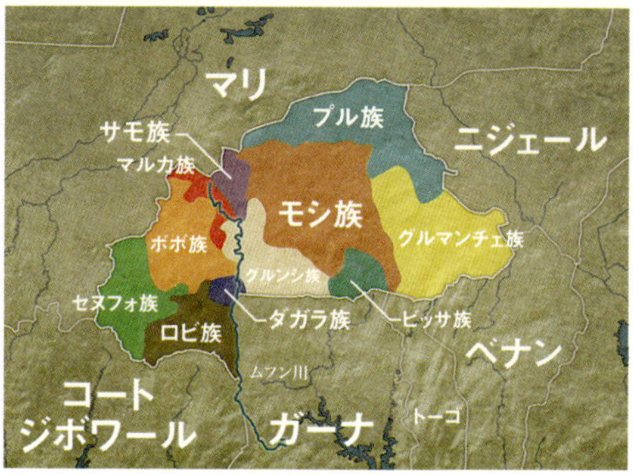

きわめて多様な民族

この国には60以上の民族が共存している。これらの民族は、一時的に都市へ移動したり、商取引で移動したりで、地図上でつねに決まった面積を占めているわけではない。モシ族はブルキナファソの人口のほぼ半分を形成するのに対して、ボボ族はセヌフォ族とともに、この国に最も古くから定住する集団である。特記すべきは、この国には民族間の緊張も、宗教間の緊張もなく、住民は仲良く三つの宗教を実践していることである。イスラム教は北部に多く、人口の40パーセントを占め、キリスト教が15パーセント前後、そして30パーセントはアニミズム〔＊霊魂信仰〕である。

ブルキナファソにはさまざまなハンディキャップがあるが、その第1は砂漠化である。しかし、1970年代から記録されている旱魃《かんばつ》は、人的な原因によるものだ。それはこの国で行なわれる焼き畑農業と、伐採した木を調理に使うこと、家畜の過密放牧である。そこで国は、1990年代から集中的な植林事業に乗り出した。

もう一つのハンディキャップは、この国の経済がおもに農業に依存しているところにある。生産されるのはモロコシ、粟《あわ》、落花生、米などだが、とりわけ綿の売上げはブルキナファソの獲得外貨の50パーセントを占め、人口の20パーセントの生活をまかなっている。綿は、この国の慢性的な貿易赤字を減らすおもな手段なのである。ところが、綿の輸出を促進するはずの要因がさまざまなリスクをこうむっている。まず定期的に降ってくれるはずの雨が降らない。綿相場の変動に左右されてしまう。世界の自由市場で適正な競合が妨げられていることである。じっさい世界の競合図は、アメリカが自国のコットン・ベルト〔＊綿を生産する東海岸から西海岸までの16の州〕の生産者に助成金を与えていることでゆがめられてしまっている。

さらにブルキナファソは、かつてフランス領西アフリカの一部だったことから、植民地の区割りでも陸地に囲まれてしまうという不利益をこうむった。まさに負の遺産だ。20世紀の半ばから、豊かな隣国コートジボワールの労働力需要に応えて、200万人近くのブルキナ人が移住した。しかし、そのコートジボワールが政治危機にみまわれて、不安定感が漂っていることから、2001年を機に、何十万人というブルキナ人移民が祖国への脱出を望み、大量の難民がどっと押し寄せる事態になった。コートジボワールの危機は現在、さらに悪化している。政権交替がなく、汚職が蔓延《まんえん》していることなどと合わせ考慮すると、この国がなぜ貧しいのかは、容易に理解できるだろう。

セネガル

セネガルは大西洋に面している。西アフリカの最西端に位置し、ブラック・アフリカとホワイト・アフリカ〔＊北アフリカ。サハラ砂漠より北の地域を指し、黒人の多い南のブラック・アフリカと対比される〕が交差するところにある。

ワッド大統領による転機

アフリカ大陸の他の国々と違って、セネガルのアブドゥライ・ワッド大統領は、１９９９年に民主的に選ばれた大統領である。この大統領は、大陸的な規模で、「アフリカ開発のための新パートナーシップ（ＮＥＰＡＤ）」の創設に貢献した。一方、国際的な規模では、元宗主国のフランスとの特別な関係を保ちつつ、イラクへのアメリカ軍の攻撃に賛同する選択をした。これら強気な姿勢にもかかわらず、国には発展を妨げるブレーキがいくつもある。

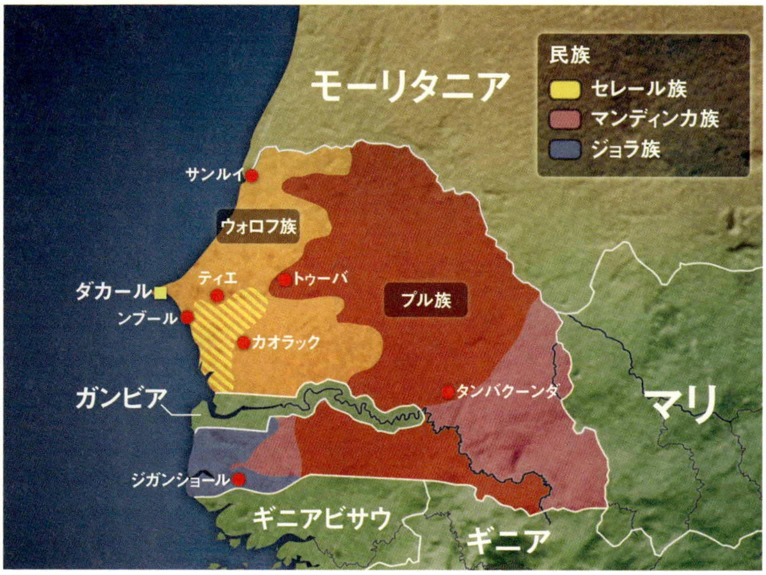

ウォロフ族の国
セネガルに住む民族は地域より、どちらかというと言語で定義されている。そして、この国で大半を占めるのがウォロフ語を話すセネガル人で、とくに西部と、首都のダカールを含む大都市に住んでいる。ウォロフ語は、公用語であるフランス語と並んで、セネガル人の4分の3が話す言語である。一方、ラオベ族やトゥクロール族、プル族が話すのはプル語である。また、セレール族とマンディンカ族、あるいはカザマンス地方のジョラ族は、最も小さな民族言語集団をつくっている。さらに、セネガルの人口の90パーセントはイスラム教徒なのに対し、ジョラ族とセレール族はキリスト教かアニミズムである。セネガルにはこのほか、シリア・リビア人、ギニア人、ガンビア人、マリ人、ブルキナ人、モーリタニア人のほか、フランス人も1万6000人住んでいる。

アフリカの西に位置するセネガルは、約20万平方キロメートルの国土に、1000万人が住んでいる国である。そして、就業人口の60パーセントが農業に従事し、農業生産物や、わずかな付加価値をつけた原料を輸出している。このように加工品の割合が低く、経済構造が多様化に応じていないことが、国の発展に不利に働いている。

ムリッド教団が経済のブレーキ？

セネガル人の大半はイスラム教徒だが、そのイスラム教徒の30パーセント近くがムリッド教団に属する。この教団は19世紀にアーマド・バンバによって創設された。ムリッド教団は、長年つちかわれた組織網をよりどころに、経済活動を展開している教団である。農村地帯に、信仰心で結ばれた小さな農業共同体を組織して、その共同体の首長であるマラブー〔*イスラム教の道士〕のために働いてきた。

ムリッド教団が推し進めてきたのは、セネガル国内の新しい土地の開墾から始めて、落花生の栽培を普及させることだった。創始者の霊廟のある聖地トゥーバでは、教団の首長が町の運営に携わり、水道や電気も支給している。教育は『コーラン』を教える学校でアラビア語で行なわれ、タバコとアルコール、女性のパンツ・スタイルは禁止されている。ただし、ムリッド教団のおかげで、国内の商業も利益より顧客を優先するところがあり、それがブレーキとなって、収益率の高い仕組みがなかなか根づかない。

老朽化した輸送網

さらなるブレーキは、この国の輸送システムで、経済発展のもう一つの足かせになっている。鉄道がつくられたのは植民地時代にさかのぼり、路線は2003年に民営化されたものの、いまだ改修工事にすら至っていない状況である。そのせいで、マリの首都バマコからダカールへ行くのに、今でも48時間かかる。まわりを他国に囲まれたマリは、この鉄道路線を避けるために、

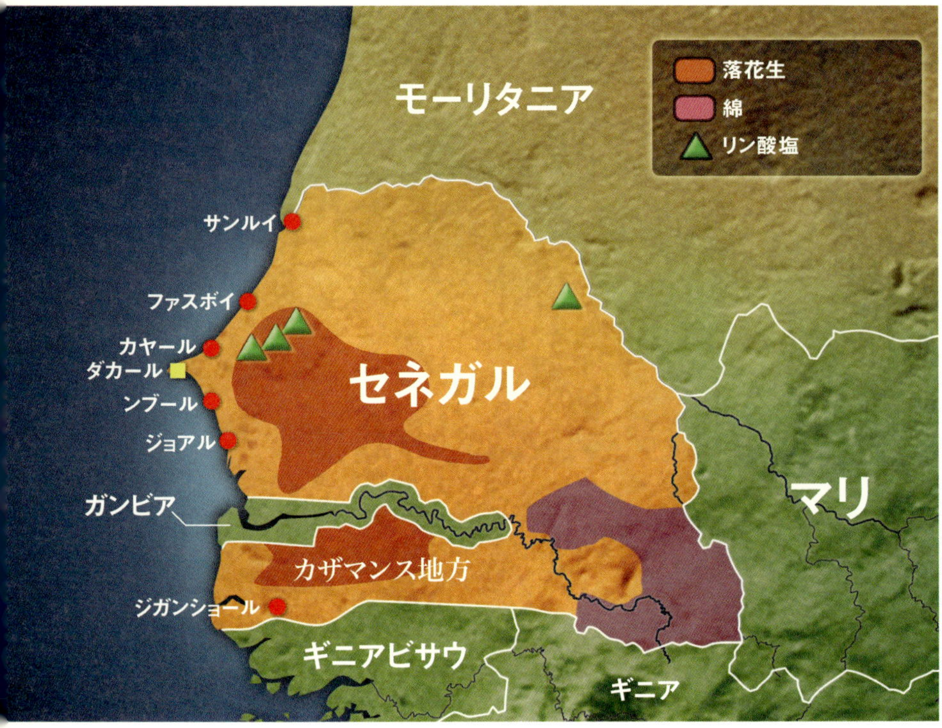

初歩的な経済

セネガルの経済は、落花生と綿、リン酸塩、そして漁業に依存している。500キロメートルの海岸線で営まれる漁業は、この国の輸出収入の30パーセントを占め、セネガル人の動物性たんぱく質源の75パーセントを補給している。また、この海岸線のおかげで、ダカールの南やカザマンス地方などで観光産業が発達した。さらに海岸線は、国を海上ルートの重要な交差点にもしている。ダカール港は、西アフリカではアビジャンに次ぐ第2の港で、国の対外貿易の90パーセントがここを経由している。

外国との貿易の大半をコートジボワールのアビジャン経由で行なうことを決定していたのだが、2002年の「コートジボワール危機」で、その目論見はすっかりはずれてしまった。

コートジボワールの政変で潤ったのがダカール港である。2003年度の業績は好結果を記録、西アフリカ開発銀行から拡張工事の融資も得たことから、港としての魅力は増していきそうである。

束縛の多い隣国関係

一方、隣接する国との問題も解決しなければならない。

◎北は、セネガル川が隣国モーリタニアとの国境になっている。川の右岸〔＊北のモーリタニア側〕には、モーリタニアの黒人とセネガル人（トゥクロール族、ソニンケ族）の大きな共同体がある。ところが、この共同体の存在が、二国間に激しい緊張を生じさせたことがあった。1990年末に、当時モーリタニアの首都ヌアクショットで政権の座にいたアラブ・ベルベル人が、8万人ほどのセネガル人を祖国に追放してしまったのである。

◎一方南は、ガンビアの領土がセネガルをほぼ分断している。この状況が、1980年代に、ガンビアの南に位置するカザマンス地方で、分離独立主義者が現われるきっかけとなった。

カザマンス地方が分離独立を求める原因

カザマンス地方になぜ分離主義者が現われたのだろうか？

この地方の住民は大半がジョラ族である。ジョラ族はセネガルでは少数派であり、他の民族――ウォロフ族、プル族、マンディンカ族など、大半はイスラム教――と違って、アニミズム（霊魂信仰）信者であるか、アニミズムの色を帯びたカトリック教徒である。また、ジョラ族の社会は平等型で、セネガル北部の伝統的な階級社会とは異なっている。

そしてジョラ族は、カザマンス地方の雨の多

カザマンス紛争

カザマンス地方の面積はセネガル全体の7分の1で、これはほぼベルギーの大きさに匹敵し、そこに約120万人が住んでいる。この地方は、ガンビア川渓谷にまたがる小国、面積1万1300平方キロメートルのガンビアによって、国の他の地方と分断されている。1888年に引かれたガンビアの国境は、ポルトガル領からイギリス領になったガンビアと、フランス領だったセネガルの、それぞれの宗主国の思惑に応えたものだろう。

隣国のギニアビサウとギニアは、国民がジョラ族と似ていることから、長年にわたってゲリラの避難所となり、武器補給の通り道になっている。このことは、セネガルとの度重なる緊張を生みだした。

い気候のおかげで、稲作を主体に米を主食にし、米の文明をつくってきた。ところがそこへ、セネガル国家が強制的に落花生栽培を導入し、ジョラ族にとって神聖な森を犠牲にして、セネガル北部の民族がカザマンス地方に定住するのを支援したのである。

カザマンス地方のジョラ族住民は、この体験を国内での植民地主義ととらえ、ダカールにあるのはイスラムとウォロフ族の国家であるとして、不信感をつのらせていった。加えて、この地方はほかに比べて開発が明らかに遅れていたことから、住民はセネガル国内でも除《の》け者《もの》にされていると感じていた。

そこで住民は、自分たちのアイデンティティの承認と、インフラの開発を獲得するために、1980年代にカザマンス民主勢力運動（MFDC）という組織を創設した。そして分離独立主義を掲げて、反政府武装闘争の火蓋を切ったのである。それを機に、MFDCのテロとセネガル軍の弾圧のいたちごっこが始まった。最初に犠牲になるのはつねに一般市民であり、やむなく隣国に逃亡するという状況になっている。

それでも、このカザマンス問題にワッド大統領が個人的に関与したおかげで、2004年12月30日には、カザマンスの反乱分子と中央政府のあいだで和平合意の調印にまでこぎつけた。しかし、ゲリラ内部の重犯罪と権力争いはあとを絶たず、この新たな停戦もさしたる効果がなく、また元に戻るのではないかと懸念されている。いずれにしろこの和平合意は、国内での強権姿勢で色あせた現大統領のイメージを塗りなおすことにはなった。

モーリシャス島

インド洋のドラゴン

世界経済で急成長する
アジアの「ドラゴンとタイガー」にならって、
モーリシャス島は新たな工業国となって
急成長を遂げることに成功した。
地理的に隔離されたこの領土が、
どのように世界経済に組みこまれるに至ったのか？

モーリシャス島は、ヨーロッパから1万キロメートル、インドから4000キロメートル、オーストラリアから5500キロメートル、南アフリカから2000キロメートルの位置にあり、面積1860平方キロメートル、人口120万人の島である。この数字からわかるように、世界で最も人口密度が高い国の一つである（599人／㎢）。この小国家は、本島から北にあるセイント・ブランドン島とアガレガ諸島、そして東にあるロドリゲス島の主権国でもある。

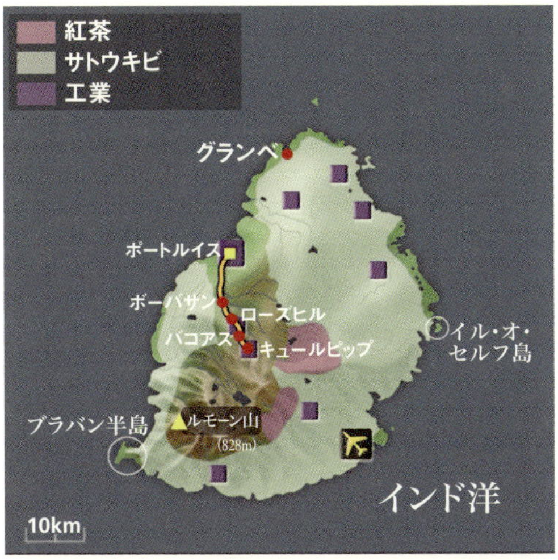

サトウキビから海外金融まで

自由貿易地域は、首都のポートルイス周辺や、おもな都市に進出している企業にとっては法的な資格でもある。そこでは繊維業や縫製業、宝石細工業が中心になっている。そして、この自由貿易地域は現在、海外金融や保険にも開かれている。一方観光業は、白い砂が美しい海岸線や、安全に海水浴ができるサンゴ礁のおかげで非常に盛んで、今も島の第3の外貨収入源である。

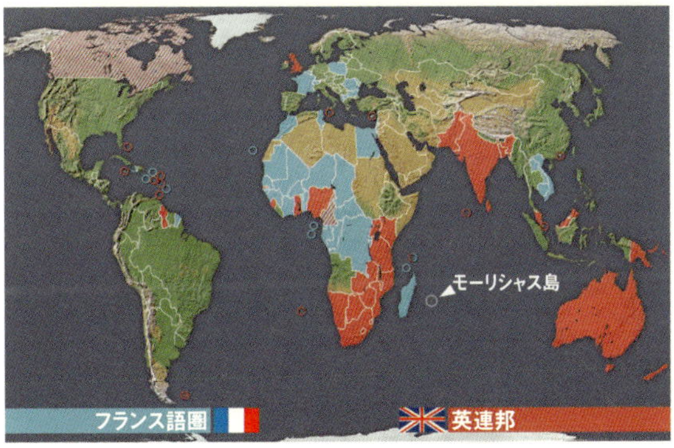

フランス語圏であり、かつ英連邦の島

モーリシャス島は、フランスの元植民地だったのでフランス語圏の土地である。じっさい1994年にはフランス語圏サミットがここで開催されており、世界でも珍しいことに、1827年から公用語になっている英語に対して、フランス語が普及している。またこの島は、イギリスの元植民地でもあった関係で、英連邦の一員でもある。

インド洋の中心に位置するモーリシャス島は、その特異な歴史と、多民族の国民をよりどころに、地理的な位置をうまく利用できるようになった。住民にヨーロッパ系、アフリカ系、インド系、中国系がいるおかげで、世界じゅうの国々と関係を結び、世界的な組織網をつくりあげたのである。

◎最初にフランス植民地、次にイギリス植民地だったことから、島は欧州連合の関税協定の恩恵にあずかり、ブリュッセルの欧州連合決定機関では、フランス語圏ということでフランスに、英連邦に属していることでイギリスに守られている。

◎また、住民の大半が、イギリス植民地時代にサトウキビ園で働くために雇われたインド系であることから、インドとは密接な関係を維持している。モーリシャス島はインドのおもな外国投資国の一つであり、4番目の輸入相手国でもある。

◎さらに、少数派とはいえ中国系が存在するおかげで、中国人の販売網や貿易の恩恵にもあずかり、中国系の多いシンガポールや香港と結びついている。

このような国民の多様性は、上記の強みに加えて言語的な強みも与えている。英語は行政言語であり、フランス語はコミュニケーション言語、またクレオール語と並んで、各民族でそれぞれの言語が使われている。そこではヒンディー語〔＊インドの公用語〕、ウルドゥー語〔＊パキスタンの公用語〕、テルグ語〔＊インド南部の言語〕、ボジプリ語〔＊インドの言語〕、中国語も話されているのである。

国の方向を決定する経済ネットワーク

モーリシャスは、インド洋の中心にあり、地理的にはアフリカ大陸に属していることから、さまざまな経済地理的な集団の一員となり、それが幸いして世界経済に組み入れられている。まず、1975年以降、第4次まで締結されたロメ協定〔＊ロメはトーゴの首都。アフリカ・カリブ海・

貿易の十字路

モーリシャスは、自由貿易港も強みだが、地理的な位置も強みにして、地域の貿易とサービスの中心になることを目指している。ここは南北の航空ライン（ヨーロッパからの便）と、東西の航空ライン（インドやオーストラリア、南アフリカからの便）が交差する地点なのである。それをさらに補強するのが、2003年12月に「サイバー化」が完了したことで、科学技術を駆使するサービス企業を受け入れる体制は万全になっている。

太平洋諸国と欧州連合の特恵貿易と開発援助に関する協定〕のおかげで、特恵貿易の恩恵にあずかり、伝統的にサトウキビを基盤にしたこの農業経済国は、砂糖をヨーロッパ市場に輸出することができた。しかし、1968年の独立以来、経済構造が変化したのも事実で、サトウキビの輸出による収入は、1970年代は全体の90パーセント近くだったが、現在では4分の1以下になっている。つまり経済成長はむしろ、自由貿易地域で発達した製造業の分野で引き出されたといえる。自由貿易地域では、EUとの多国間繊維協定（MFA）〔＊欧米諸国が輸出国に対して輸出数量制限を割り当てたもの〕の恩恵を受けて、繊維産業が圧倒的に強くなっている。ちなみにモーリシャスは、毛織物では世界第3位の生産国である。ところが、この特恵的な協定が2005年1月に失効したことで今後が不安視されている。クォータ制（輸出割当制度）が廃止されて自由競争になってしまえば、繊維産業の拠点はもっと労働力の安い地域（マダガスカル、モザンビーク、中国など）に流れるかもしれないからである。

モーリシャスはインド洋の「ハブ」（中心）なのか？

モーリシャスは現在、サービス業の発展に賭けている。観光は島の第3の収入源であり、この国は地域貿易の中心になっているのである。物品の貿易については、首都のポートルイスから免税で通過した積荷は、そこから小口のロットにされて周辺地域に再輸出されている。海外銀行や保険などサービス業の貿易は、ヨーロッパやアジア、アメリカに向けられている。というのも、島は時差や、さまざまな言語が話されるのを利用して、欧米市場もアジア市場も獲得できるからである。こうしてモーリシャスは、海外投資に積極的な新興国として知られるようになり、いくつかの製造業を人件費の安い外国へ移した。たとえばマダガスカルへは、1990年代から繊維工場をいくつも設立し、モザン

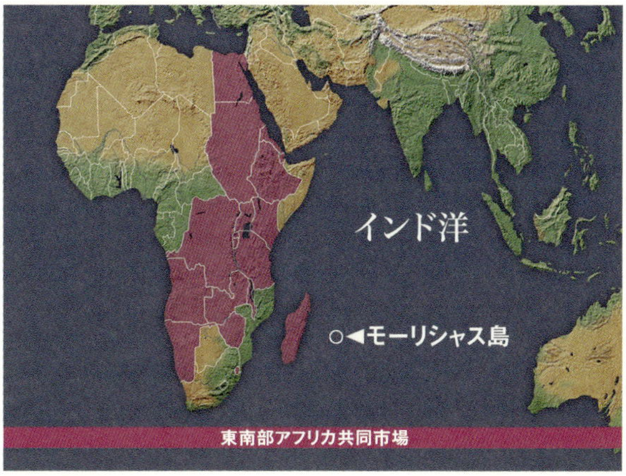

地域の統合

モーリシャス島は、インド洋の中心という地理的な位置から、さまざまな集団の一員になっている。1984年から、この地域のおもな島々が結集する「インド洋委員会」は、この地域の国家間の商業貿易と、地域の大プロジェクトを発展させるのが目的である。

より広範囲な規模では、モーリシャス島が率先して、1995年に「環インド洋地域協力連合」を創設している。この協力圏は、インド洋沿岸の15カ国からなり、貿易と投資、観光、科学技術の促進を目的としている。モーリシャス島はそこに自由貿易圏をつくりたいと願っているのである。アフリカ大陸に属し、地理的にアフリカとアジアのあいだに位置するモーリシャス島が、ここで中心的な役割を果たすのは間違いないだろう。

一方モーリシャス島は、アフリカ地域圏の「東南部アフリカ共同市場」と「南部アフリカ開発共同体」にも参加し、後者は、モーリシャスのおもな貿易相手国である南アフリカを中心に、13の加盟国からなっている。またこの国は、アメリカの「アフリカ成長機会法」の恩恵にも浴し、アメリカとの貿易と輸出を増大させてきた。

ビークでは、2003年には南アフリカを抜いて第1位の外国投資国になっている。

脆弱なモデル？

このようなモーリシャスの「経済の奇跡」は、政界、財界の当事者たちの考えや選択も大きいが、同時に、国が安定していることも大きい。この島の特徴は、すべての民族と共同体が平和に住んでいることである。それを称してモーリシャスの人々は、「虹」の国家と言うのだが、島民は民族の違いを豊かさに変える術を知っていたのだ。

ところで、経済の自由化の裏側で、いま社会の二極化が進んでいる。経済的な発展は、社会の不平等を軽減するまでに至らず、疎外される者がますます増え、とくにクレオール人〔＊植民地で生まれた者〕に多い。こうして、国際的に広く門戸を開いた点で特異なモーリシャス島の経済モデルは、ここへきてその限界を露呈しつつある。対外貿易に多くを依存しすぎていること、脆弱な教育システム、さらに新しい経済分野での有能な人材と科学技術の専門家が不足していることなどである。そして砂糖や繊維業といった伝統的な分野の再編成が必要なことは言うまでもない。

パキスタン

インド

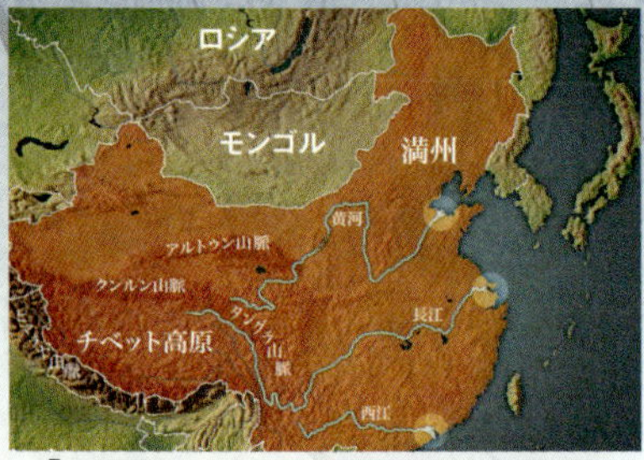

中国・天の下の国

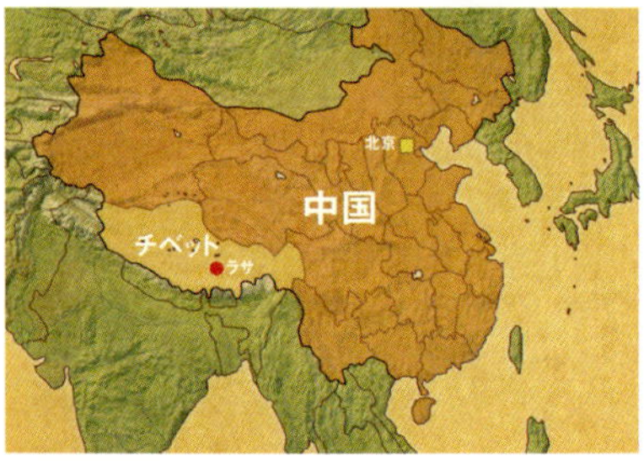

ラサ

日本の領土

第5章

アジアをいかにして読み解くか

itinéraires asiatiques

パキスタン

インダス渓谷をはさんで両側にあるさまざまな集団が、ここでぶつかりあっている。それはイスラム世界とヒンドゥー世界であり、ペルシャ人世界とインド人世界であり、インダスの西の部族世界と、東のカースト制世界である。そして、紀元前2300年に、インドの名前の基となった「インダス文明」が生まれたのがパキスタンで、モヘンジョダロの遺跡もパキスタンにある。

無理な外交姿勢

パキスタンは、1947年に
インド亜大陸が分割されて独立した国である。
しかし、宗主国・イギリスの準備不足と、
イギリス領インド帝国から生まれた国々の分割が
うまく完了しなかったことが、60年後の現在、
この地域での核拡散とテロリズムの直接の原因になっている。
では、どうしてそうなってしまったのだろうか？
それを理解するには、一連の連鎖と、
さまざまな要因がどんな働きをしたかを
検討するのがいちばんだろう。

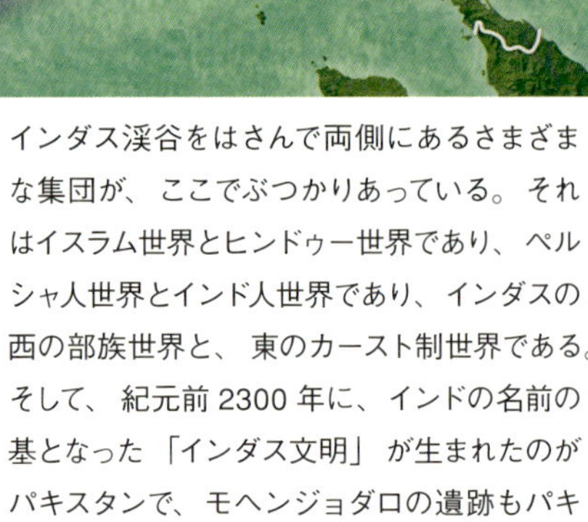

政治から見る隣国

パキスタンの国境は、イギリスの植民地だったことと、インド帝国から分割されたことがからみあった結果である。西では、パターン人（パシュトゥーン人）とバローチ人が、それぞれアフガニスタンとイランの国境地域に居住して、それを国境線が分断している。北東は、カシミール地方の国境がいまもって定まらず、1947年の建国当時からインドとの紛争の種になっている。北はインドと敵対していることから、中国がパキスタンの戦略上の同盟国になった。

連邦国家

パキスタンは連邦国家で、四つの州（パンジャブ、シンド、バローチスターン、北西辺境州）と、首都のイスラマバード連邦直轄区からなっている。それにカシミール地方の一部と、連邦行政区としての部族地域が加わるのだが、部族地域に住んでいるのは大半がパターン人である。国の面積は80万平方キロメートルで、1億5400万人の住民はおもにインダス渓谷に居住している。国の経済は農業（小麦、綿、パンジャブ州の米）が中心で、毎年3パーセント近く増加する人口をまかなう食糧の自給を目指している。

イスラム教徒のための国

パキスタンはイスラム教徒の国である。

インド亜大陸に、イスラム教徒のための国家をつくろうという考えが生まれたのは1930年で、建国の母と言われる詩人、ムハンマド・イクバルの着想から来ている。その後、1947年にインド大陸が分割されたさいに、パキスタン国家が建国された。そのときのパキスタンは二つの部分からなり、それぞれインド領土をはさんで2000キロメートル離れていた。

◎一つはインドの東の東パキスタン（現在のバングラデシュ）で、ここはベンガル地方の東部をカバーし、イスラム教徒が住んでいる。

◎もう一つはインドの西の西パキスタンである。こちらはパンジャブ州とカシミール州、シンド州、バローチスターン州を譲り受け、これが「パキスタン」という国名になっている。「P」はパンジャブ、「K」はカシミール、「S」はシンド、「–tan」はバローチスターンである。また、「パキスタン」は公用語のウルドゥー語で「清浄な国」という意味である。

核の連鎖

パキスタンは1947年の建国当初から、隣国インドと3度の戦争を経験し、いずれも負けている。1949年と65年の第1次、第2次印パ戦争は、両国が奪いあうカシミールが問題になり（135頁の「カシミール紛争」を参照）、1971年の第3次印パ戦争では東パキスタンが分離し、インドの支援を受けて新しい国家バングラデシュが誕生した。

この対インド戦争での大敗がきっかけになって、パキスタンは核開発にのめりこむ。インドは、1962年の中国との短期紛争で大敗したのがきっかけで、すでに核兵器開発計画を軌道に乗せていた。したがって、このときの中国軍の勝利がインドの核武装化を生み、インドの核武装がこんどは「パキスタンのイスラム爆弾」をスタートさせることになったのである。

冷戦時代のパキスタン
パキスタンはアメリカの古くからの同盟国である。冷戦時代には、ソ連に反抗するアフガン抵抗勢力に後方基地を提供していた。パキスタン軍の諜報機関（ISI）とアメリカの中央情報局（CIA）の関係はじつに密接だったのだ。そのCIAがよりどころにしたのは「部族地域」で、アフガンやアラブ、そしてサウジアラビアの急進派イスラム主義者の反体制活動を資金的に援助して、武装化させている。1980年代半ば、そのなかにいたのがオサマ・ビンラディンである。

パターン人とパシュトゥーン人
パキスタンのパターン人と、アフガニスタンのパシュトゥーン人は同じ民族で、双方合わせて約260万人いる。この民族が二つに分割されたのは、1893年、イギリスの高級官吏、モーティマー・デュランドが引いた図面によってだった。

これらに加えて二つの要因を頭に入れると、この核の連鎖がもっと理解しやすくなるだろう。

◎ 1979年のソ連によるアフガン侵攻のさいに、パキスタンは200～300万人のアフガン難民を西の国境沿いに受け入れた。この難民はおもにパシュトゥーン人で、パキスタンのパターン人とは呼び方は異なるが同一民族である（上掲の地図を参照）。それもあって彼らは当初、寛大に迎えられた。冷戦時代のパキスタンは、アメリカの古くからの同盟国であり、アフガンの反体制勢力に後方基地を提供していた。

◎ 1989年にソ連軍が撤退し、過激派同士の戦争が終わると、パキスタン政府はアフガニスタンに「友好政権」を設立するのに腐心する。それがパシュトゥーン民族出身の急進派イスラム主義者で形成された、タリバン――「聖典の学生」という意味――と呼ばれる政権である。パキスタン側の計算としては、アフガニスタンと同盟を結ぶことによって、敵対するインドと戦争になった場合に戦略的な奥行きを持つことだった。

パキスタンの矛盾

こうしてパキスタンは、アフガン抵抗勢力でも最大の急進派を支援してしまった。1980年代にはビンラディンが軍事的な知識を身につけるのを許し――皮肉にもCIAの援助で――、タリバン政権を「形成した」ことになる。そして、パキスタンは現在もカシミール地方のテロリスト支援を続けているのである。また、1998年には第1回目の核実験を実施して、核保有国の仲間入りを果たし、この技術を北朝鮮やイランに輸出したと言われている。

ところが、2001年9月11日に同時多発テロが起きると、パキスタンはわずか48時間でアメリカと同盟を組み、アフガニスタンやカシミールでアルカーイダを追跡した。パキスタンの軍事政権がアメリカ支援を選択したのである。じつに矛盾した選択だが、矛盾しているのはア

カシミール紛争

カシミールは、インド、中国、アフガニスタン、パキスタンの国境に位置する山岳地方である。この地は3世紀から10世紀まではヒンドゥー教だったが、14世紀からイスラム教に改宗した。したがって、カシミール人の大半はイスラム教徒なのだが、カシミール王国は1846年からヒンドゥー教徒の家系のマハラジャ（王）に統治されていた。そして1947年に、大英帝国からインドが独立するとき、「分割」は宗教を基本にされることになり、イスラム教徒が大半の領土はパキスタンに、ヒンドゥー教徒はインド連合に帰属しなければならなくなった。ところが、カシミールのマハラジャ、ハリ・シンが、それを無視して独立する動きを見せたことから、それに反対するパターン人がパキスタンの北部から到来して、大半がイスラム教徒のカシミールを占拠してしまった。この暴挙を前に、マハラジャはインドへの統合を望み、それを受けてインド軍が介入したのである。第1次印パ戦争の発端となったのは、このカシミールの分割問題だった。

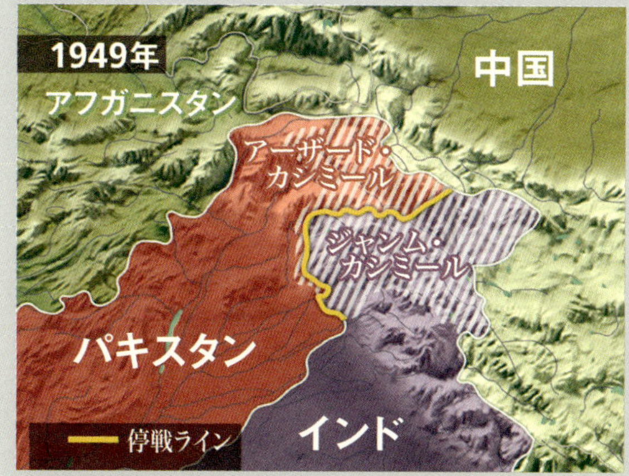

国連は1949年にこの戦争の停戦を取りつけ、カシミールを二つに分けた。

◎一つは北の、パキスタン側カシミール地方である。ここはアーザード・カシミールで、行政府を有する独立州だが、事実上パキスタン政府の管理下にある。しかしパキスタン人は、分割時の考え方からしても、大半がイスラム教徒のカシミールは自分たちに帰属するべきと考えている。

◎もう一つは南のジャンム・カシミールで、ここはインド連邦の州の一つになった。しかし、インドはカシミールの領土全体を要求している。なぜなら、カシミールは1947年に合法的にインドに併合し、この地を占拠したパターン人はパキスタン人の手先だったと考えているからである。さらに、インドは政教分離をうたっている国家で、宗教の帰属を理由に領土の一部を分離することなど容認できない。なにしろインドには、パキスタンと同じくらいの数のイスラム教徒が住んでいるのである。

そこへ中国が登場してきた。1950年代後半に中ソが対立して数カ月後、北京はモスクワと同盟を組むインドを屈服させる可能性をカシミールに見出し、1962年の末に東部のアクサイチンを奪ってしまったのである。

カシミール人の大半はイスラム教徒だが、住民は地方分権主義、さらには独立主義に傾いている。そのアイデンティティは、パキスタンの思惑とは異なり、宗教には基づいていない。これは、民族のアイデンティティが国家ではなく、土地に結びついていることを示す例と言えるだろう。カシミール問題には、多くの問題が交差しているのだ。カシミール地方はイスラム世界ともヒンドゥー世界とも接し、インドと中国のあいだにあって、しかもインドとパキスタンの緊張関係の渦中にある。そうなると問題は、局地的なものではない。インドとパキスタンはいまや事実上、核兵器不拡散条約に調印せず核兵器を保有しているからである。

メリカも同じではないだろうか？　アルカーイダが隠れ家にしているタリバンの最後の保護者はパキスタンであり、イラクと違って、この国は大量破壊兵器の実験を行なっていたのだから。

インド

大国になる将来性

インドがこれほど世界的な強国になろうとは誰が想像しただろう。ところが、インド亜大陸のこの大国は現在、さらなる野心を抱き、そしておそらくは手段を持ちあわせている。すでに人口大国であり、核も保有しているこの国は、テクノロジーの重要な中心地として発展し、成長している。

インドはヒマラヤ山脈の南に広がり、アジア大陸から延びる半島の形でインド洋に突き出ている。国の人口は2000年をさかいに10億人を突破し、中国に次いで人口の多い国だが、人口密度は中国の3倍である。デリーは、首都機能をもつニューデリーと、オールドデリーに分けられる。

話される言語は方言を含め 1600
これは言語の多様性を地図にしたものである。インドの北部で話されるのはインド・ヨーロッパ語である。南部で支配的なのはドラヴィダ語で、ヒマラヤ山脈の支脈地帯ではチベット・ビルマ語や、オーストロ・アジア語も話されている。公用語であり、首都ニューデリーの言語であるヒンディー語は、今でも最も話されている言葉である。そして、独立後も英語が行政言語として使われているのは、インドの南部の州が、北部のヒンディー語が絶対的優位になるのに反対しているからである。

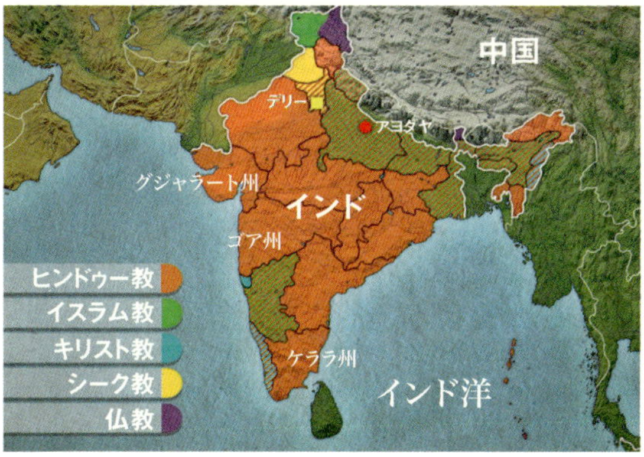

世界第 3 位のイスラム国
インド人の大半はヒンドゥー教徒である（82 パーセント）。しかし、インド人の 12 パーセント、つまり 1 億 2000 万人はイスラム教徒であり、それがインドをインドネシアとパキスタンに次ぐ世界第 3 位のイスラム国にしている。さらに、キリスト教徒も 2 パーセントいて、とくにゴア州とケララ州に多く、そのほかにもシーク教徒やジャイナ教徒、仏教徒、パールシー教徒……などがいる。

多様な言語と宗教

インドには挑戦を突きつけられている問題がいくつもある。

まず、最初に応じなければならない挑戦は、10 億人以上の人口をかかえるこの国の多様な言語と宗教に結びついている。インドで話されている言語は方言を入れてなんと 1600 もあり、うち 18 言語は公用語として憲法にも明記されている。一方宗教では、大半を占めるヒンドゥー教徒のほかに、イスラム教徒もいれば（1 億 2000 万人）、シーク教徒、仏教徒、キリスト教徒、パールシー教徒（ゾロアスター教の一派）もいる。このような多様性に対応し、かつ国が分裂するのを避けるために、1947 年の独立以来、連邦の州は定期的に再分割され、インド国民に言語の自治権を保障してきた。

インドは連邦国家で、28 の州と、七つの直轄地域から形成されている。言語と同じように、多様な宗教の違いを尊重して保障するために、憲法によって政教分離の国になっている。しかし、ヒンドゥー教徒とイスラム教徒の関係は今でも緊迫することが多い。現在でも引き合いに出されるのは、1992 年に北東部の町アヨダヤで、イスラム寺院のモスクがヒンドゥー教徒たちによって破壊された事件だろう。またグジャラート州では、2002 年にヒンドゥー教徒とイスラム教徒の暴動があり、約 2000 人の死者を出した。このヒンドゥー教徒とイスラム教徒の関係改善こそ、国が最初に応じなければいけない挑戦である。

経済発展

第 2 、第 3 の挑戦は経済発展と関係する。

インドは農業国であり、農業は国内総生産（GDP）の 24 パーセントを占め、就業人口の半数以上を雇用している。しかしインドはまた、情報科学やバイオテクノロジー、宇宙開発、民間および軍用の原子力といった分野のハイテクノロジーの国でもある。そしてこれら最先端の

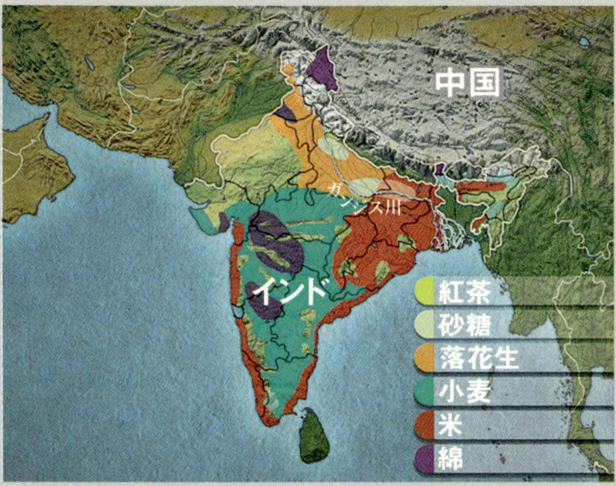

紅茶から人工衛星へ、激変する経済

インドは世界第1位の紅茶生産国であり、また世界第2位の砂糖と落花生、小麦、米の生産国であり、世界第3位の綿生産国である。こういう成果が得られたのは、収穫高の高い種子を導入して、1ヘクタール当たりの小麦と米の生産量を2倍にできたからである。おかげで、人口の重圧で食糧不足になる事態を避けることができた。

一方、ムンバイやコルカタ、チェンナイ(それぞれボンベイ、カルカッタ、マドラスの新しい呼び名)、そして首都ニューデリーといった都市を拠点に、インドはハイテク産業を発達させた。バンガロールは、「インドのシリコンバレー」とも呼ばれている。

テクノロジーが、世界におけるインドのイメージを変えていくことになる。それは数字にも表われ、2001年から2002年にかけて外国からの投資は2倍になり、2002年のインドの輸出は20パーセント上昇した。

この経済成長を支えるためには、必要なエネルギー需要をカバーしなければならない。これが第2の挑戦である。アッサム州とグジャラート州、そして海底にいくつか油田はあるが、それだけでは自国のガス・石油需要の30パーセントしかカバーできないのだ。残りは中東から輸入しているが、インド政府はさらにイランとトルクメニスタンからガスを購入する計画を立てている。ところが、この選択にはパキスタン経由のガス・パイプライン建設が必要なため、カシミール紛争が解決しないかぎり手がつけられない。したがって、パキスタンとの関係正常化がインドにとって第3の挑戦になってくる。

カシミールと中国

カシミールをめぐるパキスタンとの緊張関係は、2003年の末以降、鎮静化している。これは、アメリカがパキスタンに圧力をかけ、またインドにもパキスタンとの関係を正常化するように働きかけたからである。それが効を奏して、両国は2004年の秋に、カシミールの平和的プロセスに合意している。

インドにとって第4の挑戦は、中国との信頼関係を築くことである。なぜなら、インドが世界的規模で強国になりたいと望むなら、北京とはこれまでの対抗政策から協調政策に移行しなければならないからである。そして2003年6月に、インド首相が訪中。以来インドは中国に鋼鉄やソフトウェア、薬品を輸出し、中国から電子製品や玩具を輸入している。最終的には、地上ルートでの貿易を促進するために、中印国境のシッキム州を経由する道路が再開通されなければならないだろう。

パキスタン経由でガス・パイプライン？

自国のエネルギー需要をカバーするために、インドはイランとトルクメニスタンからガス購入を検討している。この選択にはパキスタン経由のガス・パイプライン建設が必要になる。そのパキスタンとは、1947年の独立以来、カシミール地方をめぐる緊張関係にあり、3度の印パ戦争の原因になっている。

中国との紛争

インドと中国の紛争は、中印国境に集中している。カシミールのアクサイチン地方は、1962年に中国に併合された。中国側は、ヒマラヤ山脈東部のアルナチャル・プラデーシュ州も要求している。中国は、ダライ・ラマの亡命政権を含むチベット難民を、インドが迎え入れるのを快く思っていない。一方インド政府は、隣国パキスタンの核保有に中国軍が協力し、グワダールに中国の海軍基地が建設されたのを、苦々しく思っている。また東の隣国ミャンマーで中国の影響がますます強くなっていることも、緊張度を高めている。

相変わらずの貧困状況

最後の挑戦はもちろん、貧困解消への闘いである。貧困は近年は減少傾向にあるとはいえ、何億人ものインド人が満足に食べられず、病気にかかり、読み書きができない状態にいる。この困難な状況に挑むのが2004年の総選挙で勝利した政党、国民会議派である。国民会議派は、それまで第1党だったインド人民党のヒンドゥー民族主義政権の経済自由化政策を、方向転換するとうたっている。

中国・天の下の国

世界の中心にある中国

(1)

空間と時間 1

ヨーロッパ人の中国の見方は不完全といえる。
歴史的な視点に欠け、
目先の問題にすりかえて見ることが多すぎるようである。
そこで、中国に詳しいピエール・ジャンテル氏と
地図をもとに対談して、
中国を中心とした、長期的な視点に立つ見方を発見してみよう。

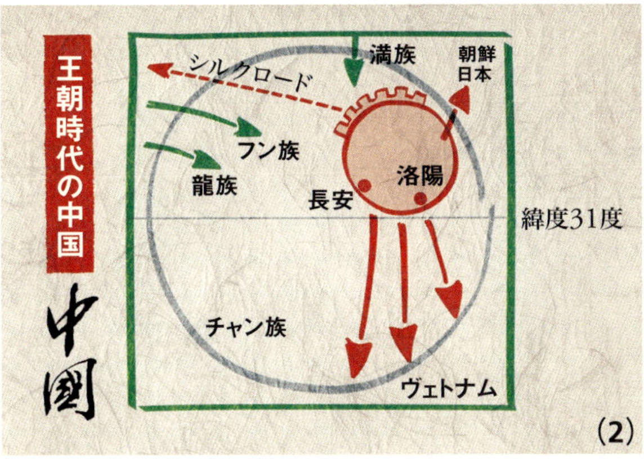

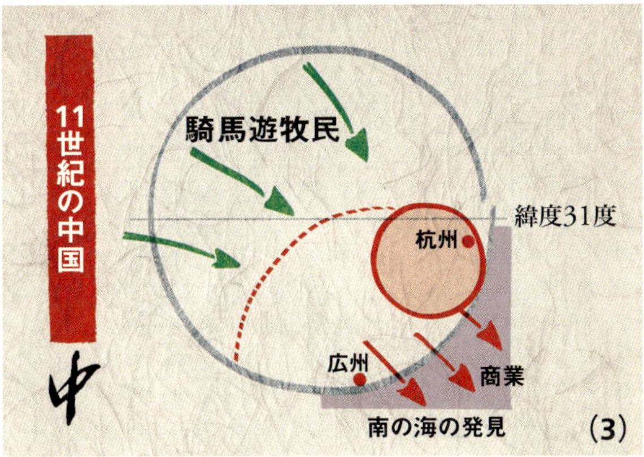

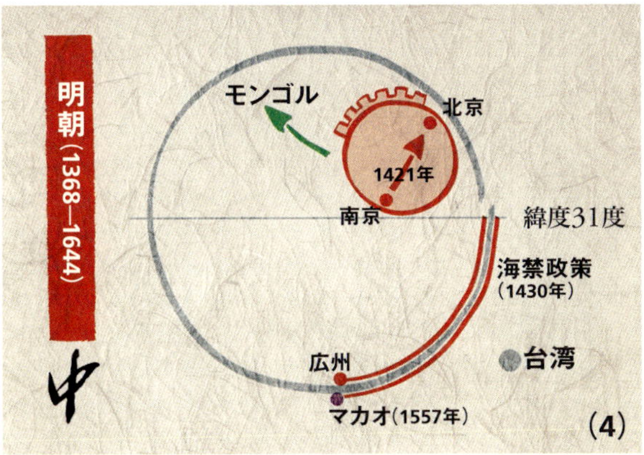

ジャン - クリストフ・ヴィクトル　まず、あなたのアプローチの仕方からうかがえますか？

ピエール・ジャンテル　そうですね、私は中国人が考えていること、少なくとも彼らの考えだと思われることを、図で表わすようにしています。最初に確認できるのは、現在の中国は、領土という点からすると「ずれている」ということです。もともと中国は「天の下の国」、つまり「中心」あるいは「中」の国であると考えられてきました（図 1 参照）。しかし、紀元前 221 年に最初の王朝（秦《しん》）が建国されるとそうも言っていられなくなり、もっと現実に即して対処するようになります。異民族――フン族、チャン族、龍《ロン》族、満族など――が中国のまわりに居を定めたので、中国人は必要に迫られて防壁を築き、その一方で、文化面では朝鮮や日本、ヴェトナムのほうへ広がっていきます（図 2 参照）。

ヴィクトル　当時の中国はどういう位置にいたのですか？

ジャンテル　支配的な位置でしたね。中国はいつも自国を世界の中心だと思っていたのですが、国から二つの主要な道が広がっていたのに、あえて踏み出そうとはしませんでした。それは南シナ海のルートと、西欧とを結ぶシルクロードです。つまり中国は、何世紀ものあいだ自国の領土だけで満足していたのです。ところが 11 世紀に騎馬遊牧民が侵入して、中国は領土の北を征服され、中心は海岸のほうへ押しやられて、杭州へ首都が移ります。マルコ・ポーロが訪れたのはこの頃です（図 3 参照）。

その後中国は、それまで北を支配していたモンゴル人を 1368 年に追い出し、再び自分たちの領土を支配するようになって、1644 年まで明朝を築きます。古代のような中心を復元したいと思ったのですね。その最初の段階が万里の長城の再建でした。それから、海岸での貿易を著しく制限する海禁政策を打ち出し、1421 年に首都を南京から北京に移しました（図 4 参照）。

しかし、明朝の後期になって、「外国人」が

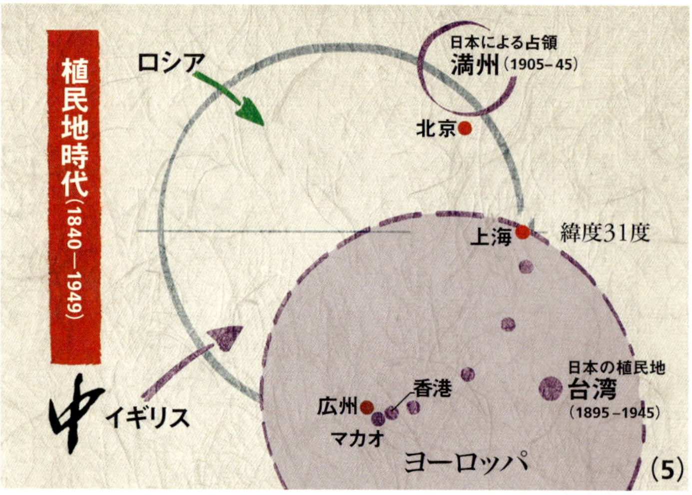

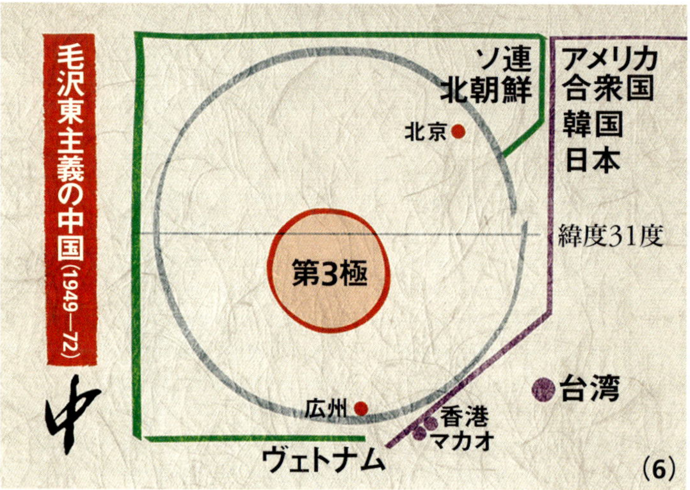

上陸しました。それが1557年にマカオで居住権を得たポルトガル人です。中国はその時点ではまだ、この外国人到来の影響と重大さを把握していませんでした。これがまさに悲劇の種になるのです。

ヴィクトル　その後の悲劇とは何ですか？

ジャンテル　1840年から1949年のあいだに、中国は完全に中心を失い、世界に組みこまれていきます。この期間は中国にとって植民地時代で、それを印象づけるのがイギリスとの阿片《あへん》戦争（1840—42）であり、日本との日清戦争（1894—95）で、いずれも中国が大敗しています。植民地の居留民はいたるところに「租界地」をつくりました。そのうち外国人が四方八方から進出してきます。南西ではインドからイギリスが、北西ではシベリアからロシアが進出し、北東の満州は日本によって征服されます（図5参照）。

これらが引き金となって、1911年に辛亥革命が起き、清朝は滅びるのですが、この革命は失敗に終わったと言えるでしょう。そのあとが、1949年の毛沢東による革命で、中国は中華人民共和国の成立を宣言して、自国に再び中心を戻そうとします（図6参照）。

さて、1945年以降の二極化した世界で、中国は最初、ソヴィエト連邦に頼ります、1949年から57年までですね。その後、新たな自立を求めて、1962年に中国はソ連との決裂に挑みます。やがて中国は、アメリカが必要なパートナーであることに気づき、そこから大転換したのが、1972年のニクソン訪中になるわけです。中国は再建を目指してアメリカと同盟関係

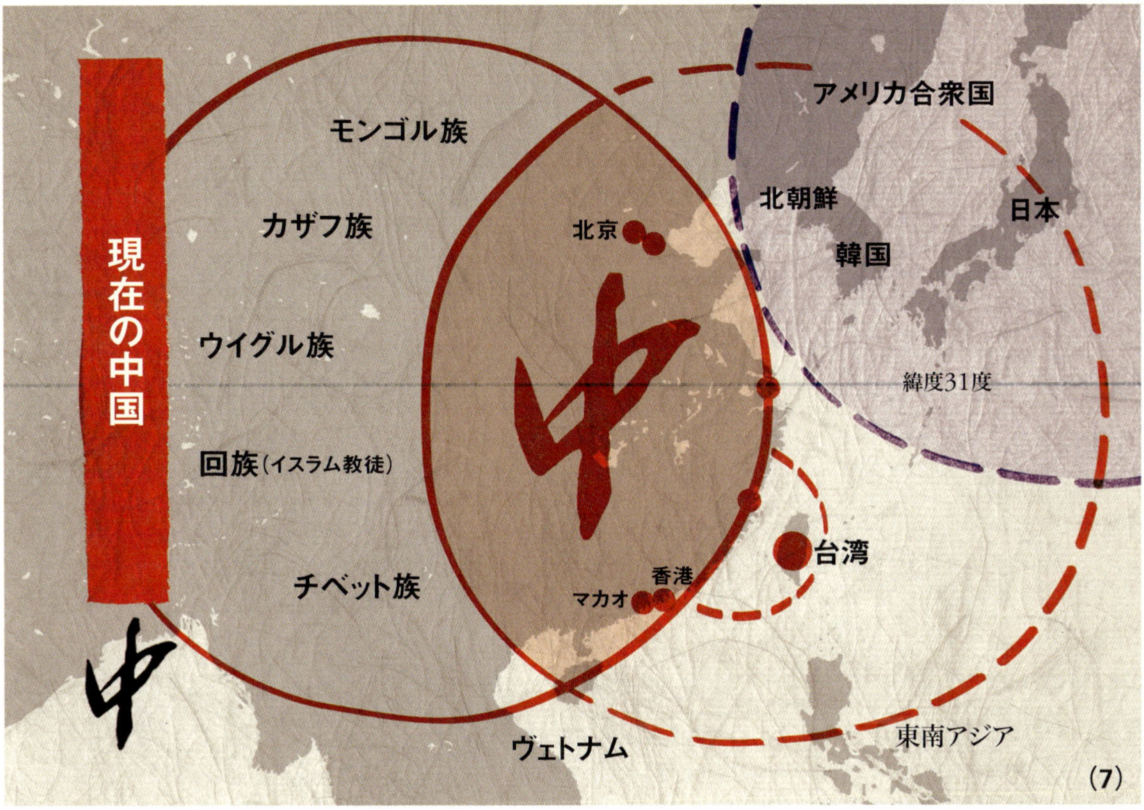

を結び、ロシアに対抗するのです。

ヴィクトル　そのことが、毛沢東の死去から１年後の1978年に鄧小平《とうしょうへい》が行なった経済改革〔＊改革開放政策。社会主義市場経済〕の説明になりますか？

ジャンテル　なりますね。というのも、中国は自力では再建できなかったからです。どちらかの陣営を選ばなければならなかった。それに、その時点でソ連が崩壊するとは誰も予測できませんでした。

ヴィクトル　現在の中国の領土はどうなっていますか？

ジャンテル　現在の領土は二つの円がずれた形になっています（図７参照）。一つは実際の領土で、そのなかで中国は排斥した民族との問題をかかえています。まず挙げられるのはチベット族、それからウイグル族、カザフ族、モンゴル族などですが、これら西方の民族に中国はあまり興味を持っていません。

その一方で中国は、一部の世界に「提供した」自国の文明領土を取り戻したいと思っています。一部の世界とは、南北朝鮮と日本、ヴェトナム、そしてたぶん東南アジアも含まれますね。

ヴィクトル　ところで、現在の中国はアメリカに対してどういう位置にいるのでしょうか。中国にとっては大投資国ですよね？

ジャンテル　アメリカは唯一、世界の本当の強国です。ところが、中国はどんな強国にも服従したくない、少なくともアメリカと同じくらいの強国になってやろうという野心を持っています。そのためにも、中国文明の息のかかる領土を結びつけたいのです（図７参照）。そして、東へ広がろうとしています。20世紀に香港とマカオを返還させたあと、21世紀には台湾を取り戻して中国のなかに組み入れようとしています。

＊ピエール・ジャンテル：地理学者、考古学者、フランス国立科学研究センター・主任研究員。

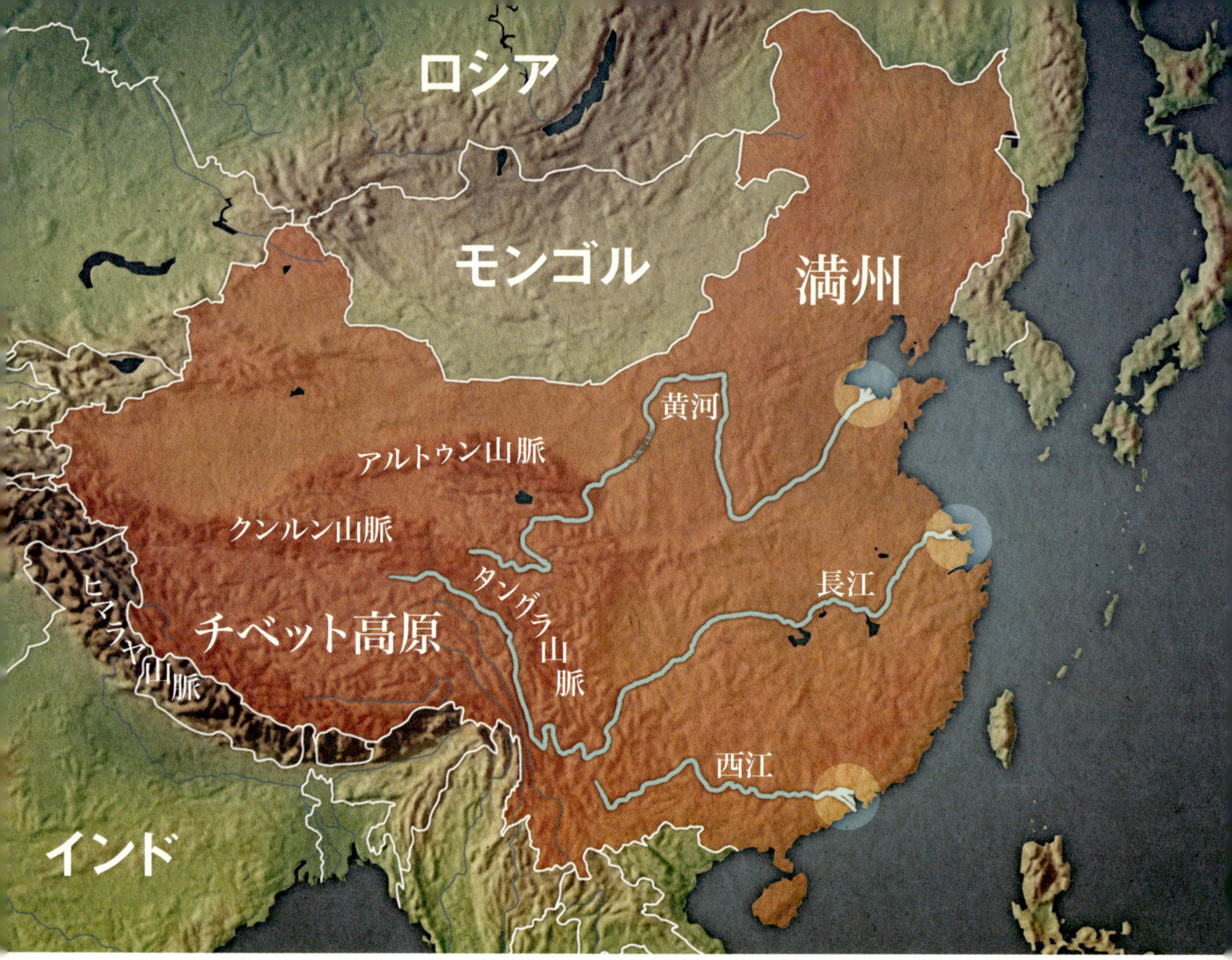

中国の状態 2

この20年間で、中国ほど急速に、
しかもここまで変化した国はない。
これらの変化は広大な領土の構成に悪影響を及ぼし、
中国人の生活をすっかり変えてしまった。
１９８０年からの大がかりな改革は、
これまで恒久不変とされていた分野に、
どの程度行きわたっているのだろうか？

中国西部にある高原と山脈が水系の軸となり、ここから流れ出る大河はほとんどが太平洋にそそいでいる。黄河、長江（揚子江）、西江《せいこう》である。中国大陸はいくつもの気候帯に分かれているが、そのうちの二つははっきりと区別できる。

◎南部と東部は、丘陵地帯と湿潤な高原地帯、広大なデルタからなっている。そこに人口の85パーセント、ほぼ10億人が住み、もとは農民である。

◎西部と北部は大陸性気候で、寒くて乾燥している。面積では国全体の60パーセントにあたるが、人口は全体の15パーセント。住民は遊牧民が多い。

農業、伝統的な生産活動

中国の伝統的な経済活動である農業は、地形と気候にぴったり合ったかたちで行なわれている。牧畜の地域、小麦や稲の耕作の地域などである。

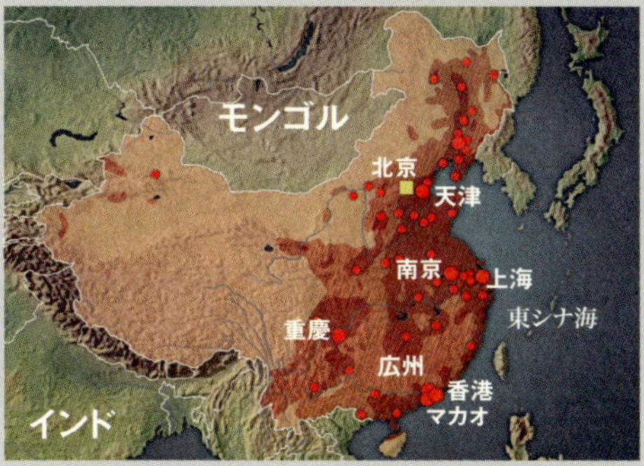

中国の民族

中国には多種多様な民族がいるが、左上の地図を見ると、東部と東シナ海を起点に、漢民族が主要な領土を占領しているのがわかる。漢民族はみずから「中国人」と名乗り、国の人口の大部分、ほぼ 92 パーセントを形成している。

一方北を見ると、モンゴル族や満族がいる。そして北東には朝鮮民族系中国人がいて、西の中央アジアのほうには、トルコ系のウイグル族、カザフ族、キルギス族。南にはクメール族とタイ族系の民族。南西にはチベット・ビルマ民族系の民族がいる。

中国の全人口は、2004 年度で 13 億 7000 万人。世界一人口が多く、世界人口の 20 パーセントを占める。ただし人口分布は、国土全体でみると均一ではなく、それを色で表わしたのが左下の地図である。この地図で明るい色の部分は荒野に近く、濃い色の部分は人口密集地で、赤い点は人口過密状態の大都市、北京、上海、天津、重慶、南京、広州などを表わしている。さらに、ここへきて香港とマカオが中国に返還された。

中国といえば古代から、大河の流れを中心に国土が構成されてきた。大河のまわりには人が集まり、その結果、人の動きが活発になって、農業が発達し、中国国内の交流や、とくに黄河や長江〔＊揚子江〕を利用しての船の航行が盛んになった。

しかし、21 世紀の中国では大河が人を集めるのではなく、人が自分からすすんで動いている。少なくとも二つの要因が彼らを移動させている。一つは、沿海の省で海外からの投資が許可されて、経済活動が活発になったことである。中国は世界第 1 の直接投資受領国で、これらの資金は大部分が沿岸の大都市に入りこんでいる。もう一つは、経済活動が飛躍的に発展した結果、都市に人が集まり、都市の数も増えたことである。この二つの要因の相乗効果で、国内の人口移動が生まれている。

1980 年から 2000 年のあいだに中国人は、地方から都会へ、内陸から沿岸へ、農業からサービス業へと動いている。国は農業人口型からますます都市人口型になり、地方に留まる住民でもいちばん多いのは、農業を離れて第 3 次産業に関わる人口である。

このように経済地図がすっかり変わったのを受けて、北京では領土と対外貿易について再考をうながされた。経済を地方へ分散させる動きが現われ、中国政府だけでなく、各省が独自に外国と交渉するようになっている。

これが現在の中国だが、全体では昔より統一性に欠け、あちこちに亀裂が生じている。それは中国人と西方民族（ウイグル族、チベット族）、農民と都会の企業家、農民と都会人である。

中国は是が非でも近代国家になりたかったのだ。そこで物質的な近代化を進めるために二つの手段をとった。一つは農民を減らして都会に人を増やすこと、もう一つは世界的な資本にもっと開放すること、すなわちより依存することである。こうして国はますます外へ向かい、グローバル化のパートナーの一国になる。結局、中国は現在「外に」、世界にいるのだが、「国内」はますます不平等になっている。

ここ10年、中国の輸出は毎年12パーセントの伸びを示している。中国はまず、玩具や目覚まし時計、ラジオ、衣服といった工業製品の生産国として世界的な地位を獲得した。それから、テレビや空調器機、カメラ、電話、DVD再生装置の世界最大の生産国になった。

3 外へ「大躍進」

力強く、安定した経済成長を続ける中国は、
原材料を世界じゅうで積極的に
探し求めなければならなくなっている。
とくに必要なのは石油であり、
ガス、鉄、アルミナ、銅、ニッケル、木材、綿、大豆である。
このような需要の増大によって、
エネルギーで自立していたかつての中国が消え、
中国を需要の中心とした原材料の世界地図が現われた。

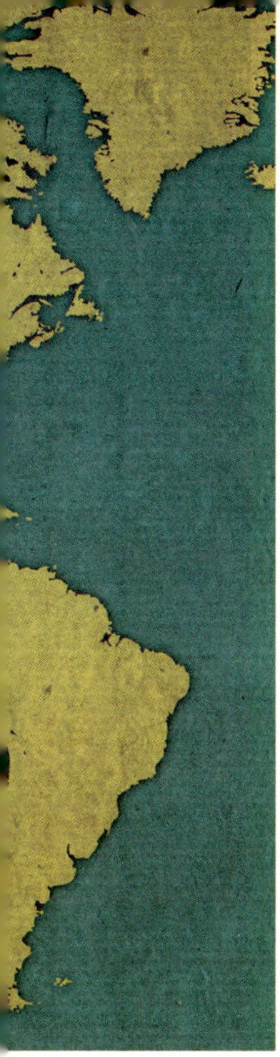

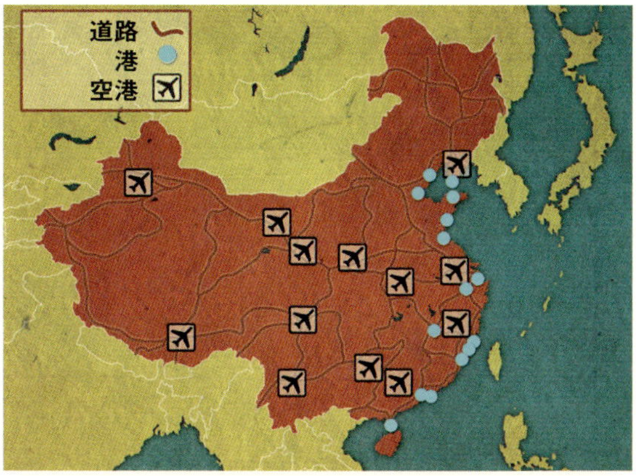

建設ラッシュの中国

中国は今まさに建設ラッシュである。5年間で、約20万キロメートルの道路と2万キロメートルの高速道路が建設され、2001年から2004年のあいだに新港や、10の拠点空港（ハブ空港）が開港または整備された。またここ20年で、人口100万以上の大都市が150以上も現われた。

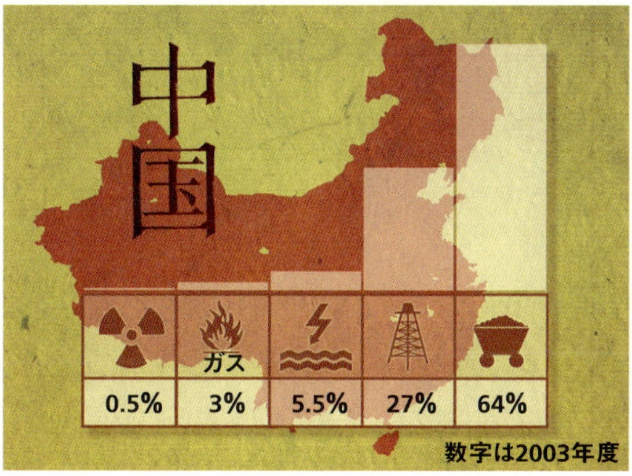

中国のエネルギー消費

左の図からわかるように、2003年度の中国のエネルギー源は、96パーセントが地中からのエネルギーである（石炭、石油、ガス）。

中国は、1978年の鄧小平《とうしようへい》による経済改革以来、わずかな付加価値をつけた加工製品の生産国としては世界最大ともいえる地位を獲得した。いわゆる「世界の工場」になったのである。しかし、工場を回転させ、中国人の生活水準の向上に応えるためにも、膨大なエネルギー源の入手ルートを確保しなければならない。中国のエネルギー需要は、2000年度は世界需要の10パーセントだったが、2010年には20パーセントになると言われている。

エネルギーはお手上げ状態

では、なぜこれほどエネルギーが必要なのだろうか？

それは、中国の現在の発展段階は、多くのエネルギーを使う生産活動に依存しているからである。国内と国外の二重の需要に応えるためには、製品を作って加工するための工場を建設しなければならず、さらに流通のための道路と、輸出のための港や空港、そして「新しい労働者」を迎え入れるための都市まで建設しなければならない。

また、中国人の購買力が向上して、家庭用器具の需要がとくに都市家庭で強くなっているのも影響している。都市住民のエネルギー消費は、農民の2.5倍である。その結果、2004年の最初の3カ月で、電力需要は17パーセントも跳ねあがることになった。

ここまで数字を跳ねあげたのは、新都会人とオフィス活動、つまり第3次産業が発達したからである。結果、2004年には全土で停電が頻発した。もはや需要に追いつけなくなったのである。

それでも中国は、世界第1位の石炭生産国であり、消費国としても第1位である。このことからわかるように、中国はアメリカに次いで世界第2位の環境汚染国である。日本に降る酸性雨の30パーセントは、中国が排出する二酸化硫黄が原因とされている。

一方石油が中国のエネルギー需要の27パー

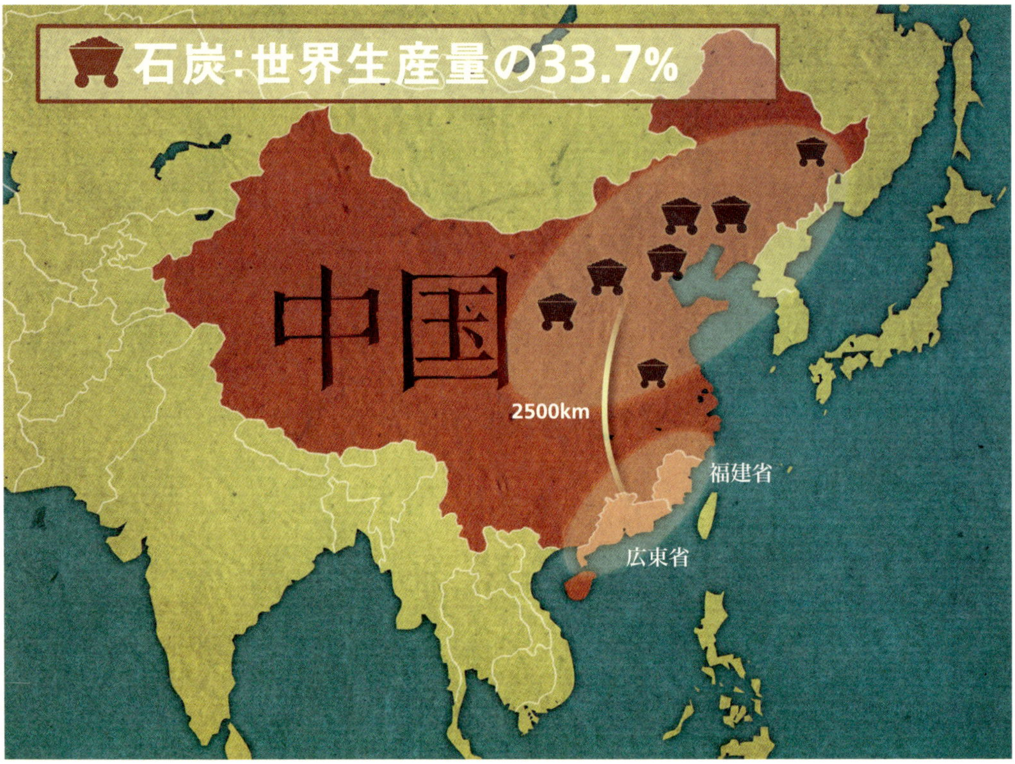

炭鉱

中国は世界一の石炭生産国である。しかし、それでも国内需要をまかないきれない。上の地図を見てわかるのは、おもな炭田は国の北東部にあるのに対して、消費地区はとくに南部に位置し、炭鉱から2500キロも離れていることである。これほど長距離だと輸送費が高くつき、石炭で動く列車だけでいまだに国の鉄道網の半分を占めている。ちなみに、中国の鉄道は2004年度で、発電所や工場の燃料需要の35パーセントしか輸送できなかった。

セントを占めているが、今後石油依存の割合が大幅に増加するのは必至である。そこで中国は、国の西部と東シナ海で、石油とガスの新しい採掘地の開発に乗り出した。しかし、それでもエネルギー需要に応えるには充分ではないため、「国外」での供給源を多様化させているのである。

エネルギー方程式をどう解くか?

2003年に、中国はついに、日本を抜いてアメリカに次ぐ世界第2位の石油輸入国になった。中国が輸入する石油はおもに中東から来ている。ところが、中東は政治的に不安定なうえに、ペルシャ湾から上海まで海上ルートで移送すると、1万キロメートル以上にもなる。

こういう位置関係に置かれた中国は、エネルギー供給を増やすのと同時に、供給をより安全に確保する必要に迫られている。そこで、以下の三つの目標を立てている。陸上輸送のパイプラインの建設、他の国で油田の取得、そして供給国の多様化である。

中国のダイナミックな成長は、市場にも大きな影響を与えている。シカゴに本社のあるCRB社(Commodity Research Bureau)のレポートによると(毎年22品目の世界の平均価格を出している)、2004年の原材料価格は過去23年間で最高だったことが確認されている。その2004年に中国は国内の石油消費量の30パーセントを輸入していた。そしてこの輸入量は、国際エネルギー機関(IEA)によると、2025年には82パーセントになるという。

国内での石油を求めて、西と南

石油は中国のエネルギー需要の 27 パーセントをカバーしている。 国内で生産される石油はおもに北部の油田からきている。しかし、ここでの生産は低迷傾向にあり、 また採掘地から消費地への輸送費が価格をつり上げている。

そんなことから中国は、 西部の新疆《しんきょう》ウイグル自治区にあるタクラマカン砂漠周辺で、 新たな油田とガス田の採掘に乗り出した。 ガス田は国のガス資源の 22 パーセントに相当するのだが、 これらの鉱脈は沿岸の最も開発された地区と数千キロも離れている。 そこで、 タリム盆地から上海までの 3900 キロのガス・パイプラインを建設中である。

一方、 南シナ海の海底油田は消費地区に近いという利点があるのだが、この地域には隣国との主権問題、とりわけスプラトリー諸島（南沙諸島） をめぐる紛争がある。 南シナ海は三重の意味で戦略地点になっている。 一つは海域紛争、 二つ目は埋蔵資源が確認されていること、 三つ目は中東の石油タンカーがここを通って上海や日本に行くことである。

中国、世界第2の石油輸入国に

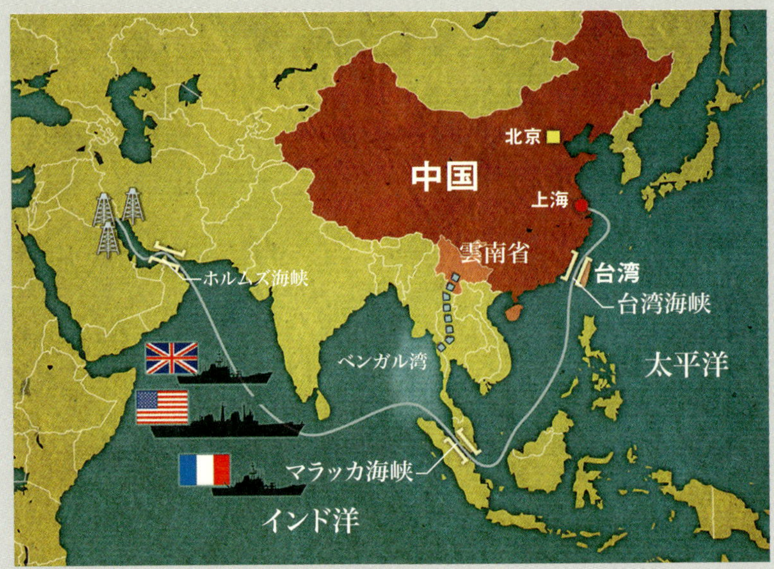

石油のルート

中国は、2002年には石油の50.5パーセントを中東から輸入している。しかし、この地域は政治的に不安定なうえに、ペルシャ湾から上海港まで1万キロ以上の海上ルートを使わなければならない。このルートの安全は、その海域を航行するイギリス海軍とフランス海軍、とくにアメリカ海軍によって保障されている。これは北京にとって不安材料である。もし台湾との紛争が深刻化した場合、中国の成長にとって「命のライン」ともいえるこのルートに、アメリカが圧力をかけてくるだろうからである。そこでその代替ルートとして、中国はベンガル湾と雲南省を結ぶパイプラインの建設を検討している。このような地上ルートができれば、石油はマラッカ海峡や南シナ海、台湾海峡を通らずにすむことになる。

ロシアとカザフスタン、新しい供給国

2003年に、中国がロシアから輸入する石油が17パーセント増加したのを受けて、ロシア政府は自国の石油の引渡しを2005年に1000万トン、2006年には1500万トンにすると約束した。これらの石油・天然ガスの搬出を確実にするため、ロシアの国営企業トランスネフチは、タイシェトからナホトカへ出て太平洋に通じるパイプラインの建設計画を打ち出した。この計画はもちろん、日本や韓国、アメリカへの供給を容易にすることまで見込んでのことである。

一方、1997年に中国の国営企業がカザフスタン第2の石油会社の運営権の60パーセントを取得し、2003年には完全に管理下に置いた。2004年の春には、2国間の合意でアタスと新疆地区アラシャンコウ（阿拉山口）を結ぶパイプライン建設計画が調印され、2005年末には完成。現在はその先の建設が始まっている。

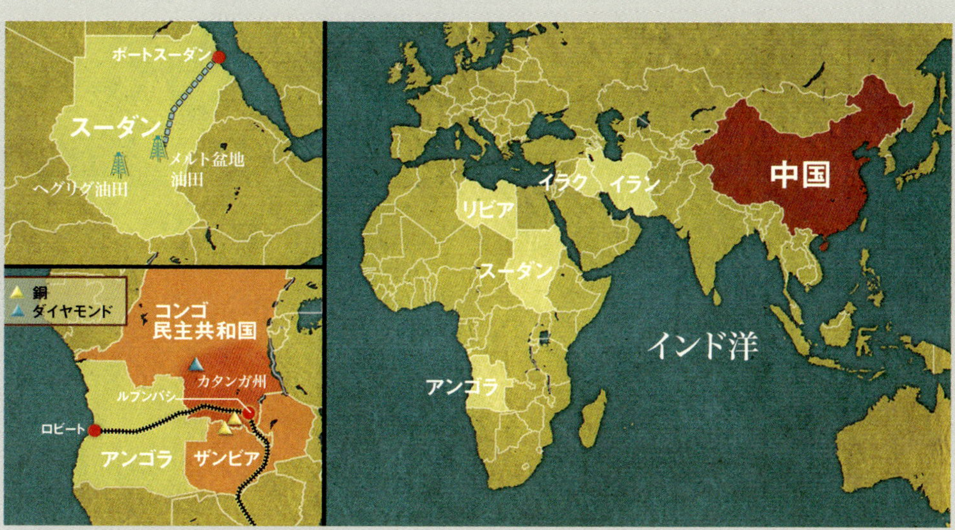

イスラム世界とアフリカの供給国

中国は、リビア、イラン、スーダン、そして数年前にはイラクといった、西欧の外交政策から孤立している国々と関係を結んできた。たとえば、イランの国営会社とイランの鉱脈を共同で探査する交渉をしており、スーダンのヘグリグ油田の40パーセントは中国の管理下にある。スーダンではそのほかにも多くの中国系会社が、メルト盆地とポートスーダンを結ぶパイプラインの建設に関わり、ポートスーダンに輸出のための石油基地を建設している。

また中国は、アフリカ大陸で2番目の石油生産国であるアンゴラに、国内最長の鉄道路線を修復する費用として20億ドルを貸与することで合意した。大西洋沿岸の港ロビートから、コンゴ民主共和国のルブンバシを結ぶ鉄道である。この巨大プロジェクトが完了すると、現在は南アフリカの港から輸出されているカタンガ州やザンビアの銅やダイヤモンドを、この鉄道で搬出できるようになる。

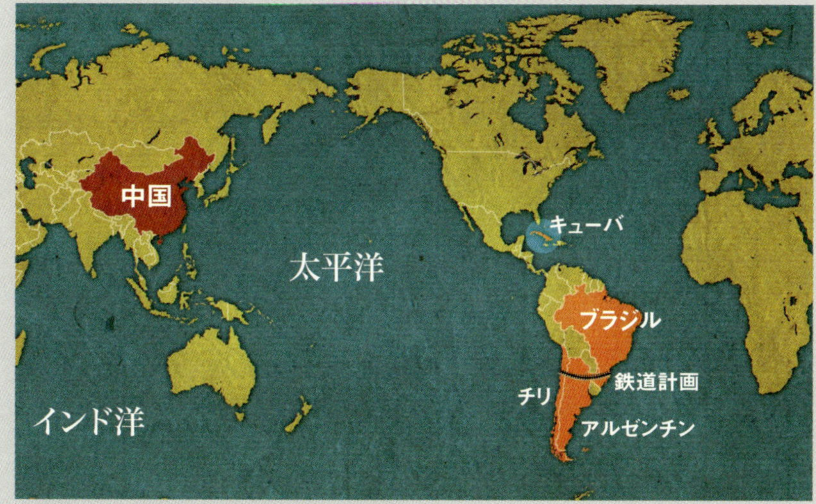

ラテン・アメリカでの供給国の多様化

中国はラテン・アメリカからも原料を輸入している。2004年の末に、中国の胡錦濤《こきんとう》国家主席は、この地域の4カ国を訪問した。

ブラジルでは、中国の鋼鉄メーカー〈宝鋼《バオガン》〉が、ブラジルの鉱山に10億ドルを投資した。そしてブラジルのルーラ大統領と胡錦濤主席は通商条約に調印し、共同で石油資源の探査と、航空機製造ならびに宇宙開発にあたり、2006年に地上偵察衛星を打ち上げることで合意した。アルゼンチンでは、胡錦濤主席は鉄道網の近代化と道路建設に200億ドル投資すると発表した。目標は、この地域の豊かな鉱山資源を太平洋から輸出しやすくすることである。そしてチリとは、2国間の自由貿易協定に調印した。さらにこの3国と連携して中国は、アンデス山脈を鉄道で越えてブラジルとアルゼンチンとチリを結び、太平洋側の港に出るという初の計画に向けて、調査研究に共同出資することになっている。

このときの歴訪で胡錦濤主席はキューバにも立ち寄った。そのさい、ニッケルの分野への中国の投資計画が発表され、いずれキューバの生産が2倍になって、中国へ輸出されることが約束された。

ラサ

剥奪されたアイデンティティ

本書ではチベットを中国の自治区の一つとして示し、中国はチベット人を自国の少数民族のなかに加えているが、当のチベット人の感情は、チベット仏教に培われた文化と記憶の共同体から離れることはない。中国人はそれがよくわかっていた。そこで、宗教の中心地だったラサ〔*チベット自治区の首都〕の地理を塗り替えつつ、チベット人の集団的アイデンティティの中心に刻みこまれた儀式やシンボルを剥奪しているのである。チベット人の意見を無視して植民地の税法を適用し、チベットを中国の自治区にして、チベット人を特異な民族性を持つ少数民族にしてしまった。

1950年に中国人民解放軍がチベットに侵攻したとき、ラサの町は実質的に3世紀前から少しも変わっていなかった。3平方キロメートルの面積に、約3万人が住み、7世紀に建設された寺院、ジョカンのまわりにきちんとまとまっていたのである。ジョカンはチベットの精神的な中心であり、団結と独立のシンボルでもあった。その後、二つの環状道路が建設されて、町は限定された。巡礼者はラサの町へ入るのに、環状道路のパルコルとリンコルを走り、ダライ・ラマが本拠地にしていたポタラ宮の近くを通らなければならなくなっている。

1980年代の初頭まで、宗教の中心地としてのラサの地図は、変わったといってもほんの少しだった。状況が一変したのは1984年、中国によっていわゆる「チベットの発展」計画が導入されてからである。新市街にコンクリートの建物や、直角で広い道路などが出現する。古いたたずまいの古都に、中国は進歩とその意義を直接的な形で押しつけたのである。都市計画をきちんとして、明るい社会にせよ！　こうして1985年に、ジョカンの前にあったチベットの家並は取り壊され、大きな広場になって、古都は中国の人口密集地区に形を変えていくのである。

1990年代になると、環状道路リンコルは消滅して、人口15万人の新都市の幹線道路に組みこまれてしまった。そして市の中心にあった伝統的な家々は、毎年30軒ずつ壊されていった。それと並行して1994年に、ポタラ宮の足下に巨大な広場が建設された。こうして中国は、広場と中華人民共和国の旗で側面を固めつつ、古都ラサからチベットの象徴を取りあげた。ポタラ宮は大きな通りで旧市街から分離されてしまったのである。同じ年、中国は、ダライ・ラマの住居だったポタラ宮をユネスコの世界遺産に登録して、たんなる博物館にしてしまった。

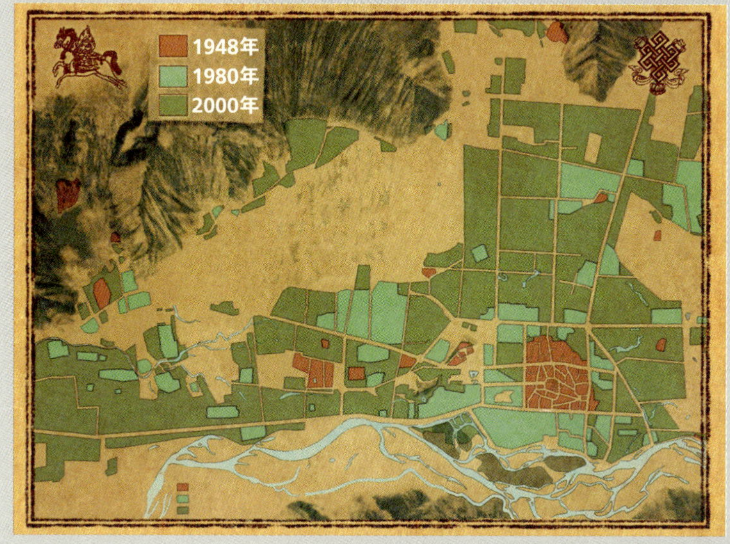

こうして2000年6月には、ラサの面積は60平方キロメートル近くまで広がった。そして中国の近代化にのみこまれた旧市街には、元々あった家は3分の1しか残っていない。町の周辺には、新市街や、まだ家並のまばらな地区が次々と造成され、当局が新しい楽園をうたい文句に移住者を誘致している。すでにラサには30万人の中国人が住んでいる。これはチベット人の3倍である。

日本の領土

日本へ「入国」するのは複雑である。
入り方がいろいろあって複雑なのである。
ここではいくつかの扉を開けてみて、
日本人が自由に使える領土と、その使い方、
そしてこの国の「外交的」な経済との関係を
見てみることにしよう。

南北に 3500 キロメートル延びた形の日本列島は、三千数百個の島からなり、土地の面積は 38 万平方キロメートルである。列島の真ん中にある本州と、北の島々からなる北海道、南の四国と九州をまとめて、日本人は「本土」と呼んでいる。

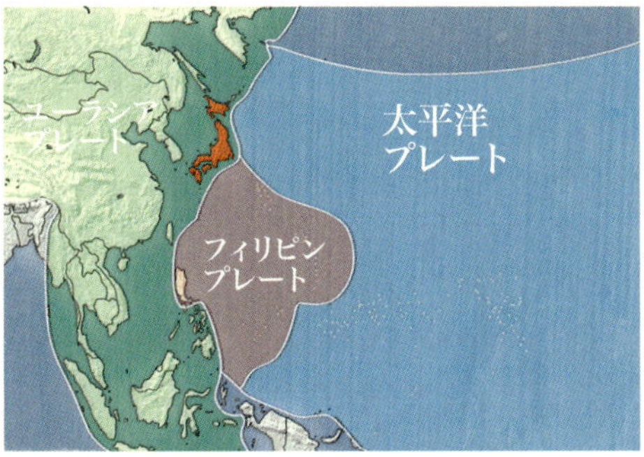

環太平洋火山帯上にある国

日本は世界で最も地震の多い国の一つである。というのもこの国は、三つの地層プレートが交差する位置にあるからである。その三つとは、
◎西と北にユーラシアプレート。
◎南にフィリピンプレート。
◎東に太平洋プレートである。
この国には世界の活火山の10パーセントがある。

国の中心は本州

本州には、国の2大経済圏がある。関東圏と関西圏である。この二つの地域は互いに、さらに他の地域――つまり福岡から盛岡まで――とも新幹線によって結ばれている。この日本の高速列車は、高速道路と並んで走り、そのぶん沿岸地帯は過密状態になっている。

北太平洋の西に位置する日本は、秋に太平洋の中心で発生する台風が進む経路にあたる。さらに、「環太平洋火山帯」に位置していることから、国内には世界の活火山の10パーセントがある。

自然の束縛

「陽が昇る国」とも言われる日本だが、自然環境を見ると、台風が頻繁に上陸し、地震は多く、列島は分断されていて、むしろ過酷としか言いようがない。そんな国で、人々はどのように生活しているのだろうか？

本州は、日本で最大かつ最も人が多く住んでいる島である。ここに名古屋、大阪、そして日本列島の中心に位置する首都の東京がある。これらの巨大都市圏に、日本の人口1億2800万人のほぼ半数が集まり、他の日本人も、どちらかといえば平野と海岸沿いに住んでいる。

◎平野は、国の総面積の20パーセントしかないのだが、ここに農業地帯も都市も工業地帯も入っている。

◎沿岸部に人が多いのは、鉱山資源が少ない日本にとって、自然の恵みで豊かなのは唯一水のみだからである。

その水資源としてまずあげられるのは淡水である。雨が非常に多く、川も多いことから、森が茂って林業が栄えることになる。灌漑耕作に適していることから稲作が行なわれる。そしてダムによる水力発電も可能になる。

次に大洋の水である。海は生活のもう一つの空間をつくりあげ、土地の領土を補ってきた。日本の排他的経済水域（EEZ）は非常に広域にわたり、海と漁業が経済的かつ文化的役割をになうこの国にとっての切り札となっている（158頁の「未解決の海域問題」を参照）。

日本は自然から強烈な束縛を受けている。また、島国で生活することも、アイデンティティの大きな部分を形成している。

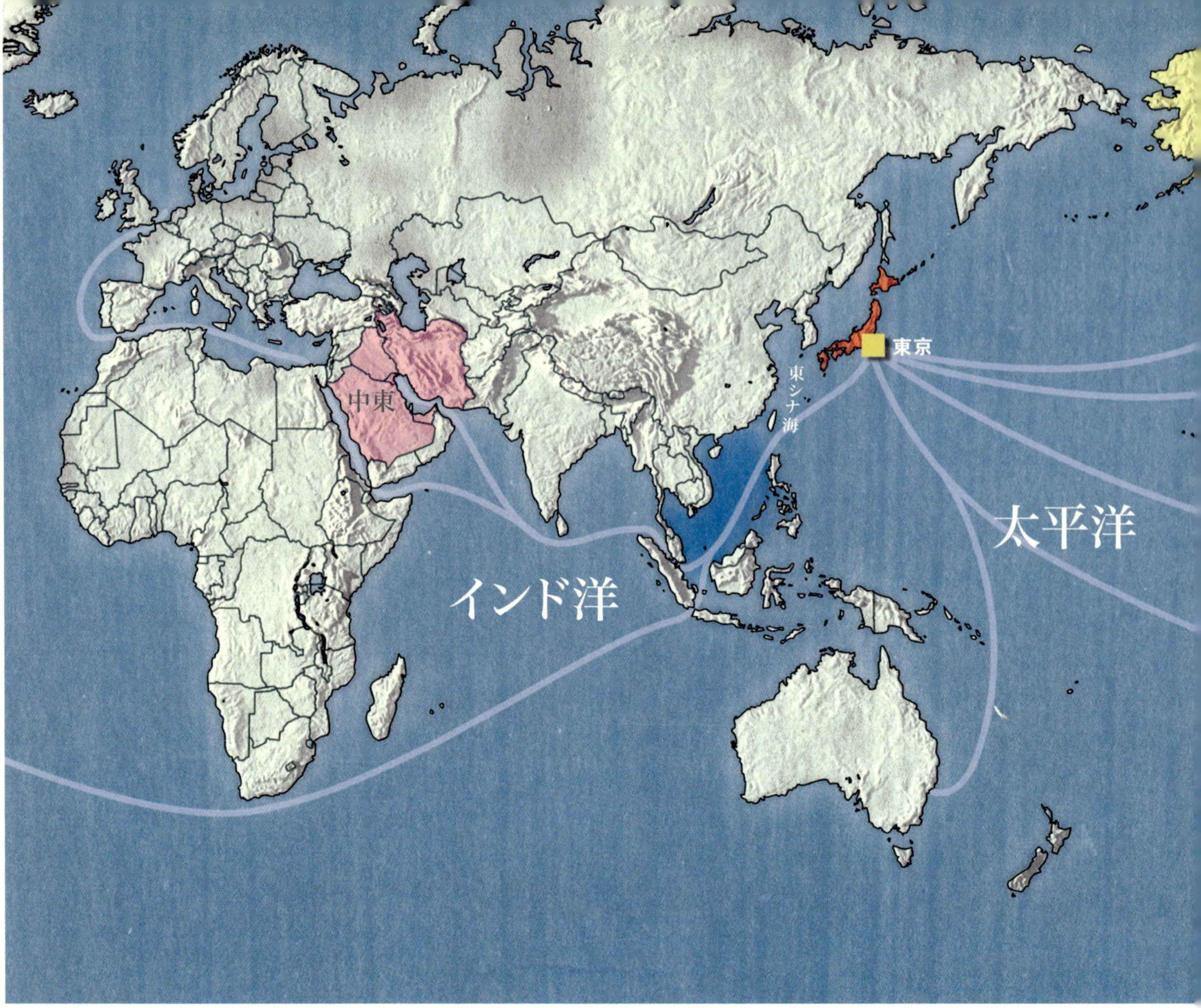

「雁行」経済

日本は、世界の「三大」経済国の一つである。日本がアジア地域ならびに世界的規模で、どのように投資してきたかを表わすのに、経済学者のあいだでよく使われる図式が「雁の飛翔」にたとえた雁行経済発展論である。この名称は、日本が先頭にたって飛び、その後を各国の群れがV字の列になってついていったことからつけられた。その結果、

◎アジア諸国では、韓国と台湾と香港に加えて、現在は東南アジアと中国も、日本に引きずられるかたちで「ドラゴン」いや「タイガー」並み〔＊20世紀後半に経済的急成長を遂げた韓国、台湾、香港、シンガポールを「アジアの龍」「アジアの虎」などと呼ぶ〕の経済発展を遂げている。

◎アメリカとヨーロッパも、とくに自動車とオーディオの分野で、そして現在は情報産業や電気通信といった新しい科学技術の分野で発展している。

しかしこの国は、1990年代以降、さまざまな局面で景気が後退し、長い経済不況をくぐり抜けることになる。そうなった要因はたくさんある。

◎中央集権的な管理体制が機能しなくなった。

◎銀行の不良債権が膨大になった。

◎改革が遅れた。

◎政権が代わっても変化がもたらされず、政治不信がつのった。

◎人口の高齢化が例を見ない速さで進行した。

一方、別の角度から見ると、不況とはいえ、状況は羨ましいかぎりとも言える。失業率は5パーセント以下で、これはEUの10パーセント前後に比べると少ないうえ、個人の貯蓄額は膨大で、貿易黒字額も大きく、外貨準備高が世界有数の高水準にある。また、日本は今も世界

海上の交流ライン

自然の資源が少ない日本は、貿易と原材料の輸入を海上ルートに依存し、石油は中東から輸入している。これらの海上ルートは東シナ海を通るため、尖閣諸島を要求する中国との対立は、日本人にとって大きな懸念となっている。

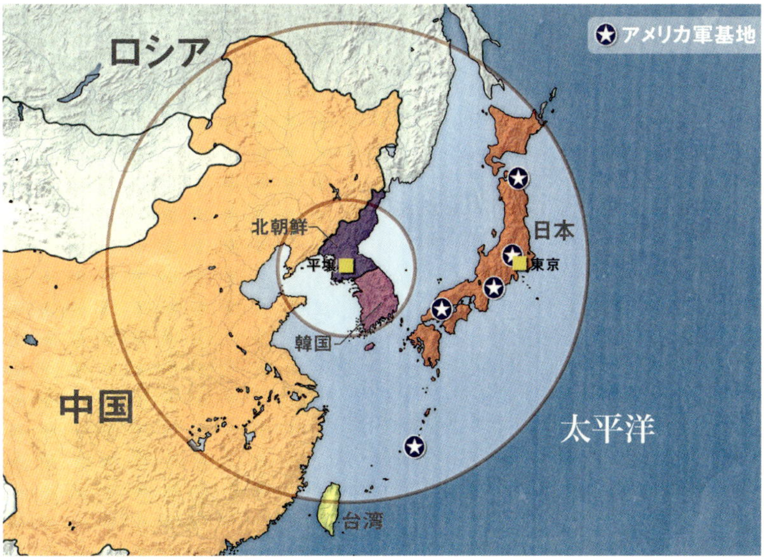

北朝鮮の弾道ミサイルの脅威

北朝鮮は弾道ミサイルのロドン1号とロドン2号〔*ロドンは北朝鮮の呼び方で、日本ではノドン〕を装備している。全土がその射程距離内にある日本にとっては直接的な脅威である。日本は、北朝鮮の「核武装化」と軍事力強化による脅しを不安視すると同時に、金正日《キムジョンイル》率いる平壌《ピョンヤン》政権の崩壊による難民流入危機も恐れている。日本の安全保障は、1945年以降、国内各地に基地を置く米軍に負うところが今も大きい。

の先頭に立って研究開発に投資しており、これも国の将来の安心材料であることに変わりはない。2004年以降、日本は長い不況を脱したかのように見える。とくに隣国中国への輸出の伸びは大きく、2003年には38パーセント伸びた。これに引っぱられるかたちで、経済成長が戻っている。

未解決の海域問題

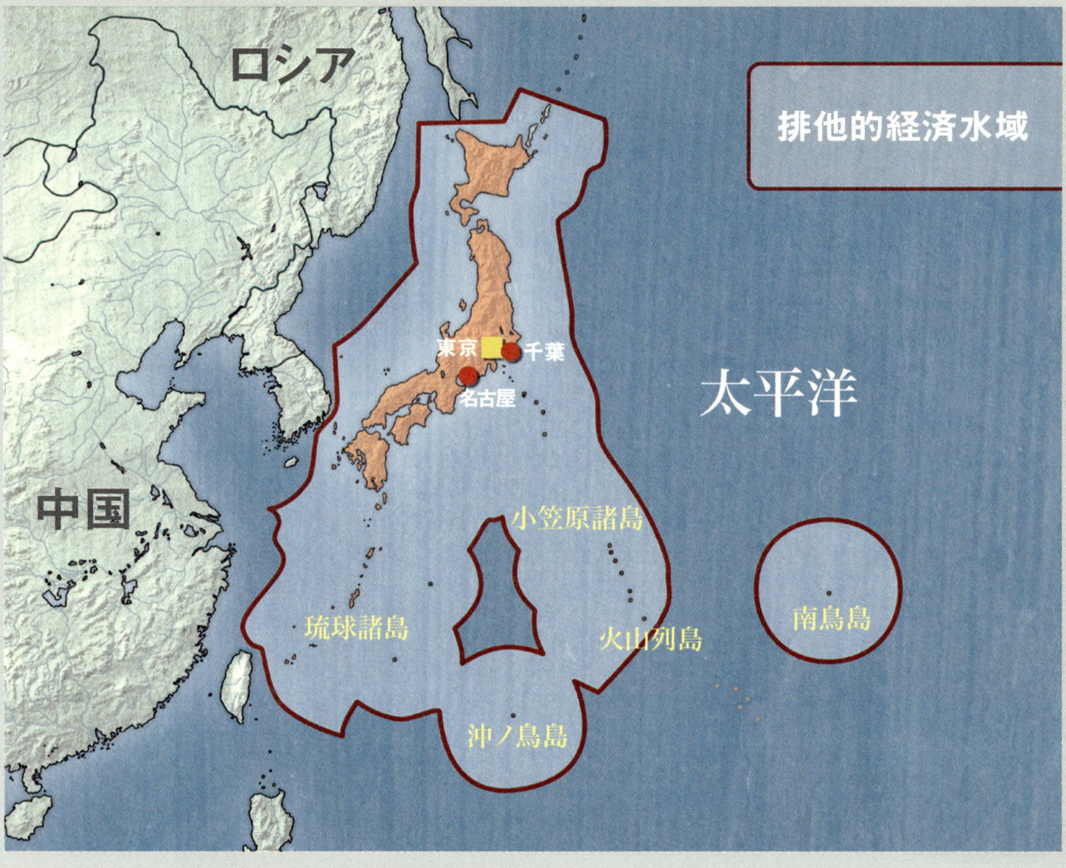

人が住んでいるいないにかかわらず、多数の島があるおかげで、日本は広大な排他的経済水域を有し、それによって狭い国土を補っている。この広い排他的経済水域は、この国の重要な切り札である。漁業では、世界の漁獲高の12パーセントを確保し、千葉港や名古屋港の造船業は世界一であり、保有する商船数は世界2位である。これは結局のところ、土地よりも海が日本の外域の境界線になっているということである。ところが、この境界線が隣国との紛争の種になっている。

まず、日本の北にある千島列島。このうちの南の4島を日本は「北方領土」と呼んでいる。この4島は、1945年8月の第2次世界大戦終了後にソ連に併合されて、今もロシアの主権下にある。日本はそれを日本領土に統合すべきと要求しているのだが、戦後60年以上たっても、この問題は未解決であり、現在もなお日本とロシアで和平条約は調印されていない。

次に、竹島《たけしま》諸島も韓国との領土問題の真っ最中にある。韓国は竹島を独島《トクド》と呼び、島は韓国のもので、紛争すらないと主張している。この島々はほとんど無人なことから、問題は漁業水域と、さらに2国間でいまだに解決されていない歴史的な問題と結びついている。また、一般に普及している地図で日本海と呼ばれる海は、韓国の地図では東海《トンヘ》と明示されている。韓国政府は、この命名を国際的なレベルで認知させる道を探っている。

最後に、南にある尖閣諸島は台湾と中国を巻きこんでの紛争の種になっている。問題の中心となっているのは漁業だが、それよりもこの海域に石油が埋蔵されていることが大きい。中国側は、尖閣諸島は中国の大陸棚の上にあるので、中国のものだと主張する。一方日本側は、琉球諸島から150キロしか離れていないのだから、日本のものだと主張する。

これらの問題に対して、それぞれの国の反

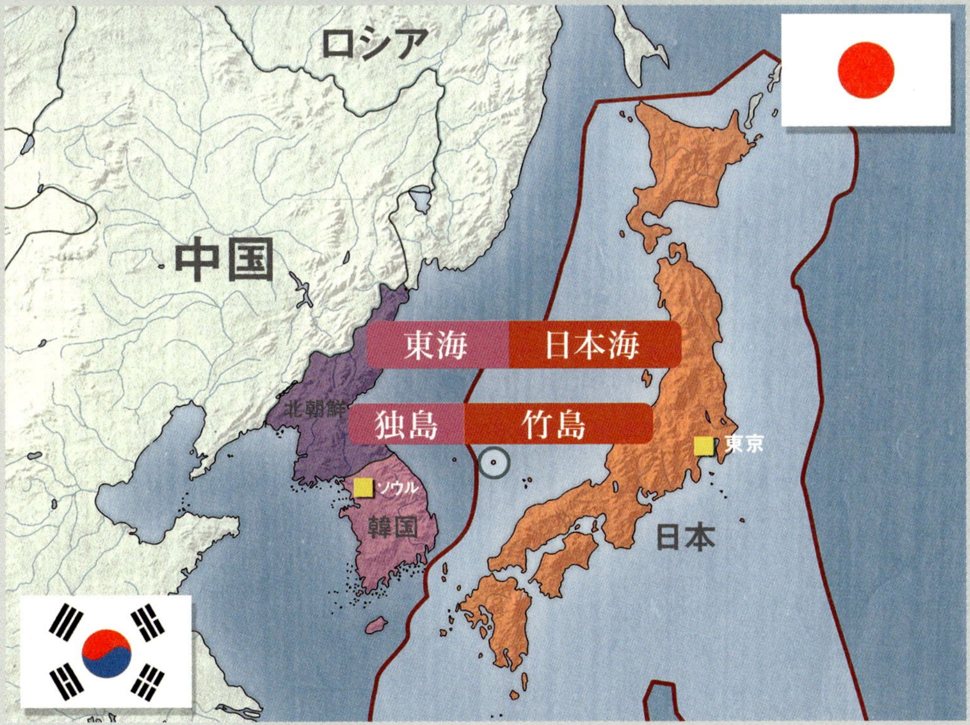

応は非常に敏感で、一触即発の状態にある。それが証拠に、2005年に韓国は、独島／竹島問題での日本のやり方に反発して、日本との交流を制限する条例を制定している。さらに深刻なのは、第2次世界大戦中の日本軍の収奪をめぐる教科書問題から、中国で広範囲にわたって反日運動が繰り広げられたことである。中国の多くの都市で許可を得て行なわれたデモは、日本が国連安全保障理事会の常任理事国に立候補を表明して、国連改革の議論が行なわれているさなかに、突然わきあがったものだった。

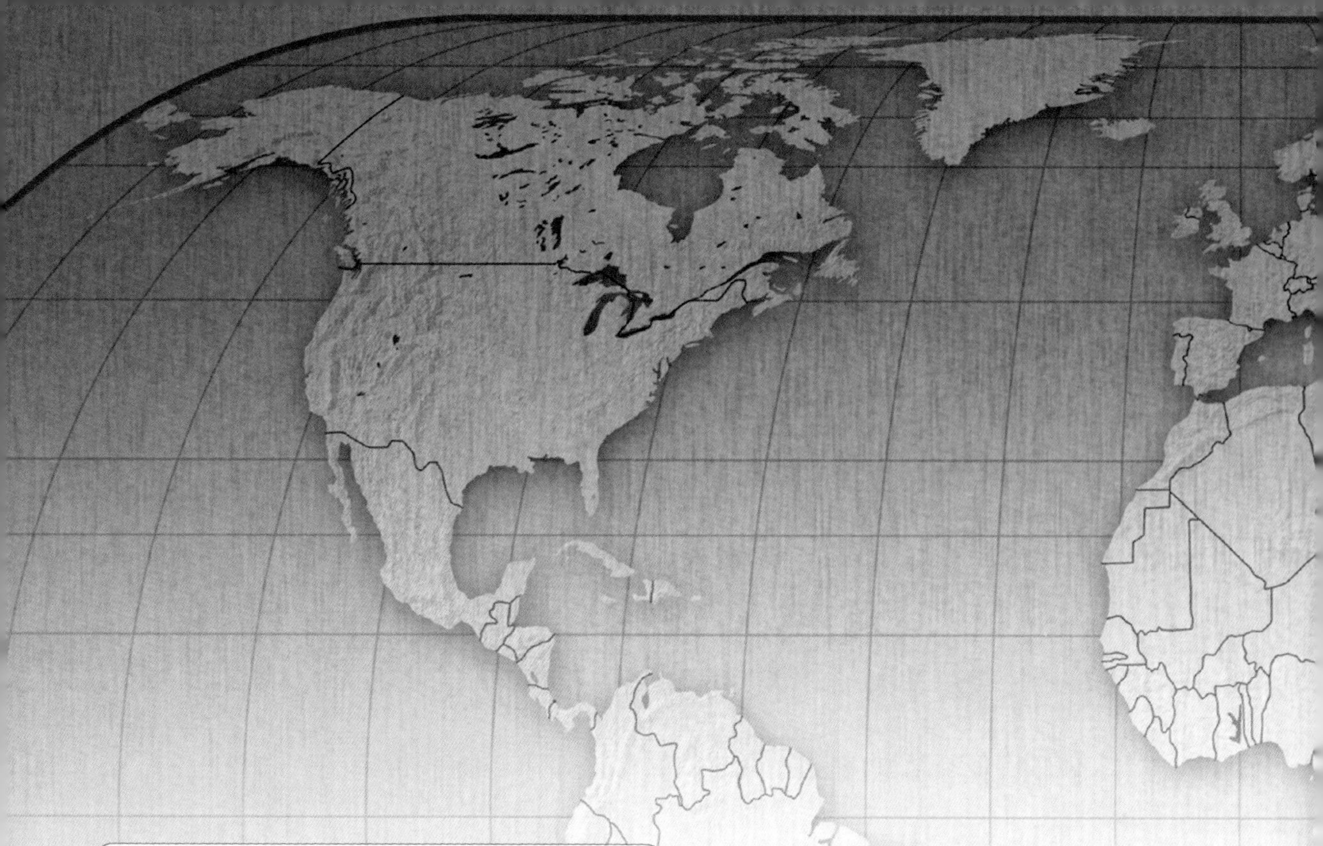

地図で読む世界情勢…第1部

なぜ現在の世界はこうなったか

2007年7月30日　第1刷発行
2007年8月30日　第3刷発行

著　者……………ジャン-クリストフ・ヴィクトル
ヴィルジニー・レッソン
フランク・テタール
フレデリック・レルヌー（地図作成）

訳　者……………鳥取絹子

ブックデザイン……Malpu Design（清水良洋＋河村誠）

編集協力……………片桐克博（編集室カナール）

発行者……………木谷東男

発行所……………株式会社草思社
〒151-0051
東京都渋谷区千駄ヶ谷2-33-8
電話…営業 03(3470)6565
編集 03(3470)6566

振　替……………00170-9-23552

印　刷……………中央精版印刷株式会社

製　本……………大口製本印刷株式会社

ISBN978-4-7942-1609-0
Printed in Japan